HISTOIRE

DE

LA FAMILLE

DES TEMPS SAUVAGES A NOS JOURS

PAR

CHARLES VÉRECQUE

PARIS 5e

M. GIARD & É. BRIÈRE

LIBRAIRES-ÉDITEURS

16, RUE SOUFFLOT ET 12, RUE TOULLIER

——

1914

HISTOIRE DE LA FAMILLE

OUVRAGES DU MÊME AUTEUR

Trois années de Participation socialiste à un Gourvernement bourgeois, 1904. Une forte br. in-8 jésus. *Epuisé*

La Conquête socialiste du Pouvoir politique, 1909. Un vol. in-18. Editeurs Giard et Brière . . . . 3 fr. 50

Dans cette étude, l'auteur recherche les origines de l'Etat et démontre pourquoi et comment les socialistes doivent s'en emparer pour opérer la transformation de la société.

Dictionnaire du Socialisme, 1911. Un gros vol. in-18. Editeurs Giard et Brière . . . . 5 fr.

Cet ouvrage renferme tout ce qu'il est nécessaire de connaître sur les hommes et les choses du Socialisme (biographie, bibliographie économie sociale, doctrines, histoire, groupements, etc.

HISTOIRE

DE

LA FAMILLE

DES TEMPS SAUVAGES A NOS JOURS

PAR

CHARLES VÉRECQUE

PARIS (5e)

M. GIARD & É. BRIÈRE

LIBRAIRES-ÉDITEURS

16, RUE SOUFFLOT ET 12, RUE TOULLIER

—

1914

HISTOIRE DE LA FAMILLE

I

MÉTHODE

La plupart des philosophes et des historiens de la bourgeoisie ont enseigné que les sociétés humaines n'avaient toujours connu que la famille se composant du père, de la mère et des enfants. Aussi, supposer que la famille pouvait avoir eu d'autres formes que celle sous laquelle nous vivons ne venait à l'esprit de personne. Cependant, dans la seconde moitié du xixe siècle, de grands savants, de profonds penseurs, ont eu l'audace de jeter leur souffle impie sur ce qu'on nous représentait comme une vérité indiscutable et indiscutée. En compulsant les ouvrages et les correspondances des écrivains et des voyageurs de tous temps et de tous les pays, en interprétant à leur manière les religions, les légendes et les chants populaires, en découvrant et en comparant les systèmes de parenté et les formes de famille de différents peuples, ils ont appris que la famille avait, au cours des âges, subi de nombreuses transformations avant d'arriver à la forme monogamique actuelle.

Le premier en date est l'allemand Bachofen. Il a publié le résultat de ses études, le *Droit maternel*, en 1861. A l'aide de la littérature de l'antiquité, Bachofen a démontré non seulement que d'autres formes de famille avaient existé mais que, dans les temps primitifs, la descendance se comptait du côté de la mère. Le second est l'écossais Mac-Lennan. Son ouvrage, *Primitive mariage* (*Studies in ancient history*), a paru en 1865. Le mérite de Mac-Lennan est d'avoir remarqué, sans toutefois bien le comprendre, que le mariage était permis au sein d'un groupement et interdit au sein d'un autre groupement. L'américain Lewis Morgan est le troisième. Ses recherches et ses conclusions sont remarquables. Son principal ouvrage où il résume ses travaux, *l'Ancient Society*, a été publié en 1877 (1). La connaissance que Morgan a acquise de la vie intime des Iroquois, chez lesquels il vécut pendant quarante ans, lui a permis de découvrir les plus importants stades de l'évolution de la famille. Morgan a mis de l'ordre dans les faits à la fois curieux et contradictoires recueillis par les historiens et les voyageurs de l'antiquité et des temps modernes et il a établi, d'une manière scientifique, que les sociétés humaines ne sont parvenues à la forme de famille pratiquée de nos jours qu'après avoir débuté par la promiscuité des sexes et traversé une série graduée de formes de famille.

(1) Morgan (Henri-Lewis), sociologue et ethnographe américain, est né à Amora (New-York), le 21 novembre 1818; il est mort à Rochester le 17 décembre 1881. Aucun de ses ouvrages, qui ont cependant une valeur considérable, n'a encore été traduit en français.

Karl Marx et Frédéric Engels sont venus ensuite ; par leurs études économiques et historiques, ils ont complété et dépassé les recherches patientes et consciencieuses de Morgan. Dans son livre, *Origine de la Famille, de la Propriété privée et de l'Etat*, dont la première édition française remonte à 1893, Engels a exposé les formes de famille par lesquelles ont passé les sociétés humaines.

A côté de ces hommes qui, dans une vue d'ensemble sur l'histoire de la famille, doivent occuper la meilleure place, d'autres écrivains, parmi lesquels, Tylor, Herbert Spencer, Lubbock, Girault-Teulon, Starcke, Kovalewsky, Letourneau, etc., en groupant des faits, parfois confusément et sans méthode, ont également attiré l'attention sur des formes familiales qui ont précédé la famille paternelle. Karl Kautsky et Paul Lafargue ont aussi consacré à l'évolution de la famille des études très curieuses et extrêmement intéressantes.

Grâce aux travaux des uns et des autres, l'opinion que l'on avait l'habitude de formuler sur la famille a donc dû être révisée et réformée.

Dans les pages qui vont suivre, nous allons, à notre tour, avec des aperçus nouveaux, décrire les étapes diverses parcourues par la famille. Nous démontrerons, en même temps, d'après la conception matérialiste de l'histoire, que les modifications apportées à l'ordre familial ont été, en dernière analyse, déterminées par les conditions de la production de la vie matérielle de l'humanité. Nous parcourerons les livres d'histoire et les relations de voyages et nous

nous servirons des remarques qui ont été faites par les écrivains et les voyageurs. La religion, la mythologie, la littérature populaire nous semblent des sources trop dédaignées ou trop négligées ; nous les consulterons avec profit. Ce sont des produits de l'esprit humain ; elles expriment, à un moment donné, les idées et les sentiments des hommes et, sous leur enveloppe, elles cachent des vérités insoupçonnées qu'on ne trouve nulle part ailleurs. En voici des preuves : la communion, qui est une occasion pour les fidèles de manger Dieu sous la forme d'une hostie, est un souvenir des repas anthropophagiques nécessités par la vie sauvage. Le chapelet aussi est un souvenir des cordes dont les nœuds aident les sauvages à compter et à se rappeler quelque chose. Nous rapprocherons des mœurs et des coutumes disparues les mœurs et les coutumes encore existantes : les choses du passé nous apparaîtront de la sorte moins étranges et plus compréhensibles.

A l'appui de notre thèse, pour reconstituer l'évolution de la famille, nous utiliserons des faits pris, a toute les époques, dans toutes les parties du monde. Cette manière de procéder est la seule possible puisque les mêmes phénomènes se reproduisent chez tous les peuples, si diverse que soit leur origine, si différent que soit leur degré de culture ultérieure. Dans la préface du *Capital*, Marx écrit que « le pays le plus développé industriellement ne fait que montrer à ceux qui le suivent sur l'échelle industrielle, l'image de leur propre avenir ». Rien n'est plus vrai, pour les sociétés humaines. Les plus arriérées montrent aux plus avancées l'image de leur propre passé.

Il est maintenant démontré que, comme les hommes qui traversent les mêmes phases d'évolution (enfance, jeunesse, âge mûr, vieillesse), les sociétés humaines traversent les mêmes phases d'évolution : elles se développent dans des conditions identiques et passent par les mêmes institutions familiales, politiques, philosophiques et sociales. Sans doute, la tâche serait plus aisée si l'on possédait l'histoire d'un groupement humain de la sauvagerie à la civilisation. Mais on ne la possède pas et, pour l'écrire, il faut rapprocher et coudre ensemble les faits connus chez les différents peuples de la terre.

En indiquant la méthode qu'il a employée dans son étude sur la propriété, Paul Lafargue écrit ces lignes:

« Les mœurs des ancêtres des peuples civilisés revivent dans celles des peuples sauvages que la civilisation n'a pas encore détruits. Les coutumes, les institutions sociales et politiques, les religions et les idées des sauvages et des barbares permettent à l'historien d'évoquer un passé que l'on croyait absolument enseveli dans l'oubli. En s'adressant aux peuples primitifs, on peut retrouver les origines de la propriété ; en glanant des faits dans le monde entier, on arrive à suivre les phases d'évolution de la propriété » (1).

Pour rechercher les origines de la famille et pour en suivre les développements, nous procéderons de la même façon.

(1) Paul Lafargue, *La Propriété (Origine et évolution)*.

II

LA PROMISCUITÉ DES SEXES

Comme les canards de nos basses-cours, les êtres
humains ont commencé par vivre dans la promiscuité
des sexes. Nos explications vont démontrer l'exactitude de cette affirmation.

Prenons, par exemple, un couple, un homme et
une femme, Adam et Eve, si l'on veut, selon la tradition biblique. Ce couple, avec ses descendants,
fils et filles, petits-fils et petites-filles, formera une
horde de vingt, trente ou quarante personnes, pas
plûs, car la difficulté de trouver l'existence commune
empêche d'être plus nombreux. L'on a, de nos jours,
rencontré des peuplades qui ne sont pas plus importantes. Les Bushmen de l'Afrique du Sud, qui ont de
si grandes difficultés pour se procurer les choses les
plus indispensables à la vie, sont obligés de former
des groupes composés de peu de membres et qui se
déplacent sans cesse. Il en est de même des Fuégiens
et de certains naturels de l'Australie et des îles de
Ceylan et de Bornéo.

Dans la horde dont nous parlons, règne la promis-

cuité la plus complète. Parents et enfants, frères et
sœurs sont maris et femmes. Les hommes sont les
époux de toutes les femmes et les femmes sont les
épouses de tous les hommes. Cette période initiale de
la vie sexuelle de l'homme a été niée alors que de
semblables unions se retrouvent dans les capitales de
la civilisation, comme le prouvent les annales judiciaires et les faits divers de la presse (1). Les mœurs
d'aujourd'hui ne sont pas plus pures que les mœurs
d'autrefois. La civilisation capitaliste a parqué des familles ouvrières dans d'étroits logements, déterminant parfois des rapprochements sexuels que les lois
et les coutumes actuelles condamnent ou désap-
prouvent. L'amour et la jeunesse sont devenus des
marchandises, comme des carottes ou des chaussures,
et notre époque est habituellement scandalisée par le
spectacle démoralisant et avilissant de parents qui
livrent leurs fillettes à de vieux messieurs honorés et
honorables, ou de vieilles demoiselles qui épousent
de jeunes hommes.

La période de promiscuité n'a pu se produire qu'au
moment du passage de l'animalité à l'humanité. A ce
moment, l'homme, qui n'était pas complètement sé-
paré de l'animal, ignorait les liens de parenté qui
l'unissaient aux femmes de sa horde. Letourneau reconnaît que « les premiers hommes ont dû, ainsi que

(1) « Il est certain que la promiscuité existe actuellement e
qu'elle est largement répandue, même dans les pays civilisés ».
NICOLAS ABRIKOSSOF, *Annales de l'Institut international de sociologie*, 1895, t. II.

les animaux, ignorer la consanguinité » (1). L'homme primitif ne peut se prêter aux raisonnements. Son langage ne comprend que quelques mots et sa faible intelligence ne lui permet pas de juger ou de critiquer des mœurs dont il ne soupçonne même pas l'existence, à plus forte raison l'importance et les conséquences.

Deux anthropologistes anglais, Spencer et Gillen, affirment que, de nos jours, il existe, dans l'Australie centrale, une peuplade sauvage, les Aruntas, qui ignorent que les enfants proviennent des unions sexuelles. « Ce n'est que depuis quelques siècles, remarque Lafargue, que les Européens savent positivement qu'un enfant ne peut être procréé sans rapports charnels de la femme et de l'homme ; pendant le Moyen Age, ils pensaient que la femme pouvait être fécondée par les esprits » (2). C'est à un miracle de cette nature que les catholiques attribuent la naissance de Jésus.

De très grands savants et des professeurs incapables de comprendre que les hommes n'ont pas toujours eu la même mentalité, ni la même manière de vivre, se sont ingéniés à prouver que la promiscuité n'avait pas illustré les origines de notre espèce. C'est une honte que l'on veut épargner à l'humanité.

Il est exact, cependant, de reconnaître qu'on n'a pas encore découvert — tant d'efforts ayant été

<hr>

(1) Charles Letourneau, *La Condition de la Femme*, page 23, Paris, 1903.

(2) Paul Lafargue, *Le Déterminisme économique de Karl Marx*, p. 346, Paris, 1909.

employés à la destruction des peuples sauvages et barbares — un groupement humain vivant dans la promiscuité. Mais qu'elle ait existé, nous sommes obligés de le croire en raison du développement ultérieur
de la famille dont beaucoup d'éléments nous sont connus et, si nous nous en rapportons aux souvenirs laissés
par les religions et les mythes et aux coutumes, qua-
lifiées d'impudiques, que l'on rencontre nombreuses
dans toutes les parties du monde. Morgan déclare que
la promiscuité, dans son sens le plus large, a dû exister, bien qu'elle soit cachée dans l'antiquité brumeuse
de l'humanité, en dehors des bornes de la connaissance exacte.

La tradition nous apprend que les femmes furent
communes en Chine jusqu'au règne de Fouhi, le premier législateur de l'empire céleste qui vivait trois
mille ans avant notre ère. Un écrivain du XVIIIe siècle,
Goguet, reproduit dans son ouvrage historique ce
curieux passage des annales chinoises ayant trait
aux mœurs d'alors : « Dans le commencement, la
vie que les hommes menaient ne différait point de
celle des animaux ; comme ils étaient errants çà et là
dans les forêts, et que les femmes étaient communes, il arrivait que les enfants ne connaissaient
que leurs mères et jamais leurs pères : ils se livraient
à l'amour sans pudeur » (1). Le poème indien, le Ma-
habharata, dit aussi qu'autrefois, « les femmes étaient
libres et erraient à leur guise, en pleine indépendance.

(1) GOGUET, *Origine des lois, des arts et des sciences*, Paris,
1758, tome III, page 328.

Si dans l'innocence de leur jeunesse, elles abandonnaient leurs maris, on ne leur en faisait
point un crime. Telle était la loi dans ces temps-
là. »

Des fêtes promisques, pendant lesquelles se pratique la plus absolue liberté des sexes, ont été célébrées et sont encore célébrées chez beaucoup de
peuples anciens et modernes : elles rappellent l'antique liberté sexuelle. Dans les principales villes de
Phénicie, aux fêtes nocturnes de la déesse Astarté (1),
hommes et femmes changeaient de vêtements et se
laissaient aller à toutes les débauches. Les cérémonies
étaient réglées par le prêtre aux sons des musiques.
A Babylone, cinq jours d'orgie populaire célébraient
la déesse Mylita. Le roi de la fête, un esclave, après
s'être uni avec la reine, était livré aux flammes. Des
fêtes en l'honneur d'Anaïtis, qu'adoraient les Ly-
diens, les Arméniens et les Perses, étaient célébrées
tous les six mois en Arménie au milieu de la plus
grande licence. A Biblos, en Syrie, aux fêtes de
Vénus et d'Adonis, les femmes étaient obligées de
couper leur chevelure ou de se prostituer autant de
fois qu'on voulait bien les payer.

Les fêtes instituées à Rome sous le nom de Saturnales, Lupercales, Florales et les fêtes de Vénus
étaient des occasions d'opérer les rapprochements les
plus intimes. On rapporte que l'étrusque Servius aurait été conçu durant une de ces fêtes au cours des-

---

(1) Astarté, Mylita, Anaïtis, etc , sont les divers noms donnés à
Vénus.

quelles on revenait à la liberté sexuelle de l'époque promiscuitaire. Les repas publics organisés à Athènes étaient suivis d'orgies scandaleuses. Pour que chacun put prendre sa part de débauche librement, Pisistrate ordonnait l'ouverture des jardins, des vignes et des champs (1). En Egypte, les fêtes d'Isis attiraient une foule considérable dont les excès ne soulevaient aucune indignation. Le phallus, emblème du sexe masculin, qui est, selon Apulée, « l'adorable image de la divinité suprême et l'instrument des mystères les plus sacrés », était adoré dans toutes les fêtes promisques de l'antiquité, particulièrement dans l'Asie mineure et en Egypte.

En dehors des cérémonies publiques, il y avait des cérémonies privées au cours desquelles étaient initiés aux différents cultes les jeunes gens, filles et garçons. Ce qu'étaient ces initiations, saint Epiphane, qui fut évêque en Palestine, nous le dit exactement en déclarant que ces cérémonies occultes faisaient allusion aux mœurs des hommes avant l'établissement de la société.

Dans l'Arabie, il existe une secte syrienne qui se laisse aller à une promiscuité temporaire. Chaque année, la secte des Yazidié met en pratique ce qu'on appelle la ronde de l'empoignement. C'est une réunion nocturne des couples mariés pendant laquelle et dans l'obscurité les sexes s'unissent au hasard. Dans ce mélange annuel des sexes, il ne faut pas voir une singularité, mais la jouissance de la liberté

---

(1) Pisistrate gouvernait Athènes cinq siècles avant notre ère.

sexuelle perdue dont les hommes conservent le vague et persistant souvenir (1).

D'après le colonel Dalton, chez les Hos, tribu des montagnes rocheuses de l'Amérique du Nord, en janvier de chaque année, les hommes et les femmes vivent presque comme des animaux ; ils se livrent à leurs désirs amoureux, et pleine liberté est laissée aux jeunes filles. Bancroft raconte que certaines fêtes, en vue du libre commerce sexuel, ont lieu chez les péninsulaires barbares de la Californie. Westermarck cite un voyageur qui a vu les mêmes fêtes licencieuses chez les Hindous d'Oudeypour : « Le carnaval dure plusieurs jours pendant lesquels la débauche la plus éhontée et le désordre règnent dans toutes les classes de la société. Ce sont les vraies saturnales de l'Inde... La luxure règne sans contrôle dans toutes les rues de la capitale » (2). En Australie, au printemps de chaque année, a lieu la grande fête nommée le Karrou. Pendant les jours qui précèdent le Karrou, les sexes évitent de se voir, mais quand arrive l'heure des libertés et des joies, c'est une succession de danses et d'accouplements. Elie Reclus constate que, comme le veut le *Roman de la Rose*, « tous appartiennent à toutes et toutes à tous » (3). Des chefs ont, chez divers peuples, monopolisé le droit de s'amuser avec toutes les femmes, mais, en échange, ces heureux privilégiés doivent, lors de certaines fêtes,

(1) J.-F. MAYEUX, *Bédouins ou arabes du désert*.

(2) ED. WESTERMARCK, *Origine du mariage dans l'espèce humaine*.

(3) ELIE RECLUS, *Le Primitif d'Australie*.

laisser remettre en vigueur l'ancienne communauté des femmes pour tous les hommes. D'autres exemples pourraient être cités, mais ceux qu'on vient de lire nous semblent suffisants et significatifs.

Les fêtes orgiaques des temps antiques et modernes sont des réminiscences de la promiscuité primitive.

Dans la horde primitive, se pratique couramment l'inceste entre parents et enfants. Cela paraît extraordinaire, mais il ne faut pas oublier que les idées se sont depuis des siècles profondément modifiées au point de signifier, aujourd'hui, le contraire de ce qu'elles signifiaient autrefois. « Avant l'invention de l'inceste, pense Engels (car c'est une invention et des plus précieuses), le commerce sexuel entre parents et enfants ne pouvait pas être plus horripilant que celui entre deux autres personnes appartenant à des générations différentes » (1).

Là aussi, les traditions religieuses et historiques viennent à notre secours. La *Bible* nous a conservé le souvenir de Loth, s'unissant avec ses deux filles. Le récit de la *Genèse* nous autorise à croire que Seth, pour perpétuer sa race, devint l'époux de sa mère Eve. Dans la mythologie, Cyniras épouse sa fille Myrrha, Thyeste épouse sa fille Pélopée, Jocaste épouse son fils Œdipe. Dans l'Inde, Brahma épouse sa fille Saravasti. En Egypte, le dieu Ammon se marie avec sa mère et il s'en glorifie. Dans les Eddas, ces recueils des légendes scandinaves, Odin, le Dieu

(1) Fréd. Engels, *Origine de la Famille, de la Propriété privée et de l'Etat*, Paris, 1893.

immortel, se marie avec sa fille Frigga. Strabon nous dit que chez les anciens mages, il était de tradition que les enfants destinés aux fonctions sacerdotales devaient être issus de père et de fille ou de mère et de fils. L'histoire nous apprend que Sémiramis, la célèbre reine d'Assyrie, s'est unie avec son fils et que des rois de l'ancienne Egypte ont épousé leurs filles.

Le commerce sexuel entre parents et enfants est permis, de nos jours, chez nombre de peuples. Chez les Kadiaks, près d'Alaska, chez les Tennechs, dans le centre de l'Amérique du Nord, d'après Bancroft, et chez les indiens Chippeways, chez les Coucous du Chili, chez les Caraïbes, chez les Karens de l'Inde, d'après Letourneau, le mariage entre parents et enfants se contracte naturellement. Des Konjakes (peuplade américaine), Starcke dit : « On les accuse de ne pas réprouver l'inceste : frères et sœurs, parents et enfants s'épousent sans aucune honte ». De certains indigènes du Brésil, le même auteur dit: « dans les tribus et peuplades de l'Amazone et du Rio-Négro, l'inceste se commet à tous les degrés » (1).

La royauté et la noblesse du Moyen-Age ne dédaignèrent pas la pratique de l'inceste. Si l'on s'en rapporte à un récit d'Eginhard, qui fut son confident, Charlemagne entretint des rapports incestueux avec ses filles. Brantôme, un écrivain noble du xvie siècle, nous avoue que, de son temps, les incestes étaient assez communs dans les familles nobles où le père ne mariait pas sa fille avant de l'avoir déshonorée.

Les unions incestueuses, entre personnes d'un même

(1) STARCKE, *La Famille primitive*, Paris, 1891.

groupe, sont imposées par le milieu naturel, par les conditions de la vie sauvage. Les membres des hordes primitives vivent en troupeaux comme les chevaux sauvages des plaines du Brésil. Ils chassent, pêchent, mangent et couchent ensemble. Comme ils ont peur de l'isolement, ils ne se quittent jamais et se déplacent toujours ensemble. La culture de la terre leur est inconnue et ils ne possèdent pas d'animaux domestiques. Leur nourriture se compose des produits de la chasse et de la pêche, ces deux premiers modes de production, ainsi que de la cueillette des fruits naturels. Pour pouvoir vivre, ils se voient dans l'obligation de limiter leur nombre à trente, quarante ou cinquante individus. Dès que ce nombre est dépassé, la horde doit se diviser. Le groupe nouveau, dans une direction encore inexplorée, s'en va à la recherche de ses moyens d'existence. La mythologie a personnifié de semblables hordes par les Hécatonchires, les Néréïdes et les Danaïdes.

Toutes ces petites hordes conservent le même nom d'origine, augmenté parfois d'un prénom, qui, à la longue, finit par devenir le nom même. En un mot, la horde forme un tout, se mouvant comme un seul homme, se suffit à elle-même et s'unit avec elle-même. Selon l'expression de l'écossais Mac-Lennan, la horde était endogamique.

Les progrès réalisés par l'homme à ses débuts ont été si lents, que nous devons croire que les relations sexuelles entre personnes d'un même groupe, personnes étroitement unies par les liens du sang, ont duré une période qui doit avoir été excessivement longue.

III

LA FAMILLE CONSANGUINE

L'interdiction des unions entre parents et enfants est le premier progrès qui dut s'accomplir. C'est à la femme qu'il faut attribuer les premières tentatives faites pour restreindre le cercle des rapports charnels et non pas à l'homme qui, même à notre époque, n'a pas encore renoncé aux agréments des unions multiples et diverses. J.-J. Atkinson, qui a vécu au milieu des tribus polynésiennes, attribue à la femme la cessation des unions incestueuses entre mère et fils et père et fille, dont les légendes religieuses de tous les peuples rapportent de nombreux exemples.

L'interdiction des unions entre parents et enfants aura pu se faire sans trop de difficultés, les intéressés ayant des âges différents. Pour prévenir ces unions, on divisa en quatre couches génitrices, en quatre générations, les membres mâles et femelles de la horde endogamique : grands-parents, parents, enfants et petits-enfants. Dans cette forme de famille, que Morgan a appelée la famille *consanguine*, les grands-parents, qui forment la première génération, sont entre eux maris et femmes. Les parents, qui forment la seconde génération, sont entre eux maris et femmes. Il en est de même dans chaque génération, mais les relations sexuelles sont interdites d'une génération à l'autre. Dans chaque génération, frères et sœurs, puis cousins du premier et du second degré sont frères et sœurs et conséquemment tous maris et femmes les uns des autres. Les hommes et les femmes d'une génération sont les enfants communs de la génération supérieure et les parents communs de la génération inférieure.

Cette forme de famille renferme l'idée d'inceste entre frère et sœur. Dans les temps primitifs, dit Marx, la sœur était la femme et cela était naturel.

Rien de plus exact. L'union entre le frère et la sœur a été la coutume générale chez tous les peuples. Pour l'admettre, il faut se représenter l'état d'esprit et le genre de vie des peuplades primitives et laisser de côté notre moralité et nos préjugés actuels. Si nous jetons nos regards vers le passé, nous trouvons partout des réminiscences de cette lointaine époque. Dans la mythologie, Isis se marie avec son frère Osiris, Jupiter avec sa sœur Junon, Doris avec son frère Nérée, Saturne avec sa sœur Cybèle, Vulcain avec sa sœur Vénus, etc. Le mariage de Héra avec son frère Zeus était considéré par les Grecs comme un mariage sacré. Les Crétois, en souvenir des antiques coutumes, célébraient tous les ans la fête du mariage sacré.

L'histoire et les religions nous enseignent la pratique normale de l'inceste. Le patriarche Abraham se marie avec sa sœur Sarah. Les personnages régnants ou importants des Incas, des Perses, des Egyptiens ou étaient obligés de connaître l'inceste ou en étaient les produits. Garcilasso de la Véga nous dit que, chez les Incas, c'était une loi absolue que l'héritier du trône devait épouser sa sœur. Le dernier Incas, Manco-Capac, était l'époux de sa sœur Mama Oello. Cambyse, roi de Perse, épouse sa sœur Méroé, Mausolée, roi de Carie, épouse sa sœur Arthémise, Cléopâtre, reine d'Egypte, se marie avec ses deux frères, Ptolémée XII et Ptolémée XIII. Avant elle, les rois Ptolémée s'étaient mariés avec leurs sœurs. L'union entre frères et sœurs n'était point spéciale aux souverains Egyptiens. Avant et pendant la période lagide, c'est-à-dire avant et pendant la dynastie des Ptolémée, les Egyptiens, en général, s'unissaient avec leurs sœurs. Les mots *frère* et *sœur* dans les chansons d'amour, avaient la même signification que les mots *amant* et *maîtresse*. Attila, le farouche barbare, épouse sa sœur Esca.

A une certaine époque, en Grèce, l'inceste était permis avec des restrictions arbitraires : un Spartiate pouvait épouser sa sœur utérine, non sa sœur consanguine ; au contraire, un Athénien pouvait épouser sa sœur consanguine, non sa sœur utérine. Chez les Francs, l'inceste était une coutume assez répandue et en plein Moyen-Age, au vu et au su de tout le monde, Charles IX et sa sœur Marguerite de Valois eurent pendant des années des rapports intimes.

Aujourd'hui l'inceste est permis chez beaucoup de peuples : les relations sexuelles entre frères et sœurs sont plus répandues que celles entre parents et en-

fants. Les Australiens ont une expression pour désigner l'inceste ; ils disent : manger sa propre chair. « Il
n'y a pas longtemps, écrit Westermack, que les Ved-
das sauvages de Ceylan regardaient le mariage d'un
homme avec sa sœur cadette non seulement comme
convenable et naturel, mais en réalité comme le seul
convenable... Chez les Annamites, selon un missionnaire qui a vécu quarante ans chez eux, aucune fille
de douze ans, ayant un frère, n'est vierge ».

La famille consanguine, constituée comme nous
venons de le voir par les frères et sœurs et par les
cousins des premier et second degrés, n'a été retrouvée nulle part, mais son existence ne fait aucun
doute. Elle précède immédiatement une forme de famille, la famille punaléenne, qui existait, il n'y a pas
longtemps encore dans toute la Polynésie. Le système
hawaïen de parenté explique des degrés de parenté
qui n'ont pu naître que sous la famille consanguine.
Aux îles Sandwich, à Hawaï, le système de parenté
qu'il ne faut pas confondre avec la forme de famille,
voulait que tous les enfants de frères et de sœurs fussent frères et sœurs et qu'ils soient réputés les enfants
communs, non seulement de la mère et de ses sœurs
ou de leur père et de ses frères, mais encore de tous
les frères et sœurs plus ou moins rapprochés de leurs
parents communs. Il n'y avait que des grands-parents,
des parents, des frères et sœurs, des enfants et des
petits-enfants. Il n'y avait, par conséquent, ni oncles,
ni tantes, ni neveux, ni nièces, ni cousins, ni cousines. Un même terme indiquait le même degré de

parenté. Exemple : le terme *Kupuna* désignait le grand-père, la grand'mère, le grand-oncle, la grand'tante. Le terme *Makua Kana* désignait le père, le frère du père, le frère de la mère. Le terme *Makua Waheena* désignait la mère, la sœur de la mère, la sœur du père.

Selon ce système, les frères et sœurs de mes grands-parents sont mes grands-parents, les frères et sœurs de mes parents sont mes parents, les enfants de mes frères et sœurs sont mes enfants, et dans chaque génération, les hommes et les femmes se considèrent comme frères et sœurs. Ainsi, conclut Lubbock, les Hawaïens ne connaissent ni oncles, ni tantes, et un enfant peut avoir plusieurs pères et plusieurs mères.

Ce système de parenté, retrouvé par Morgan, explique admirablement bien la famille consanguine mais au moment de sa découverte par le savant Américain il n'était plus en accord avec de nouvelles coutumes, de nouvelles habitudes qui avaient créé une nouvelle forme de famille dont il va être question. « La famille, observe Morgan, est l'élément actif ; elle n'est jamais stationnaire, mais elle passe d'une forme inférieure à une forme supérieure à mesure que la société se développe d'un degré inférieur à un degré plus élevé. En revanche, les systèmes de parenté sont passifs ; ce n'est qu'à de longs intervalles qu'ils enregistrent les progrès faits par la famille dans le cours des âges, et ils ne subissent une modification radicale que lorsque la famille s'est radicalement modifiée ».

La famille consanguine formait un immense ménage communiste : au bout de plusieurs générations elle devait nécessairement se scinder en deux : une série de sœurs avec leurs enfants et leurs frères constituaient le noyau d'un nouveau groupement familial. C'est ainsi ou d'une façon analogue que s'opérèrent la division et la transformation familiales.

IV

LA FAMILLE PUNALÉENNE

Le second progrès réalisé par l'humanité fut l'interdiction du mariage entre frères et sœurs du côté maternel d'abord, puis des frères et sœurs en ligne collatérale. Voici, à ce sujet, ce qu'écrit Engels :

« Si le premier progrès de l'organisation a consisté à exclure les parents et les enfants du commerce sexuel réciproque, le second a consisté dans l'exclusion des frères et sœurs. Ce progrès, en raison de la plus grande égalité d'âge des intéressés, a été infiniment plus important, mais aussi plus difficile que le premier ; il s'est fait graduellement, vraisemblablement par l'exclusion des frères et sœurs utérins (c'est-à-dire du côté maternel) du commerce sexuel, puis devenant petit à petit la règle (en Hawaï il y avait encore des exceptions au commencement de ce siècle); et finissant par l'interdiction du mariage même entre frères et sœurs collatéraux, c'est-à-dire, d'après nos désignations, entre cousins, petits cousins et arrière-cousins ».

Comment se fit et à quel moment se fit cette interdiction, nous ne le savons pas, nos connaissances en
cette matière se trouvant encore limitées. Une légende
australienne, rapportée par Fison et Howitt, deux
missionnaires intelligents qui, pendant de longues
années, vécurent au milieu des sauvages et les étu-
dièrent, tente d'expliquer comment l'on fit disparaitre les pratiques de l'inceste. Nous reproduisons la
légende d'après la traduction de Lafargue. La traduction donnée par Starcke dans son livre est à peu près
semblable.

« Après la création, les frères et les sœurs, et les
plus proches parents, se mariaient entre eux, sans
distinction, jusqu'à ce que le mal provenant de ces
alliances devînt manifeste. Les chefs s'assemblèrent
alors en Conseil, afin de rechercher la manière d'y
remédier. Le résultat de leur délibération fut une sup-
plique adressée à Muramura, le bon esprit : ce dernier
ordonna de diviser la tribu en groupes se distinguant
entre eux par des noms pris parmi les objets animés
et inanimés tels que chien, souris, pluie, etc. Puis il
défendit expressément aux individus portant le même
nom, de se marier entre eux, mais il permit à un
groupe de s'unir à un autre. Cette coutume est encore
observée de nos jours. La première question d'un
australien à un étranger est : De quel murdou ? c'est-
à-dire de quel groupe es-tu ? »

Dans l'introduction écrite pour le livre de Fison et
d'Howitt(1), Morgan déclare que cette légende « jette

____

(1) Fison et Howitt, *Hamilaroi and Kurnai*, Melbourne, 1880.

une lumière nouvelle sur la division des classes et sur l'exogamie », choses dont nous parlerons plus loin. Trois remarques sont à faire dans cette légende précieuse. D'abord, la tribu forme un tout au sein duquel se pratiquent les unions incestueuses entre parents et enfants et entre frères et sœurs. Puis, la tribu se segmente en plusieurs groupes prenant chacun un totem, c'est-à-dire un nom emprunté aux objets animés et inanimés. Ensuite, les relations sexuelles sont interdites dans le même groupe ; elles ne sont autorisées que de groupe à groupe.

Cette légende s'applique exactement aux hordes australiennes impartialement observées par Fison et Howitt, dès qu'elles cessent d'être endogamiques et s'organisent en clans matrimoniaux. Les hommes et les femmes d'un clan n'ont plus de relations sexuelles entre eux : ils doivent s'unir avec des individus composant un autre clan. Les hommes d'un clan A, par exemple, considèrent comme leurs épouses toutes les femmes d'un autre clan B, et celles-ci considèrent comme leurs maris tous les hommes du clan A ; les clans A et B sont appelés clans matrimoniaux. Toute femme australienne qui aurait des relations en dehors de son clan matrimonial commettrait un adultère collectif. « De cette ingénieuse façon, dit Lafargue, les sauvages sont parvenus à empêcher les mariages entre frères et sœurs utérins ; ce n'est que bien plus tard que les hommes arrivèrent à interdire les mariages entre enfants d'un même père » (1).

____

(1) Paul Lafargue, *Le Mythe d'Adam et d'Ève.*

Dès que se fit l'interdiction du mariage entre frères et sœurs plus ou moins rapprochés d'abord, plus ou moins éloignés ensuite, les choses durent se passer de la façon suivante : une série de sœurs germaines ou plus éloignées, avec leurs enfants et leur frères, forme un groupe consanguin, dont les membres se réclament d'une même origine, d'un même ancêtre. Les femmes s'unissent aux hommes, à l'exclusion de leurs frères directs, et les hommes s'unissent aux femmes, à l'exclusion de leurs sœurs directes. Mais dans ce groupe, les enfants de frères et de sœurs ne sont plus frères et sœurs, mais cousins. Morgan a donné à cette famille le nom de *punaléenne*.

Dans la famille consanguine, les femmes de la même génération étaient sœurs, quoique provenant de mères différentes. Comme dans la famille punaléenne, les femmes sont les épouses communes des hommes, à l'exclusion de leurs frères directs, elles ne sont plus sœurs mais compagnes et elles s'appellent *punalua*. De même pour les hommes. Dans la famille consanguine, les hommes de la même génération étaient frères, quoique issus de mères différentes. Comme dans la famille punaléenne, les hommes sont les époux communs des femmes, à l'exclusion de leurs sœurs directes, ils ne sont plus frères mais compagnons et ils s'appellent *punalua*. D'autre part, comme les frères et sœurs ne sont plus maris et femmes, leurs enfants ne sont plus frères et sœurs, mais cousins.

L'interdiction du mariage entre frères et sœurs a divisé, en deux grandes classes, les enfants de frères

Vérecque.   2

et les enfants de sœurs. Ne sont plus frères et sœurs maintenant que les enfants de sœurs. De même, alors, ne sont plus frères et sœurs que les enfants de frères.

C'est cette forme de famille qui existait encore, il n'y a pas longtemps, aux îles Sandwich, et dont les degrés de parenté sont exprimés par le système de parenté recueilli par Morgan chez les Iroquois étudiés par lui. Résumons, avec Engels, le système américain de parenté qui nous donne la famille punaléenne : « Les enfants des sœurs de ma mère restent toujours ses enfants, de même que les enfants des frères de mon père sont les siens, et tous sont mes frères et sœurs ; mais les enfants des frères de ma mère sont maintenant ses neveux et nièces, les enfants des sœurs de mon père sont ses neveux et nièces, et tous sont mes cousins et cousines, car tandis que les maris des sœurs de ma mère sont toujours encore ses maris, et que de même les femmes des frères de mon père sont aussi encore ses femmes, — en droit, sinon toujours en fait — l'interdiction sociale du commerce sexuel entre frères et sœurs a divisé en deux classes les enfants de frères et sœurs jusque-là indistinctement traités comme frères et sœurs : les uns restent après comme avant frères et sœurs (plus éloignés) entre eux ; les autres, ici les enfants de frère et là les enfants de la sœur ne *peuvent* être plus longtemps frères et sœurs ; ils ne peuvent plus avoir de parents communs, ni le père seul, ni la mère seule, ni les deux ensemble ; et c'est pourquoi la classe des neveux et des nièces, des cousins et des cousines, qui eut été un non-sens dans

l'ordre de famille antérieur, devient nécessaire pour
la première fois. »

Une amélioration du système de parenté, les enfants de deux frères ou de deux sœurs considérés
cousins comme les enfants de frère et sœur, et l'on
aura des degrés de parenté complètement semblables
aux nôtres. Mais pour atteindre ce but, qui semble si
facile et si rapide, il faut longtemps encore.

Remarquons que les termes par lesquels l'on désigne le père, la mère, l'enfant, le frère, la sœur, ne
sont pas des titres honorifiques. Ces termes sont des
expressions qui comportent des devoirs réciproques
parfaitement clairs et définis.

Les mêmes systèmes de parenté retrouvés chez différents peuples prouvent que la famille a traversé les
mêmes phases d'évolution. Ainsi, par exemple, chez
les Peaux-Rouges d'Amérique et les Tamils de l'Inde,
un même terme désignait le père et le frère du père.
La mère et la sœur de la mère étaient également dési-
gnées par un même terme.

La famille punaléenne a multiplié les degrés de
parenté en même temps que les interdictions de mariage entre parents plus ou moins rapprochés. Elle a
été retrouvée non seulement chez tous les Indiens de
l'Amérique, mais aussi dans l'Inde, en Chine et dans
presque toutes les îles de l'Océanie.

Des voyageurs, à toutes les époques, ont remarqué,
non sans étonnement, que les sexes vivent très souvent séparés. Il est très probable que cet isolement
des sexes a dû se produire dès qu'il s'est agi d'inter-

dire les relations sexuelles entre parents et enfants et entre frères et sœurs.

Les maisons des tribus iroquoises, disparues il y a un siècle, possédaient des chambrettes particulières destinées aux femmes mariées. De semblables habitations existaient chez les Dyaks de Bornéo. Les femmes mariées avaient des chambrettes particulières et des salles communes séparées étaient occupées par les hommes et les garçons et par les femmes non mariées et les jeunes filles. Le Docteur Yersin, qui fit pendant les années 1893 et 1894 un voyage d'études en Indo-Chine, a visité les peuplades sauvages, notamment les Moïs, les Benongs, les Pendugs, etc. « Dans chaque village, dit-il, on trouve une ou plusieurs maisons communes, constructions au toit gigantesque, où logent les veufs et les gens non mariés et où l'on discute les affaires communes. »

Les indigènes des îles Sandwich avaient aussi des cases spéciales pour les hommes et pour les femmes. Il était défendu aux hommes d'entrer dans les cases des femmes et aux femmes d'entrer dans les cases des hommes. Même coutume en Afrique. Le *Tour du Monde* du 18 juin 1898 rapporte d'utiles détails sur l'exploration, en Nouvelle-Guinée, du professeur Haddou, du collège royal des sciences de Dublin. « Dans la partie ouest de l'île Yule les indigènes fortement colorés de la côte et ceux de l'intérieur au teint plus clair, ont l'habitude d'élever de grandes maisons pour hommes et d'autres semblables pour femmes et enfants. Les premières ont parfois jusqu'à 30 mètres de large. Dans d'autres districts, comme dans l'estuaire de la Fly, les sexes n'habitent pas des cases séparées mais des chambres séparées dans une même grande hutte... »

Au cours de son voyage d'exploration scientifique, dans la Haute-Gambie, pendant les années 1891 et 1892, le docteur André Rançon a vu des cases exclusivement réservées aux hommes, notamment chez les Coniaguiés qui sont des primitifs qui vivent entièrement nus.

La séparation des sexes a été déterminée par un intérêt de morale familiale, comme le pense Lafargue, et elle ne s'est maintenue et accentuée que parce que la femme et l'homme ont exercé des occupations différentes.

V

LE RÉGIME DE LA « GENS »

: Quand, avec la famille punaléenne, le commerce sexuel ne fut plus autorisé même entre parents éloignés du côté maternel, le groupe consanguin se transforma en une *gens*, c'est-à-dire en un groupe social dont les membres se réclament d'une descendance commune et sont astreints aux mêmes obligations civiles et religieuses (1). C'est à Morgan que nous devons la découverte de la *gens*. Elle a, pour l'histoire primitive, suivant Engels, la même importance que la théorie de l'évolution de Darwin pour la biologie et la théorie de la plus-value de Marx pour l'économie politique. Elle mit le savant américain en mesure d'esquisser pour la première fois une histoire de la famille.

(1) Le mot latin *gens* que Morgan emploie pour désigner les groupes consanguins qui forment la tribu, dérive, ainsi que le mot grec de même signification, *genos*, de la racine aryenne *gan*, qui signifie engendrer. *Gens* et *genos* s'emploient spécialement pour le groupe qui se vante d'une descendance commune ; d'où le latin *gentilis*, homme de la *gens* et le français *gentilhomme*. PAUL LA-FARGUE, *Origine et évolution de la Propriété*.

La *gens* a constitué l'unité sociale chez tous les peuples à un certain degré de leur développement. Grâce aux patients travaux de Morgan qui a mis à nu l'organisation interne de la société communiste primitive, il a été possible de comprendre les sociétés primitives d'Europe, notamment en Grèce et en Italie. Et partout où la *gens* a été découverte, l'on aperçoit la famille punaléenne qui la précède et lui donne naissance.

Les membres de la *gens*, parce qu'ils ont la même origine, ne forment qu'un même corps. Ils sont égaux et étroitement unis. Le langage atteste encore cette solidarité. Dans certaines parties de l'Arabie, le mot clan, ou *gens*, signifie chair. Les membres d'un même clan se considèrent comme étant de la même chair. Dans les pays slaves, il y a encore un grand nombre de collectivités villageoises dont le nom se termine par *ichi*. Cette terminaison indique, d'après Kovalewsky, la descendance ou la provenance d'un ancêtre commun.

Pour ce qui regarde les relations sexuelles, il y a entre la *gens* et la famille punaléenne une différence capitale. Dans la famille punaléenne, à l'époque même où elle est florissante, les hommes et les femmes peuvent encore s'unir ensemble. Dans la *gens*, ils ne le peuvent plus. Les hommes doivent prendre leurs femmes ailleurs que dans leur propre *gens*. Le progrès moral réalisé est, cette fois, décisif.

Le régime de la *gens* eut pour conséquence de développer plus rapidement, au point de vue physique et moral, les sociétés humaines qui l'adoptèrent.

L'union d'individus non consanguins, d'origines différentes, devait donner des produits plus forts et plus sains. Morgan, qui connaissait les sauvages, fait cette constatation : « Les mariages entre *genles* non consanguines engendrent une race plus forte, au physique comme au moral ; deux tribus avancées se mélangeaient et les nouveaux crânes et cerveaux s'élargissaient naturellement jusqu'à ce qu'ils renfermassent les capacités des deux ».

Les hommes soumis à la *gens* devaient acquérir plus de puissance et d'influence et entraîner à leur suite, pour se faire imiter ou pour les soumettre, les autres hommes restés en arrière.

De ce que nous savons, les membres d'une même *gens* ne peuvent s'unir qu'avec des individus d'une autre *gens*. C'est la coutume et nul ne peut l'enfreindre sans s'exposer aux peines les plus sévères. Le nom est le grand révélateur de la parenté.

Les membres d'un groupe consanguin portent le même totem, le même nom. Ce nom, emprunté surtout aux animaux et aux plantes, est celui de l'ancêtre commun dont on prétend descendre. D'après Morgan « chaque groupe indien se partage en hordes ou tribus. La horde ou tribu forme une petite communauté dans la nation à laquelle elle appartient. De même que la nation a un emblème propre qui la distingue des autres, de même chaque tribu a un insigne d'où elle tire son nom, l'aigle, la panthère, le tigre, le buffle, etc. Une horde de Sioux a pour emblème un serpent, une autre une tortue, une troisième un écureuil, une quatrième un loup, une cinquième un

buffle. Dans chaque nation, chaque homme se désigne de la même façon ; le plus humble d'entre eux
se souvient parfaitement de sa filiation et sait indiquer à quelle famille il appartient ».

L'image de l'ancêtre était peinte ou gravée sur les
habitations, sur les tombeaux, sur les armes et parfois sur la peau. C. R. Mayne a eu l'occasion de voir,
chez les Indiens de la Colombie, des sculptures d'animaux aux extrémités des poutres qui supportent les
toits des habitations. Les figures en terre vernissée
que l'on voit encore au faîte des vieilles maisons de
certains villages bretons est un souvenir de cette antique coutume. Robertson Smith, qui fut professeur
de langue arabe à l'université de Cambridge, a donné,
sur la parenté des Arabes, une liste de tribus arabes
portant des noms d'animaux ou de plantes dont elles
prétendaient descendre. La *gens* Aurelia, à laquelle
appartenait la mère de César, prétendait descendre
du soleil. Plutarque nous fait connaître qu'à Athènes
une *gens* avait pour ancêtre une asperge. Lubbock,
dans son livre, les *Origines de la Civilisation*, reproduit des inscriptions gravées sur les tombeaux de
chefs Peaux-Rouges. Un animal représente l'ancêtre ;
il a les pattes en l'air pour signifier la mort. Les
animaux et les plantes, considérés comme ancêtres,
dont on portait le nom, étaient sacrés. C'était un
crime que de les manger.

Le nom était collectif ; il n'appartenait pas à un
seul, mais à tous. Dans les peuplades primitives, le
nom a une valeur considérable. Des individus du
même totem peuvent quitter leur groupe et s'établir

ailleurs, adopter au besoin d'autres coutumes et parler un autre langage, ils n'en demeurent pas moins
porteurs du même totem. Quand les relations
sexuelles sont interdites entre personnes du même
groupe, un homme ne s'unit pas à une femme qui
possède le même nom que lui. S'il passait outre à
l'interdiction, il serait traité comme un criminel et
traqué comme une bête fauve. En Australie, en temps
de guerre, « si, dans le butin, un guerrier s'adjugeait
une femme du groupe à lui prohibé, les camarades
l'assommeraient sur place ou, s'il s'enfuyait avec la
captive, on leur courrait sus comme à des criminels
dont il serait urgent de débarrasser la terre » (1).

Ce qui est vrai pour hier, l'est également pour
aujourd'hui. R.-C. Mayne dit des Indiens de la Colombie : « La parenté de deux personnes est considérée comme une parenté plus proche si elles ont le
même emblème (nom ou totem), que si elles appartiennent à la même tribu ; les membres de la tribu
peuvent se marier entre eux, et ils le font, mais les
individus qui ont le même emblème ne le peuvent
sous aucun prétexte. Une baleine ne peut donc épouser une baleine, ni une grenouille une autre grenouille ». Dans son livre sur les aborigènes de l'Australie, Lang a écrit : « Aucun homme ne peut épouser une femme qui porte le même nom de tribu que
lui, quoiqu'ils ne soient pas parents à aucun degré
selon nos idées européennes. »

Nous découpons ce passage dans un travail lu par
Westermarck au deuxième congrès international de

(1) ELIE RECLUS, *Le Primitif d'Australie.*

sociologie : « Chez les Ossètes, d'après le baron von Haxthausen, un homme est considéré comme plus étroitement apparenté à un cousin, au centième degré, qui porte son nom, qu'au frère de sa mère ; et il doit venger le sang du dit cousin, tandis que le frère de la mère n'est pas — en fait — considéré comme son parent. Parlant de certaines tribus de Bantu, M. Mac Call Théal remarque que leur aversion pour les mariages incestueux est si forte qu'un homme ne se mariera pas à une fille d'une autre tribu, si elle a le même nom que lui, quoique leur parenté ne puisse être retrouvée ».

L'influence du nom est is grande que chez les Chinois, qui ne comptent que quelques centaines de noms, les mariages sont rendus difficiles entre personnes ayant des noms semblables. L'Europe a moins de préjugés ; souvent un homme et une femme s'épousent parce qu'ils sont cousins et portent le même nom de famille.

VI

LE MARIAGE PAR GROUPE

Dans la *gens*, comme dans les formes de famille précédentes, le mariage est un contrat collectif et non individuel. C'est un groupe entier de femmes qui se marient avec un groupe entier d'hommes, et vice-versa. Là où les écrivains de l'antiquité n'ont vu que la communauté des femmes, il faut voir le mariage par groupe. Quand, parlant des tribus nomades de l'Afrique, Hérodote nous dit que les hommes et les femmes s'accouplaient au hasard ; quand Strabon nous dit que, chez les Scythes, les femmes étaient possédées en commun ; quand Cléarque nous dit qu'à Athènes, avant Cécrops, les rapports entre les deux sexes étaient sans règle ; quand Théopompe nous dit que chez les premiers habitants de l'Italie, les Thyrrhènes, la loi voulait que les femmes fussent communes, c'est le mariage par groupe qu'il faut envisager. Le mariage par groupe a donc précédé le mariage individuel.

La forme la plus curieuse, la plus inférieure du mariage par groupe, est celle dont nous devons la connaissance à un missionnaire anglais, Lorimer Fison et qui a été étudiée par lui en Australie. Chez les nègres du mont Gambier, la tribu est divisée en deux classes, les Krobis et les Kumites. Le commerce sexuel est interdit au sein de chaque classe. Ce sont les classes qui se marient. Les hommes et les femmes du groupe Krobi sont de droit les époux et les épouses du groupe Kumite et les hommes et les femmes du groupe Kumite sont de droit les époux et les épouses du groupe Krobi. Ces coutumes sont rigoureusement observées. Deux individus de sexes différents appartenant à des clans différents peuvent se rencontrer sur un point quelconque du vaste continent australien : ils ont la liberté de se traiter comme mari et femme. « Cette forme de mariage, a écrit Fison, me semble le système de mariage communiste le plus étendu que l'on connaisse. »

Elie Reclus, dans son livre, le *Primitif d'Australie*, confirme les données de Fison. Après avoir décrit les cobongs, ou classes matrimoniales, chez les Kamilaroi, autre tribu du mont Gambier, Reclus constate que lorsqu'un homme et une femme se rencontrent, « un geste les renseigne sur leurs cobongs : un signe des doigts entrelacés demande ou refuse l'acte conjugal ». Et surtout que personne ne s'avise de considérer autrement que comme des époux deux individus de sexes différents appartenant à des clans différents ! L'anecdote suivante, contée par Reclus, affirme pour une femme le droit à la possession d'un homme d'un autre clan que le sien :

« Tout Ippaï et toute Kapota qui se rencontrent, se traitent de compère et de commère, expression qui indique mieux qu'une simple politesse. Pour servir

Vérecque.3

la cause de l'Evangile, John Bulmer s'était fait accepter pour frère par un Kilpana du Murray. Notre révérend rencontre la femme du dit et la salue avec amabilité.

— Ma sœur, — car vous êtes ma sœur depuis que je suis devenu le frère de votre mari, — je vous salue !

— Votre sœur, dites-vous ? Votre sœur ? fit-elle avec un sourire voilant un doux reproche, dites donc votre épouse. »

Une autre anecdote, rapportée par Letourneau, démontre bien clairement que la femme considère comme des maris virtuels même les hommes en herbe de sa classe conjugale. Un indigène, un papou des Nouvelles-Hébrides, non loin de l'Australie, amène à sa femme deux garçons jumeaux, les enfants de sa sœur : « En les accueillant, la femme demande à son mari : sont-ce mes enfants, ou bien mes maris ? c'est-à-dire, dois-je les considérer comme étant réputés de ma lignée utérine ou bien faut-il y voir des membres de votre classe, de la classe où tous les hommes sont mes maris virtuels ? A ces questions, le mari répondit sans hésiter : ce sont sûrement vos maris, puisque ce sont les enfants de ma sœur, de ma sœur utérine ».

Le mariage, tel qu'il se pratique en Australie, est une forme très primitive du mariage par groupe. Il constitue un premier pas fait pour restreindre les relations sexuelles entre parents. Mais s'il interdit le commerce sexuel entre frère et sœur, il le permet encore entre père et fille puisqu'ils appartiennent à des classes matrimoniales différentes. Les naturels Australiens sont très arriérés, ce qui explique que chez eux les liens de la parenté se précisent et se découvrent lentement.

Une forme exceptionnelle ou spécialisée du mariage par groupe est encore en vigueur au Thibet. Une femme peut prendre trois ou quatre hommes pour époux ; de même un homme a la même liberté d'avoir comme épouses trois ou quatre femmes. La femme thibétaine est plus estimée si elle ne s'attache à aucun de ses maris et ceux-ci, au dire des voyageurs, font entre eux bon ménage et ne se jalousent point.

Des formes altérées du mariage par groupe, ou plutôt des restes du mariage par groupe, existent encore dans l'Inde et dans l'Amérique. Chez les Todas, voisins des Thibétains, et dans un grand nombre de tribus indiennes américaines, un homme qui prend une femme a le droit de se marier avec ses sœurs dès qu'elles deviennent nubiles. De même la femme a le droit de prendre pour maris les frères de l'homme dès que ceux-ci ont l'âge de contracter mariage. Ces maris ont l'obligation de veiller à l'entretien de leurs femmes.

La polyandrie d'une femme et la polygamie d'un homme vont côte à côte dans le mariage par groupe. Au début surtout la femme choisit autant de compagnons qu'il lui plaît. Personne ne lui adresse la moindre observation. Ce n'est que bien plus tard, quand la famille évolue vers le patriarcat que la femme, en même temps qu'elle se réserve de plus en plus pour un seul homme, trouve une limitation dans le nombre de ses maris.

Le milieu créé par le mariage par groupe ne laisse

pas place à la jalousie. Quand c'est la coutume qu'un homme partage avec d'autres hommes les amours d'une femme qui, elle-même, partage avec d'autres femmes les amours d'un homme, il ne peut être question de jalousie. Pour que la jalousie prenne naissance, il faut que certaines conditions soient remplies, il faut que la propriété individuelle s'introduise au sein de la société primitive et que la femme devienne une marchandise. On ne peut être jaloux que de ce qu'il est possible de posséder personnellement.

Dans aucune forme du mariage collectif, du mariage par groupe, on ne peut connaître le vrai père d'un enfant. Cléarque écrit que chez les premiers habitants d'Athènes, « nul ne pouvait reconnaître son père ». A son témoignage, il faut joindre celui de Théopompe qui écrit également que chez les premiers habitants de l'Italie, « nul ne pouvait savoir de quel enfant il était le père ». Un enfant a plusieurs pères dans un cercle déterminé de personnes. On connaît sa mère sûrement. La femme, quoique mère de tous les enfants de la grande famille commune, envers lesquels elle a des devoirs maternels, reconnaît parfaitement ses propres enfants. La paternité est incertaine et c'est ce manque de certitude, assure non sans raison Mac Lennan, qui a empêché longtemps la filiation par les mâles. Seule, la filiation féminine est reconnue ; c'est par la mère que se transmet de génération en génération le nom de l'ancêtre. Il ne peut en être autrement puisque les hommes doivent s'unir avec des femmes étrangères à la *gens* ; il n'y a plus dans le groupe que les descendants de filles ; les descendants de fils demeurent dans les *gentes* de leurs mères.

La parenté par les femmes a été la loi chez tous les peuples primitifs ; elle est encore aujourd'hui, comme l'affirme Lubbock, « la coutume la plus ordinaire des tribus sauvages dans toutes les parties du monde ». Le savant anglais ajoute : « Nous pouvons ainsi comprendre que les héritiers d'un homme ne soient pas ses propres enfants, mais les enfants de sa sœur ».

Au temps d'Hérodote, les Lyciens portaient le nom de leur mère : « Ils portent, dit l'historien grec, le nom de leur mère et non pas de leur père ; de telle sorte que si on demande à quelqu'un qui il est, il cite le nom de sa mère et trace sa généalogie dans la ligne féminine ».

Dans l'ancienne Egypte, on ne connaissait que la filiation utérine. Le nom de la mère se lit toujours dans les inscriptions funéraires. Polybe, qui vivait deux siècles après Hérodote, dit la même chose des Locriens ; les tombeaux étrusques, jusqu'à l'époque impériale, indiquaient la généalogie par la femme.

Les mêmes mœurs ont été retrouvées, à des siècles de distance, par le capitaine Cook, Dumont d'Urville et Bougainville, dans leurs voyages à travers les îles de l'Océanie, de l'Australie et de la Nouvelle-Zélande. Chez les naturels de ces pays, « c'est par les femmes que s'établissent les parentés, et que se comptent les généalogies ; les enfants appartiennent à leur mère et non à leur père » (1).

(1) Paul Gide, *Etude sur la Condition privée de la Femme,* Paris, 1867.

Quand furent interdites les relations sexuelles au sein du même groupe, la descendance ne put continuer à se compter que du côté maternel. Les enfants des hommes n'appartenaient plus à leur groupe ; ils ne pouvaient, par conséquent, porter leur nom.

De nos jours encore, survivance lointaine du temps où l'on ne connaissait que la parenté par les femmes, dans la plupart des villages, la fille, après son mariage, garde généralement son nom féminin, et l'on désigne les enfants par le nom de fille de leur mère.

Le père et l'enfant ne se connaissent pas : ils appartiennent à des *gentes* différentes et cela trace leur attitude à l'égard l'un de l'autre. C'est l'oncle, le frère de la mère, qui remplace le père, qui est inconnu, qui n'existe pas. Il y a entre l'oncle et le neveu des liens étroits et réels qui les unissent. A l'époque, la voix du sang, pour un homme, devait parler pour les enfants de sa sœur. L'oncle, de par sa situation, est mieux considéré que le père : il surveille ses neveux et prend leur défense en toute occasion. Quelques citations ne seront pas inutiles.

En ce qui concerne la famille Malaise, Giraud-Teulon décrit comme suit le rôle du père et de l'oncle : « La famille Malaise se compose de la mère et de ses enfants : le père n'en fait point partie. Les liens de parenté qui unissent ce dernier à ses frères et sœurs sont plus étroits que ceux qui le rattachent à sa femme et à ses propres enfants. Il continue, même après son mariage, à vivre dans sa famille maternelle ; c'est là qu'est son véritable domicile et non pas dans la maison de sa femme ; il ne cesse pas de cultiver le champ de sa propre famille, de travailler pour elle, et n'aide sa femme qu'accidentellement. Le chef de la famille est ordinairement le frère aîné du côté maternel. De par ses droits et devoirs, c'est lui le vrai père des enfants de sa sœur ».

D'après Kovalewsky, chez les montagnards de la Géorgie et particulièrement chez les Pshaves « le frère de la mère prend la place du père dans toutes les circonstances où il s'agit de venger du sang répandu, surtout en cas de meurtre commis sur son neveu... ». Chez les Peaux-Rouges, l'autorité de l'oncle était grande : « Le frère de la mère, dit Lubbock, exerce sur les enfants de sa sœur une autorité plus que paternelle. Il a droit à tous les biens qu'ils peuvent acquérir, s'il lui plaît d'exercer ce droit ; il donne des ordres que le père véritable n'oserait pas donner ; il marie ses nièces et partage le prix d'achat ». Chez les Germains, décrits par Tacite, qui vivaient sous la famille patriarcale, mais qui conservaient encore les mœurs du temps où ils connaissaient la famille maternelle, l'oncle avait une situation prépondérante : « Le frère de la mère, dit Tacite, considère son neveu comme son fils ; quelques-uns même tiennent le lien du sang entre oncle maternel et neveu pour plus étroit et plus sacré qu'entre père et fils, de telle sorte que lorsqu'on exige des otages, le fils de la sœur est considéré comme une plus grande garantie que le propre fils de celui qu'on veut lier ».

L'histoire romaine a noté la puissance de l'oncle mêmè à l'époque où la famille paternelle était solidement établie. Après le viol de Lucrèce par Tarquin, ce n'est pas son mari ni son père, c'est Brutus, l'oncle de la jeune femme, qui prend sa défense. L'on peut citer, de nos jours, nombre de tribus primitives restées à la filiation utérine dans lesquelles les liens de parenté sont plus étroits entre l'oncle et le neveu qu'entre le père et le fils. Les Khasias et les Kochs de l'Inde, ne reconnaissent aucune parenté entre le père et le fils. Chez la plupart des Papous, il n'y a aucune consanguinité entre le père et le fils. En Arabie, il y a des survivances de la filiation maternelle : la plus frappante, comme le constate Letourneau, est la plus haute autorité morale accordée dans la famille à l'oncle, à l'oncle maternel, dont les qualités, aussi bien physiques que morales, sont réputées transmissibles à ses neveux.

La parenté par les femmes, la méconnaissance du père et l'autorité de l'oncle, sont des caractéristiques principales du mariage par groupe.

VII

TRAVAIL ET CONSIDÉRATION DE LA FEMME

Tous les voyageurs ont fait mention des travaux qui accablent la femme dans les sociétés sauvages et barbares. Ils s'en sont alarmés et ils ont cru que la femme était traitée comme une bête de somme. Le jugement n'est pas exact. La femme jouit de certains privilèges dus à son sexe et à la constitution maternelle de la famille et ses occupations proviennent, non de l'esclavage, mais de la division du travail. A l'origine, comme l'observe Marx, la division du travail repose sur la différence des sexes. Pour la procréation des enfants, l'homme et la femme ont chacun une besogne différente. Immédiatement, la production des choses nécessaires à l'existence est liée à cette division spéciale du travail. C'est, si l'on préfère, une autre division du travail parallèle à la première.

Dans la *gens* indienne, que Morgan a découverte et si profondément étudiée, la femme s'occupait de la maison, sur laquelle elle avait la haute main, et de la garde et de l'utilisation des produits et des aliments.

L'homme allait à la chasse, à la pêche, et à la guerre. Dans toutes les sociétés primitives, il n'en est pas autrement : la femme administre la maison, prépare les repas, confectionne les vêtements, s'adonne à toutes les tâches que réclame un ménage pendant que l'homme demeure chasseur, pêcheur et guerrier. C'est ce que constate très nettement Lafargue dans son ouvrage sur la *Propriété* : « L'homme se consacre à la défense et à l'approvisionnement, tandis que la femme prend à sa charge la conservation et l'administration des vivres de la *gens*, la préparation culinaire des aliments, la confection des vêtements et des utensiles de ménage » (1).

Presque partout, ce sont les femmes qui élèvent les huttes pour les abriter. Chez les Fuégiens de la Terre de Feu, les Boschimans de l'Afrique australe et chez les Australiens, les femmes construisent les habitations avec des branchages et des écorces. Dans tout le Soudan, il n'y a que chez les Coniaguiés de la Haute-Gambie, d'après le Dr Rançon, que les hommes construisent les habitations. Chez les Kurnai de l'Australie méridionale, l'homme doit entretenir sa femme et ses enfants. Il doit chasser pour les nourrir et il doit se battre pour les défendre.

Howitt et Fison rapportent qu'à une question qui lui fut posée un Kurnai répondit : « L'homme chasse, harponne le poisson, se bat et flâne ». Ce qui signifie que toutes les autres besognes regardent la femme. Chez les Patagons, la femme exerce tous les

<hr>

(1) PAUL LAFARGUE, *La Propriété*.

travaux qui concernent la horde. Elle bâtit des tentes,
coud les peaux pour en faire des vêtements et prépare
la cuisine : l'homme se contente de chasser et de pê-
cher. Chez les Otomaques de l'Amérique du Sud,
l'homme chasse et se repose et comme la femme est
maîtresse dans son domaine, lorsque la horde se dé-
place, c'est elle qui se charge des vivres et des enfants. Dans les archipels de la Papouasie, les hommes
font la guerre, vont à la chasse et à la pêche pendant
que les femmes s'occupent de la case, allument le feu,
cuisent les aliments et cultivent la terre. Les fonctions
attribuées aux femmes sont multiples chez les Pani-
Kocks de l'Inde anglaise : « Elles tissent, filent,
brassent, plantent, sèment et font en un mot tout le
travail qui n'est pas au-dessus de leurs forces » (1).

Morgan a reproduit de très intéressantes observations d'Arthur Wright, qui fut pendant longtemps missionnaire chez les Iroquois-Senéca : « Du temps qu'ils
habitaient dans leurs longues maisons (qui pouvaient
contenir plusieurs centaines d'individus), un clan pré-
dominait : mais les femmes y introduisaient leurs
maris appartenant à d'autres clans. Il était d'usage
que les femmes gouvernassent la maison ; les provisions étaient mises en commun. Mais malheur au
mari ou à l'amant trop paresseux ou maladroit pour
ne pas apporter sa part aux provisions de la communauté ! Quel que fût le nombre de ses enfants et la
quantité de biens apportés dans le ménage, il devait
s'attendre à recevoir l'ordre de plier sa couverture et

(1) Hodgson, cité par Starcke et Elie Reclus.

de déloger : il serait pour lui dangereux de désobéir.
La maison deviendrait trop chaude. Il ne lui restait
que de retourner dans son propre clan ou dans un
autre. Les femmes étaient le grand pouvoir des clans.
Elles n'hésitaient pas, lorsque la circonstance l'exi-
geait, à faire sauter les cornes (le signe du commandement) de la tête des chefs et à les faire rentrer dans
les rangs des simples guerriers. L'élection des chefs
dépendait toujours d'elles. »

La femme avait la même conduite à l'égard des
hommes chez les Hottentots de l'Afrique du Sud. Letourneau rapporte qu'en temps de disette, quand les
hommes revenaient sans gibier, ils étaient vertement
reçus par leurs femmes indignées. Elles les traitaient
de lâches et menaçaient de les quitter. Si les hommes
résistaient aux injures et aux menaces, les femmes
détachaient leur petit tablier de pudeur pour les
frapper au visage. Ce dernier acte avait le don d'émou-
voir les hommes : ils s'en allaient immédiatement à
la chasse et ne rentraient pas sans gibier, ni sans provision.

La chasse, la pêche et la guerre, voilà les trois domaines où l'homme primitif exerce son autorité.
Quant à la femme, elle est maîtresse absolue dans le
ménage : ses efforts sont employés à l'éducation des
enfants, à la conservation des provisions, à la préparation des aliments, à la confection des vêtements, et
à la culture de la terre quand l'agriculture fut inventée. Car, c'est la femme qui commença le dur travail
de la terre qu'elle ne délaissa que lorsque son ménage, devenu plus important, réclama tout son temps.

« Dans les premiers temps, dit Kautsky, les femmes seules étaient chargées de la culture des champs, tandis que l'homme s'adonnait à la chasse et à l'élève des bestiaux » (1).

Les femmes papoues, là où l'agriculture est commencée, cultivent la terre. Les femmes cafres font tous les travaux de labourage et d'ensemencement. Dans les tribus indiennes étudiées par Lafitau, Charlevoix, Catlin, Morgan, etc., les champs étaient cultivés par les femmes. Les femmes indigènes des montagnes du Thibet sèment, sarclent, manient la faucille et le fléau. Dans l'Annam, les femmes conduisent la charrue et moissonnent les récoltes. Toutes les populations sauvages et barbares nous montrent la femme chargée des travaux domestiques et occupée de toutes les choses de l'agriculture.

La femme est la providence du sauvage et du barbare et son utilité explique en partie sa puissance. Howitt et Fison, parlant des femmes indigènes australiennes, ont dit : « En temps de paix, en règle générale, elles sont les travailleuses les plus actives et les membres les plus utiles de la communauté ». Cette remarque peut et doit s'appliquer à toutes les femmes des sociétés primitives.

La femme occupe dans la tribu, dans la *gens*, une position élevée. Pendant toute la période sauvage et barbare, elle a exercé une influence considérable. Son rôle était à la fois nécessaire, important et merveilleux. Elle était respectée, chantée, défendue

(1) KAUTSKY, *La Politique agraire du Parti socialiste*, Paris, 1903.

par les hommes et les enfants. « La femme, dit Engels, a, chez tous les sauvages et chez tous les barbares, des stades moyen et inférieur, en partie même chez ceux du stade supérieur, non seulement une position libre, mais encore très considérée. »

Si chargée de travaux qu'elle fût, la femme des temps primitifs avait une position supérieure à celle de notre civilisation qui la méprise et l'entoure de faux hommages. Elie Reclus reconnaît la situation spéciale de la femme australienne en écrivant : « Tout esclave qu'elle paraisse, et même qu'elle soit, son sexe lui vaut d'importants privilèges ».

C'est autour de la femme que se groupent les enfants qu'elle élève et qu'elle éduque. Elle est la gardienne des traditions orales et la souveraine maîtresse de son ménage. Ses conseils et ses encouragements sont recherchés et écoutés. Elle prend part aux affaires publiques et elle a sa place dans les combats et les expéditions. Parlant de l'influence de la femme dans la société primitive, Bachofen écrit : « L'enfant doit sa première éducation à la femme ; de même, c'est la femme qui impose à la société ses premiers devoirs. Il faut que l'homme obéisse avant de commander ». Au cours de leurs instructifs voyages dans les îles de l'Océanie et autour du monde, le capitaine Cook et Dumont d'Urville constatèrent que les femmes sauvages et barbares jouissaient de la plus grande indépendance et d'une certaine autorité. Elles participaient à tous les travaux des hommes, faisaient la guerre et siégeaient dans les Conseils.

Les Germains, que connut Tacite, voyaient dans

la femme quelque chose de sacré et de prophétique et la seule idée que leurs femmes et leurs filles pouvaient être prisonnières et tomber en esclavage excitait leur courage dans la bataille. « Le Germain, écrit Paul Gide, marchait avec plus de confiance au devant du péril quand il sentait derrière lui sa femme et sa sœur ; il se croyait mieux protégé par leur mystérieuse influence que par son casque et son bouclier, et quand il se voyait près du péril, il s'imaginait que leur nom murmuré tout bas suffisait pour attirer sur lui la faveur des dieux et le sauver du danger » (1).

De vieilles poésies nous montrent les Germains célébrant avec le même enthousiasme la vertu de leurs vierges et de leurs épouses et les exploits de leurs héros. C'est parce qu'ils avaient de tels sentiments produits par la famille maternelle qu'ils écoutaient les avis des femmes dans les circonstances les plus graves. Sur les champs de bataille ou dans les assemblées populaires, aucune résolution importante n'était prise avant d'avoir consulté la femme qui, en Germanie, jouait un rôle religieux considérable. C'est à l'appel de la prophétesse Velléda que les Bataves se révoltèrent et que, sous la conduite de Civilis, ils ébranlèrent la domination romaine dans les Gaules.

Les Etrusques partageaient les mêmes sentiments que les Germains. Ayant à exiger des otages des Romains, l'étrusque Porsenno leur demanda non des hommes mais des femmes. Chez les Troglodytes, les

(1) PAUL GIDE, *Etude sur la Condition privée de la Femme.*

femmes étaient inviolables et les combattants cessaient de tirer leurs flèches quand elles s'interpo-
saient entre eux. En Tasmanie, 'les guerriers cessaient le combat et épargnaient les vaincus quand les
femmes levaient leurs mains. Les Australiennes étaient
prises comme arbitres entre belligérants et les Alba-
naises étaient chargées de porter des messages. Ce
sont des femmes que les tribus mexicaines envoyèrent
à Cortez pour lui demander la paix. L'on rapporte
qu'Annibal a conclu avec les Celtes un traité par lequel leurs femmes devaient juger des différends
avec les Carthaginois.

Les Scandinaves avaient la plus grande vénération
pour les femmes en raison du rôle qu'elles jouaient.
Leur nom se trouve à côté de celui des guerriers les
plus courageux et des héros les plus célèbres. « Ce
sont elles, écrit Marnier, qui arrachent du sein des
combattants les flèches envenimées, qui pansent les
blessures et guérissent les maladies ; ce sont elles qui,
à la table des jarls, versent la boisson écumante dans
la large coupe, et récompensent par un sourire ou
une parole d'amour le courage des Vikings ; ce sont
elles enfin, qui cherchent à pénétrer les secrets du
temps et prédisent l'avenir. Tacite nous dit avec
quelle vénération les Germains parlaient de Velléda.
Les Scandinaves, tout en traitant leurs femmes comme
des esclaves, avaient cependant, pour elles, dans certaines occasions, le même sentiment de vénération » (1). La mythologie apprenait aux Scandinaves

____

(1) X. Marnier, *Chants populaires du Nord*, Paris, 1842.

que les femmes présidaient aux destinées humaines et transportaient dans la demeure du dieu Odin les morts ramassés par elles sur les champs de bataille.

Chez les Massaï de l'Afrique orientale, les femmes sont neutres en temps de guerre : elles peuvent circuler librement entre les tribus ennemies. Les guerriers d'Abyssinie redoutent les femmes ; quand ils reviennent du champ de bataille sans être couverts de trophées phallotomiques, les femmes les méprisent. Devant la tente des chefs, en d'ardentes improvisations, elles flétrissent les lâches et glorifient les braves. En Kabylie, en temps de guerre, les femmes vont librement d'un village à un autre village. Leur présence exalte jusqu'au délire le courage des combattants. Quand un village est pris d'assaut, on respecte religieusement les femmes. Chez les Touaregs du Nord, où la famille maternelle est arrivée à son dernier terme, la femme jouit d'une considération remarquable. Dans toutes les occasions, les hommes attendent son jugement ou suivent ses conseils.

La situation supérieure occupée par la femme, a laissé des traces dans l'histoire et la religion de tous les peuples. Avant l'homme, elle a été divinisée. Les premières inventions des arts et des métiers sont attribuées à des déesses et non à des dieux. Giraud-Teulon croit que les privilèges dont jouissent les femmes primitives sont dus à la constitution de la famille maternelle. Voici ce qu'il écrit dans son livre, les *Origines du Mariage et de la Famille :* « C'est à la

constitution de la famille par les femmes, qu'il convient sans doute d'assigner l'origine des prérogatives
étranges et superstitieuses accordées à la femme dans
le monde barbare et en particulier à la sœur chez les
Africains. »

Il y a beaucoup de vérité dans cette affirmation.

VIII

NAÏRS ET TOUAREGS

Des sociétés dont il a été possible d'entrevoir l'organisation familiale nous donnent une idée de ce qu'a pu être le régime du matriarcat ou de la famille maternelle. Nous ne pouvons mieux faire que de nous y arrêter un peu.

Commençons par une description des mœurs des Naïrs qui ont fait l'admiration de tous ceux qui les ont étudiées. Jusqu'en 1766, époque de l'invasion du conquérant indien Hyder-Alli, les Naïrs, sur la côte du Malabar, ont vécu sous la famille matriarcale. Ils formaient de grandes familles de plusieurs centaines de membres portant le même nom et habitant d'immenses maisons communes. La *gens* était propriétaire : les biens immobiliers, terres cultivées, prairies, bois, etc., appartenaient en commun à tous les membres.

La femme avait une position sociale bien supérieure à celle de l'homme. La descendance se comptait en ligne féminine. La mère avait près d'elle ses enfants. Le fils ne connaissait pas son père et le père ne connaissait pas son fils. Le mari vivait avec ses frères et sœurs dans la maison de sa mère et ne rendait visite à sa femme qu'à des jours déterminés. L'homme n'avait pour héritiers de ses biens mobiliers, armes, bijoux, etc., que les enfants de sa sœur. « Chez les Naïrs, observe Buchanan, personne ne connaît son père et chaque homme regarde les enfants de sa sœur comme ses héritiers. »

Il paraîtrait que l'on considérait comme un monstre celui qui versait des larmes à la mort d'un enfant qu'il supposait être le sien. La virginité n'était pas recherchée par les Naïrs et, moyennant un salaire, des étrangers étaient appelés pour déflorer les jeunes femmes. « Le droit de possession d'une vierge, écrit Lafargue, réservé aux seigneurs féodaux comme un de leurs plus précieux privilèges, était considéré par les Naïrs comme une corvée. Pour faire d'une jeune fille une femme, ils employaient des étrangers, des hommes du port, qui recevaient un salaire préalablement débattu ». C'était l'usage chez tous les peuples de la côte du Malabar, ce qui a fait dire à un voyageur que, dans l'opinion de ces païens, une fille qui mourrait vierge n'irait pas au paradis.

Comme dans toutes les sociétés où domine le matriarcat, la mère, ou, à son défaut, la sœur aînée, était le chef de la famille devant laquelle chacun s'inclinait. Barbosa, qui est très bien renseigné, a noté cette particularité : « Les Naïrs, dit-il, ont un respect extraordinaire pour leur mère ; c'est d'elle qu'ils reçoivent biens et honneurs ; ils honorent également leur sœur aînée qui doit succéder à la mère et prendre la direction de la famille ». La femme naïre avait le droit de posséder autant de maris qu'il lui plaisait, quatre, huit, douze et davantage, si le cœur lui en disait, et cela n'offusquait personne. Les maris se succédaient à tour de rôle dans la maison ; chacun avait son jour pendant lequel il subvenait aux besoins du ménage, soit en puisant de l'eau, soit en allant à la recherche du bois ou des approvisionnements. Pour indiquer que la place était occupée, le mari pendait à la porte son sabre et son bouclier. L'homme qui jouissait des droits d'époux pouvait être à chaque instant congédié s'il ne convenait plus pour quelque raison que ce fût.

La jalousie ne jetait pas ses discordes entre les maris qui s'entendaient bien, ainsi que l'affirme Hamilton. Un auteur du xviie siècle a fait cette constatation, bonne à reproduire : « Tous ces maris contribuent à l'entretien de cette femme et de ses enfants, sans qu'il y ait aucun débat ou jalousie entre eux pour ce sujet ; et lorsqu'un de ces hommes est dans la maison avec la femme, il laisse ses armes à la porte, et les autres ont le respect de ne point entrer, qu'il n'en soit dehors » (1).

Ces mœurs curieuses, étranges, absolument en désaccord avec les idées que les Européens se font de la femme et de la famille, étaient pratiquées par un peuple dont la civilisation était avancée et dont les richesses émerveillaient les Portugais qui les découvrirent à la fin du xve siècle. Dans son livre sur la

____

(1) GAYA, *Cérémonies nuptiales de toutes les nations*, Paris, 1680.

condition de la femme, où il ne leur consacre que quelques lignes, Letourneau reconnaît lui-même que les Naïrs ne sont nullement des sauvages.

Quittons l'Asie et transportons-nous en Afrique, chez les Touaregs du Nord, où les mêmes mœurs ont été retrouvées et ne sont pas encore disparues. Nous en devons surtout la description à un voyageur français, à M. Duveyrier, qui, en 1864, publia une étude très complète sur ces tribus (1). Son livre contient ce passage qui a trait à la situation spéciale de la femme : « S'il est un point sur lequel la société targuie diffère de la société arabe, c'est par le contraste de la position élevée qu'occupe la femme comparée à l'état d'infériorité de la femme arabe. Non seulement, chez les Touaregs, la femme est l'égale de l'homme, mais encore elle jouit d'une condition préférable. Elle dispose de sa main et, dans la communauté conjugale, elle gère sa fortune sans être forcée de contribuer aux dépenses du ménage. Aussi arrive-t-il que par le cumul des produits, la plus grande partie de la fortune est entre les mains des femmes ».

Les Touaregs ont la parenté utérine : ils ne connaissent que leurs mères et c'est par elles que s'établissent les généalogies. L'enfant suit la condition de la mère à laquelle il appartient. Cette coutume est rappelée par le proverbe targui qui dit : le ventre teint l'enfant. Si la mère est libre, l'enfant est libre, même si le père est esclave. Si, au contraire, la mère est esclave, l'enfant est esclave, même si le père est

______

(1) DUVEYRIER, *Les Touaregs du Nord*, Paris, 1864.

libre. C'est ce qui se passait, avec plus de force, selon Hérodote, dans les tribus lyciennes dont descendent les Touaregs. Le pouvoir est transmis non au fils du défunt, mais au fils de la sœur. Les femmes ont l'administration de leurs biens. Autrefois, dans tout le pays, les terres distribuées étaient inscrites au nom de la mère ; aujourd'hui, à Rhat, par exemple, les femmes disposent seules des maisons, des jardins, de la propriété foncière. Les unions sont facilement rompues.

La femme, malgré la coutume musulmane, a imposé la monogamie à son mari et elle peut le répudier sous un prétexte quelconque. Dans certaines tribus, elle le dédaigne ouvertement et elle a pour lui moins d'affection et de respect que pour son frère utérin. Il est permis à la femme mariée d'avoir beaucoup d'amis parmi les hommes. Plus elle compte d'amis, plus elle est considérée, mais pour conserver sa réputation elle n'en doit préférer aucun. Elle n'est pas enfermée dans sa tente ni soumise à l'homme comme la plupart des femmes européennes. Elle va, vient, dispose librement d'elle-même et son indépendance, qui repose sur une base économique, a contribué au développement de toutes ses qualités.

De l'aveu de Duveyrier, au milieu de la société musulmane, ce qui distingue la femme targuie, c'est sa culture intellectuelle. Elle est, en général, plus instruite que l'homme, et on lui doit d'avoir conservé jusqu'à nos jours l'ancienne écriture berbère. Les femmes de la tribu des Ymanan sont renommées pour leur talent musical. Quand elles donnent des concerts ou des soirées, les hommes, parés comme des mâles d'autruches, viennent de très loin pour les admirer et les entendre. Une publication qui a consacré un article à la femme musulmane, fait cette remarque : « Mme Aucher de Ferrer, qui a longtemps vécu dans nos postes avancés du Sud de l'Algérie, nous assure de *visu*, que les femmes imonhar (c'est-à-dire Touaregs), qui sont des berbères islamisées, sont « très lettrées, et ces lettrées, peut-on dire, sont des mères parfaites, et, qui plus est, des éducatrices accomplies ». Aussi jouent-elles dans la société targuie un rôle prépondérant. C'est par elles que se transmet l'affinité du sang dans les familles aristocratiques ; c'est le fils aîné de la sœur aînée qui, à la mort du Cheikh, recueille sa charge » (1).

La femme targuie se plaît aux exercices du corps et de l'esprit, elle éduque ses enfants, parcourt le désert à dos de dromadaire, sait bien chanter et jouer du violon et du tambour et, à côté de l'homme, elle est admise dans le conseil de la tribu. Chez les Touaregs, la femme est libre ; elle est respectée, l'on a pour elle des égards. Dans les légendes, c'est toujours aux femmes qu'est dévolu le rôle principal. A différentes reprises, les femmes ont exercé le commandement. L'on cite plus particulièrement Kahiva, surnommée la Marie-Thérèse du désert. Lors de l'invasion des conquérants arabes, au commencement du viiie siècle, elle fut l'héroïne de la résistance nationale. Sous sa domination, elle réunit toutes les tribus

____

(1) *La Revue bleue*, 1906, article de S. Bouet-Maury.

berbères et ce ne fut qu'après sa mort que les Arabes purent s'emparer du littoral de l'Atlas. Kahiva tomba les armes à la main, tuée par le général Arabe Hassan. Signalons qu'il y a quelques années une femme, une cheikha, gouvernait la tribu des Jhéhaonen.

L'influence morale des femmes est extrême. Les hommes recherchent et craignent leurs jugements. Au dire de Duveyrier, pour arrêter les fuyards dans un combat, il suffit de leur faire entendre que les femmes ne chanteront pas leurs exploits.

Comme les Naïrs, les Touaregs sont entrés depuis longtemps dans la civilisation et si, chez eux, la femme occupe une situation spéciale, c'est parce que les mœurs et les coutumes de la famille maternelle ont pu se maintenir jusqu'à nos jours.

IX

LE DOMICILE DE LA FEMME.

Aujourd'hui, la femme doit suivre son mari partout où il lui convient de se fixer. Elle est soumise à l'homme et tous ses désirs se rapportent à lui. Autrefois, il n'en était pas ainsi. Dans la *gens*, c'est la femme qui domine et non pas l'homme. Quand elle se marie, elle ne quitte ni sa famille, ni sa maison, pour suivre son mari : c'est lui, au contraire, qui vient se joindre à elle et qui est congédié quand il cesse de plaire. Chez les Naïrs, l'homme venait visiter sa femme et demeurait avec elle le temps convenu entre eux : ses armes accrochées à la porte indiquaient que la place était occupée. Il devait participer à l'entretien du ménage. Il en était exactement de même chez les Iroquois. Le mari venait voir sa femme et il avait l'obligation d'apporter sa part des provisions communes.

Quand le gentilhomme Jean de Béthencourt débarqua, vers 1402, aux îles Canaries, il constata que la femme avait le droit de prendre plusieurs maris, qui, à tour de rôle, comme chez les Naïrs, cohabitaient avec elle et se mettaient complètement à son service. Dans l'Arabie heureuse, rapporte de Gaya, l'homme allait également voir sa femme : « Celui qui se trouvait le premier entrait après avoir mis un bâton devant la porte. » D'après le missionnaire du Tertre, dans les tribus américaines qui vivaient le long de l'Orénoque, la femme possédait une hutte particulière pour recevoir son mari.

A toutes les époques, cette coutume a été remarquée chez les peuplades primitives qui n'avaient pas dépassé la famille matriarcale ou dont les mœurs matriarcales n'étaient pas disparues complètement. Westermarck, qui n'admet pas que l'homme eût été soumis à la femme, reconnaît, cependant, que « la coutume qui prévaut chez beaucoup de tribus sauvages, que le mari séjourne dans la famille de sa femme, semble être née de bonne heure dans l'histoire de l'homme », et à l'appui de ce qu'il doit avancer, il cite quelques exemples pris en Amérique, en Afrique et dans l'Océanie. Starcke qui, sur ce point, lui ressemble, est obligé de suivre la même voie. Parlant plus particulièrement des tribus colombiennes, il écrit : « Le mari s'établit dans la tribu de sa femme et celle-ci exerce une grande influence dans la famille. Elle s'occupe de l'intérieur et dispose des vivres à son gré ».

L'Asie n'est pas exempte des coutumes de la famille matriarcale. Hodgson dit des Pani-Kocks : « Quand un homme se marie, il habite avec la mère de sa femme et il obéit à toutes les deux ». Yule dit des Kasias : « L'époux ne prend pas sa femme chez lui, il habite chez elle, ou la visite de temps en temps ; on dirait qu'il ne sert qu'à perpétuer la famille à laquelle appartient sa femme ». En Afrique, chez certains Touaregs, l'homme qui épouse une femme d'un autre village va se fixer chez elle. Chez les Slaves méridionaux, quand un homme épouse l'unique héritière d'une famille, il doit venir habiter avec elle et prendre son nom. Dans les pays basques de France, quand l'administration d'un bien familial est confiée à une fille, son mari prend son nom et vient habiter chez elle.

La *Bible* a conservé des traces de l'époque où la femme était le chef de la famille. Le passage suivant de la *Bible* est significatif : « L'homme quittera son père et sa mère et s'attachera à sa femme ». (*Genèse,* ch. II.) Voici deux autres faits. Quand Abraham voulut marier son fils Isaac, il envoya son serviteur lui chercher une femme, mais son serviteur lui fit observer qu'Isaac devra quitter son père pour aller habiter au pays de sa femme. (*Genèse,* ch. XXIV.) Samson pour se marier dut se rendre en pays étranger, chez les Philistins ; il vint visiter sa femme dans sa demeure, selon la coutume. (Les *Juges,* ch. XV.)

Quand c'est la coutume pour la femme de rester dans sa famille pendant son mariage, ses parents n'admettent pas que son mari puisse les quitter pour se fixer loin d'eux. Cet état d'esprit est noté dans la *Bible.* Jacob, pour se marier avec Rachel et Léa dut demeurer quatorze ans au service de leur père Laban. Lorsqu'il voulut retourner dans sa patrie, il ne parla point de ses intentions à son beau-père. Il prit ses femmes, ses enfants, ses servantes, ses troupeaux et tout ce qu'il avait acquis et prit la fuite. Laban, accompagné de ses frères, se mit à sa poursuite et l'ayant atteint il lui dit : « Pourquoi as-tu agi ainsi, d'emmener mes filles à mon insu, comme des captives enlevées par le glaive » ? Et Jacob répondit : « Si je suis parti à votre insu, c'est de peur que vous ne m'enlevassiez violemment vos filles ». Laban répliqua : « Mes filles, mes fils, et tes troupeaux, et tout ce que tu vois sont à moi ». Mais les deux hommes étaient avec la pensée de Dieu : ils se mirent d'accord en contractant une alliance. (La *Genèse*, ch. XXXI.)

Dans les coins reculés de nos provinces, il est encore des maris qui vont vivre dans la maison de leurs beaux-parents. En Basse-Bretagne, si nous en croyons l'écrivain breton Paul Sebillot, les maris qui résident chez leurs beaux-parents ne sont pas soignés comme des seigneurs : « Dans les fermes, dit-il, les gendres sont à peu près traités comme des domestiques, mais ils ont une petite part dans le produit de la terre » (1).

D'une manière générale, la situation est complètement renversée : la femme doit suivre son mari, même contre ses intentions, et si elle s'y refuse, les lois peuvent la contraindre à séjourner au domicile conjugal.

_____

(1) PAUL SEBILLOT, *Coutumes populaires de la Haute-Bretagne.*

X

MŒURS COMMUNISTES

La famille et la propriété ont passé par les mêmes phases de développement : très souvent elles ont passé en même temps par des phases identiques. Avant de revêtir le caractère individualiste de notre époque, ces deux institutions sociales ont eu une forme communiste. Le communisme a été le berceau de toutes les sociétés humaines qui, grâce à lui, ont pu prendre racine et vivre.

La *gens*, à un moment de son développement, a pratiqué le communisme le plus absolu. Les femmes d'une *gens* sont communes aux hommes d'une autre *gens*. Les enfants appartiennent à toute la *gens* et ils nomment mères leur propre mère et les femmes de la même génération. Les enfants sont communs à toute les mères et toutes les mères sont communes à tous les enfants. Dans un groupement de ce genre, les membres logent sous le même toit et prennent leurs repas en commun.

Dès que la propriété foncière se constitue sous la forme de territoires de chasse ou de pâturages, c'est la *gens* qui est propriétaire. Les terres, dès qu'elles commencent à être cultivées et les troupeaux de bêtes, quand ils commencent à être formés, sont également propriétés communes. Au iv⁰ siècle, avant notre ère, d'après Néarque, certaines parties de l'Inde étaient cultivées en commun. Les aborigènes de la Louisiane et les Indiens du Yucatan faisaient en commun les travaux des champs. La culture des terres chez les habitants des îles Lipari et chez les Suèves de la Germanie avait lieu en commun.

Selon Mommsen, après la fondation de Rome, on voyait encore les hommes cultiver ensemble le sol et s'en distribuer les produits. A l'époque de la conquête, écrit de Laveleye, chez les Caraïbes, les terres et les produits étaient communs. Ils travaillaient et prenaient leurs repas ensemble. Les mêmes coutumes existaient dans les îles Aléoutiennes et sur les rives de l'Orénoque (1).

Le travail en commun de la terre se pratique encore dans les pays non encore touchés par la civilisation. Chez les Sakayes de la presqu'île malaise « la culture a lieu en commun ; le jardin est cultivé par tous les membres de la famille » (2).

Mêmes pratiques communistes aux Nouvelles-Hébrides. Un voyageur rapporte en ces termes ce qu'il a vu : « La culture se fait en commun ; le chef décide, un beau jour, après de longues discussions avec les vieux du village, qu'on ira planter les

(1) EMILE DE LAVELEYE, *De la Propriété et de ses formes primitives.*

(2) JACQUES DE MORGAN, *Exploration de la presqu'île malaise.*

ignames. On fait choix d'un terrain, et toute la tribu, y compris les femmes et les enfants, se met en mouvement. On débrousse, on prépare la terre et on plante ; cela demande peu de travail et peu de temps ; la récolte indispensable pour vivre se fait en commun et tout est partagé entre tous par portions équivalentes, sous les ordres d'un chef qui est plutôt un répartiteur qu'un maître » (1).

Dans la *gens*, les produits, quels qu'ils soient, et quelle que soit la manière de se les procurer, appartiennent à tous les membres qui les consomment en commun. Cette particularité est ainsi comprise par Viollet le Duc : « Si on consomme en commun les fruits de la terre, c'est qu'ordinairement la terre n'est pas considérée comme le domaine de l'individu, mais comme la nourricière de tous les hommes ».

Ce sont toujours les femmes qui ont la garde et l'utilisation des provisions, que la *gens* forme une grande famille indivise ou qu'elle se fractionne en familles particulières ou distinctes.

Les Iroquois, dont Morgan a pénétré la vie intime, avaient l'usage commun de toutes les récoltes provenant de leurs cultures et de leurs jardins qu'ils conservaient dans les habitations différentes des familles comme dans un magasin central. Les produits de la terre, de la chasse et de la pêche étaient distribués entre toutes les familles, mais ils demeuraient propriété commune de la *gens* et quand une famille avait épuisé ses provisions, les autres familles devaient lui

____

(1) E.-N. IXHAUS, *Les Nouvelles-Hébrides.*

fournir ce dont elle avait besoin. Au contraire, chez les Indiens des villages de Laguna, au Nouveau-Mexique, les provisions sont conservées dans des magasins communs. « Ces greniers, écrivait le pasteur Samuel Gorman à Morgan, en 1869, sont généralement placés sous l'administration des femmes : elles ont plus de souci de l'avenir que leurs voisins espagnols ; elles s'arrangent toujours à faire durer les provisions pendant toute l'année. »

Les provisions appartiennent à tous, et elles sont consommées en commun. Dans chaque longue maison iroquoise, la nourriture était préparée en commun pour tous les habitants. Chaque famille était servie selon ses besoins. Les femmes et les enfants mangeaient après les hommes.

Dans le Yucatan, chez les Indiens de Maya, une hutte sert à faire la cuisine pour tout le village. Les habitants viennent eux-mêmes chercher la part qui leur revient. Le même usage — qui rappelle le four banal du Moyen Age, — existe à la Nouvelle-Zélande, et dans ce pays, contrairement à ce qui se passe partout ailleurs, c'est un homme qui fait la cuisine. Un missionnaire, le père Lannuzel, qui est resté pendant de longues années chez les populations indigènes de la Nouvelle-Zélande, dit dans une relation de voyage : « Chaque village possède un cuisinier qui prépare les repas pour tous les habitants de l'agglomération ; ils ne mangent généralement que deux fois par jour, vers 9 heures du matin et vers 5 heures du soir. Ils prennent leurs repas en commun, se plaçant les hommes d'un côté et les femmes de l'autre.

On fait la part de chacun et en guise d'assiette on se sert de larges feuilles ».

Même communisme pour les habitations. Quand les sauvages et les barbares cessent de voyager à la recherche de leur nourriture, deviennent sédentaires, se fixent quelque part, ils construisent des habitations communes à toute la tribu ou à toute la *gens*. Plutarque nous dit que la *gens* Allia vivait dans une seule habitation. Dans l'Alaska, les habitants d'un hameau vivent dans une habitation unique. Des ménages de sept cents personnes habitaient sous le même toit dans l'île de la reine Caroline. Chez les indigènes de Vancouver, on a trouvé des maisons habitées par plus de huit cents personnes. Dumont d'Urville a vu des demeures semblables chez les Arfakis, de la Nouvelle-Guinée. Herrera raconte que dans l'île de Cuba des maisons comptaient plusieurs centaines de personnes.

Les maisons rencontrées en Polynésie par La Pérouse abritaient plus de cent individus. Les longues maisons des Iroquois contenaient plusieurs centaines d'individus. Aux portes d'entrée de chaque maison était peint ou sculpté le *totem* de la *gens*, c'est-à-dire de l'animal dont elle prétendait descendre. Aux Etats-Unis, il n'est pas rare de trouver des villages d'une ou deux maisons occupées par quarante ou cinquante familles. Dans la vallée de la Colombia, il y a des constructions colossales à plusieurs étages où logent trois à quatre cents personnes.

Vivien de Saint-Martin signale dans *l'Année géographique*, pour 1873, les vastes bâtiments rencontrés chez les Indiens du Nouveau-Mexique, bâtiments composés de trois et quatre étages superposés, chaque étage divisé en cellules où sont réparties les nombreuses familles. « Ces bâtiments communs, écrit-il, étaient en usage au temps de la conquête, et on en trouve encore d'habités en quelques endroits. » Dans la région de Santa-Fé se trouvent sept maisons communes en ruines qui pouvaient loger sept à huit cents personnes. Quand l'Amérique fut conquise, ces habitations communes étaient générales : Emile de Laveleye remarque que les Espagnols les prirent souvent pour des Palais.

Les grandes habitations dont on rencontre les ruines en Norvège et en Suède, et les palais mis à jour dans l'Argolide, en Grèce, étaient, suivant Lafargue, les demeures communistes des barbares scandinaves et des Grecs homériques. Il y a encore des habitations communes chez les Canaques de la Nouvelle Calédonie et des Nouvelles-Hébrides, et chez les naturels de l'Indo-Chine et de l'Afrique.

Ce sont les phénomènes économiques qui ont entraîné la destruction de la *gens* et apporté dans la famille des modifications profondes qui touchent à sa constitution et à la situation respective de l'homme et de la femme. En se développant, le mode de production a donné naissance à la propriété personnelle ou individuelle dont une des premières grandes conséquences fut l'asservissement du sexe féminin.

Nous savons que chez les sauvages et les barbares, a division du travail est, tout d'abord, basée sur la différence des sexes. C'est la première division du travail nécessaire à la procréation des enfants. Une autre division du travail la suit immédiatement. L'homme se consacre à la guerre et à l'approvisionnement général, au moyen de la chasse et de la pêche. La femme administre la *gens*, et conserve les produits qu'elle prépare pour la nourriture et l'habillement. Chacun a son domaine bien déterminé mais ne connaît encore que la propriété collective ou commune.

Le communisme devait introduire des habitudes d'égalité et de fraternité entre les hommes. C'est ce qui est arrivé et c'est ce qu'ont constaté tous ceux qui ont exactement étudié et compris les mœurs des peuples primitifs. La propriété individuelle a été lente à pénétrer dans la cervelle humaine.

Un missionnaire morave, Heckewelder, qui, au xviiie siècle, de 1771 à 1786, vécut au milieu des Indiens dont il parlait la langue, dit : « Les Indiens croient que le Grand Esprit a créé le monde et tout ce qu'il contient pour le bien commun des hommes : quand il peupla la terre et remplit de gibier les bois, ce n'était pas pour l'avantage de quelques-uns, mais de tous. Toute chose est donnée en commun à tous les enfants des hommes. Tout ce qui respire sur la terre et pousse dans les champs ; tout ce qui vit dans les rivières et dans les eaux est conjointement à tous, et chacun a droit à sa part » (1).

Le jésuite Charlevoix, qui vivait à peu près à la même époque, écrit : « L'esprit fraternel des Peaux-

_____

(1) Keckewelder, *Histoire, Coutumes et Mœurs des nations indiennes.*

Rouges, vient sans doute en partie de ce que le *tien* et le *mien*, ces paroles glacées comme les appelle saint Jean de Chrysostome, ne sont point encore connues des sauvages » (1).

De nos jours, il existe encore des sauvages qui n'ont aucune notion de la propriété individuelle. D'après Fison et Howitt, chez certaines peuplades australiennes, les objets les plus personnels, les armes ou les ornements, changent si souvent de mains qu'on ne peut les considérer encore comme des propriétés individuelles.

Dès que la propriété individuelle apparaît, c'est sous la forme d'objets d'appropriation personnelle. L'usage est la condition essentielle de l'appropriation personnelle ; aussi le sauvage ne commence à posséder que les objets dont il se sert. L'homme a la propriété de ses armes et de ses instruments de chasse et de pêche. La femme possède son enfant et ses instruments de cuisine. Chez les peuples pasteurs, l'homme a la garde et la propriété du bétail. Quand la terre est cultivée et qu'elle devient une propriété privée, elle appartient d'abord à la femme — qui la travaille seule, aidée parfois par l'homme. Lafargue fait, à ce propos, de judicieuses remarques :

« La propriété foncière, qui devait finir par être pour son possesseur un moyen d'émancipation et de suprématie sociale, débuta par être une cause de sujétion : les femmes furent condamnées aux durs travaux des champs, ainsi que plus tard les esclaves.

(1) CHARLEVOIX, *Histoire de la Nouvelle-France*, 1741.

L'agriculture, qui conduisit l'homme à la propriété individuelle de la terre, introduisit le travail servile » (1).

Le milieu économique, en se transformant, en plaçant l'homme et la femme en face de nouvelles conditions de travail et d'existence, a brisé le communisme de la *gens* et désorganisé la famille primitive.

(1) PAUL LAFARGUE, *La Propriété*.

XI

LA FAMILLE SYNDIASMIQUE

Il reste entendu que, dans la *gens*, la femme prend autant de maris qu'il lui plaît, et que l'homme prend autant d'épouses qu'il lui plaît. Le consentement des intéressés est seul juge dans la question des relations sexuelles. Cependant, dans le mariage par groupe, des unions par couples se contractaient déjà pour un temps plus ou moins prolongé. Parmi ses nombreux époux, la femme en avait un qu'elle préférait aux autres. Parmi ses nombreuses épouses, l'homme en avait une pour laquelle il avait de la préférence. Aussi, dès qu'il devint obligatoire de ne se marier qu'en dehors de la *gens*, dès que devinrent de plus en plus nombreuses les classes de frères et de sœurs entre lesquels il était interdit de se marier, ces unions se multiplièrent, devinrent plus fermes, plus solides.

Très naturellement, avec toutes ces interdictions de mariage et à la suite de causes économiques qui obligèrent à des changements de résidence ou à de nouvelles manières de vivre, la communauté des femmes disparut donc petit à petit, et, en pratique, se trouva supprimé le mariage par groupe. Les femmes avec lesquelles il lui était possible de s'unir devenant plus rares, l'homme songea à en conserver une pour lui seul, tout en se réservant le droit de courir après toutes celles qu'il pourrait rencontrer et séduire. De son côté, la femme placée dans les mêmes conditions et sous l'influence de pensées plus hautes, chercha à se contenter d'un seul homme.

Ainsi donc l'exclusion du mariage, d'abord des parents rapprochés, ensuite des parents éloignés, que déterminèrent ou facilitèrent des causes morales et économiques, conduisit à la constitution d'une nouvelle forme de famille, la famille syndiasmique, c'est-à-dire à l'union plus ou moins longue ou prolongée d'un homme et d'une femme. Les Iroquois pratiquaient le mariage syndiasmique, mais les unions durables commençaient à être de plus en plus recherchées. Les parents prenaient l'habitude de s'opposer à la séparation des époux. Une forme altérée de la famille syndiasmique, qui rappelle en même temps le mariage par groupe, nous semble avoir été retrouvée en Arabie. Jusqu'à la venue de Mahomet, les hommes et les femmes contractaient des unions qui ne duraient que quelques jours. C'est la mère qui entamait les négociations et l'épouse continuait à demeurer dans sa famille. Ce n'est qu'après la victoire de l'islamisme que ces unions éphémères disparurent, très lentement, il est vrai, et furent remplacées par des unions plus solides.

La famille syndiasmique a eu une importance considérable. Elle a réduit à deux unités, l'homme et la femme, le groupe qui, auparavant, comprenait de nombreux individus et constituait la grande famille communiste. Ce n'est pas encore — quoi qu'elle lui ressemble par ce côté — la famille monogamique. Pour aboutir à cette dernière, l'humanité a dû passer par une forme intermédiaire, la famille patriarcale. Quoique plus constantes, les unions sont encore trop fragiles pour faire désirer un ménage particulier. Les femmes mariées demeurent toujours dans la maison commune : les hommes continuent, du moins jusqu'à la dernière étape du mariage syndiasmique, à venir les visiter et à participer aux frais du ménage communiste.

Nous avons vu qu'en Amérique, qui est la terre classique de la famille syndiasmique, où elle a été le mieux étudiée, dans la *gens* indienne, le mari venait voir sa femme chez elle, dans l'habitation commune, et était obligé d'apporter sa part de provision à la communauté.

La femme s'est pliée — elle les a mêmes appelées — à toutes les modifications familiales qui, réduisant graduellement le cercle des relations sexuelles permises, l'ont poussée à ne se contenter que d'un seul homme. Quant à l'homme, ce n'est pas facilement qu'il s'est prêté à ce progrès. Et s'il a dû admettre l'union avec une seule femme, à laquelle il a imposé la chasteté ou la fidélité, c'est en se réservant la liberté de contracter des unions supplémentaires ou complémentaires. A la meilleure ou à la plus mauvaise époque de la famille syndiasmique, selon Engels, « un homme vit avec une femme, mais de telle sorte que polygamie et infidélité occasionnelles restent un droit pour les hommes, tandis que le plus souvent la plus stricte fidélité est exigée des femmes pour la durée de la vie commune, et que leur adultère est cruellement puni ».

Autre conséquence de la famille syndiasmique : à côté de la vraie mère, elle a placé le vrai père de l'enfant. Quand il était de coutume de prendre plusieurs maris qui se transformaient en autant de pères, l'enfant ne connaissait que sa mère, mais quand la femme n'eut plus qu'un seul mari, il fut possible à l'enfant de connaître son père. L'invention du véritable père est un événement. Elle permit à l'homme, les circonstances aidant, de briser l'autorité de la femme et de la mère, de reporter sur son enfant des richesses qui devaient revenir, à sa mort, à sa propre famille représentée par sa mère ou sa sœur. « Le premier qui consentit à se reconnaître père, dit Giraud-Teulon, fut un homme de génie et de cœur, un des grands bienfaiteurs de l'humanité. » Giraud-Teulon exagère. Le père est une conséquence des modifications survenues dans la famille et non un trait de génie ou du cœur.

En se développant, la famille syndiasmique a donné naissance au rapt et à l'achat des femmes. Dans les formes antérieures de la famille, les hommes trouvaient facilement des femmes. Ils en trouvaient même plus qu'il ne leur en fallait. Avec la famille syndiasmique, les femmes deviennent plus rares, et parce que plus rares, elles furent plus recherchées. Mais comment s'en procurer ? Deux moyens seulement s'offraient à l'homme. Ou il fallait acheter la

femme, ou il fallait la voler. L'achat et le rapt se pré-
sentent donc, suivant la réelle expression d'Engels,
comme de simples méthodes de se procurer des
femmes.

C'est surtout dans les guerres que les barbares
s'emparaient des captives et se les partageaient après
avoir, à tour de rôle, abusé d'elles. En d'autres temps,
l'on ravissait les femmes d'une autre manière. Certains usages qui nous sont connus nous indiquent
comment, au début, les choses durent se passer.
J'emprunte à Elie Reclus la description d'une scène
d'enlèvement chez les indigènes d'Australie : « L'ama-
teur étudie les lieux, épie les habitudes, requiert l'assistance de camarades ; on se jure aide et réciprocité
en s'asseyant sur les cuisses l'un de l'autre, à la façon
du patriarche Abraham. La bande part sans tambour
ni trompette, chemine par les bois, se muse dans les
broussailles, et vers la mi-nuit, se faufile à pas de
loup jusqu'à l'auvent d'écorce qui abrite la belle.
L'amant la réveille par un coup de lance qui égra-
tigne la gorge, fouille la chevelure. En personne bien
apprise, la demoiselle devine à l'instant : Obéis ou
tu es morte. Elle se lève, retenant son souffle, gui-
dée par la pointe qui lui chatouille la nuque, elle
glisse comme une ombre, s'élance dans l'obscurité,
aiguillonnée par les ponctions qui l'ensanglantent.
Pendant des heures, les ravisseurs la poussent par le
dos, la piquent aux fesses, aux mollets. Elle court par
les monts, elle court par les vaux, haletante et pan-
telante. Fille elle trébuche sur la fougère, femme elle
se relèvera. Les bons et loyaux compagnons se paient

sur sa personne de la peine qu'ils ont prise. Même leurs droits priment ceux du futur mari ».

Le rapt est entré dans les habitudes des tribus barbares : il paraît si naturel que les enfants de Sydney en font un amusement. Cette manière de se procurer des femmes n'est pas propre à l'Australie : elle existe en Afrique et en Amérique et elle a existé chez tous les peuples qui se prétendent civilisés. Selon Héarne, la possession d'une femme chez les Indiens de la baie d'Hudson est le résultat d'une lutte. Les hommes se battent ensemble et le prix, c'est-à-dire la femme, est donné au plus fort. Aux îles Fidji, quand l'amant n'a pu enlever la jeune fille qu'il convoite, il se présente, en plein jour, chez les parents, et provoque au combat le père ou l'oncle : cette fille sera ma femme, dit-il, ou j'y laisserai ma peau. Après avoir servi de cible à une douzaine de dards, l'amant part avec la femme qu'il a payée de son sang.

Les hommes de Sparte devaient, d'après les lois de Lycurgue, ravir leurs femmes. Pour Manou, le rapt était une des formes du mariage. La *Bible* mentionne le rapt dans plusieurs de ses parties. Une des tribus d'Israël, la tribu de Benjamin, aux mœurs spéciales, ayant vu périr toutes ses femmes eut recours au rapt pour procurer aux hommes des épouses (Les *Juges*, xxi). Moïse recommandait aux Juifs le rapt comme un des moyens d'avoir des femmes : « Si, étant sorti pour combattre vos ennemis, le Seigneur votre Dieu les livre en vos mains, et que les emmenant captifs, vous voyez parmi les captifs une femme belle que vous aimiez, et que vous vouliez épouser, vous l'in-

troduirez dans votre maison : elle rasera sa chevelure et se coupera les ongles. Elle quittera le vêtement avec lequel elle a été prise ; et, assise en votre
maison, elle pleurera son père et sa mère pendant
un mois, et, après cela, vous viendrez vers elle, vous
dormirez avec elle, et elle sera votre femme ». (*Deutéronome*, XXI.)

Le rapt des Sabines, que l'histoire plus ou moins lé-
gendaire a recueilli, est plus particulièrement intéressant. Dans les premiers temps de Rome, les femmes
manquèrent aux Romains, qui, pour s'en procurer,
enlevèrent les Sabines. Pour apaiser leur douleur et
et pour leur faire adopter leur nouvelle situation,
Romulus rédigea en faveur des Sabines quatre lois
qu'il fit graver sur une table d'airain du Capitole. Ces
lois montrent que la période matriarcale n'était pas
oubliée. La première déclarait que les femmes seraient
les compagnes de leurs maris et participeraient à leurs
biens, honneurs et prérogatives ; la seconde ordonnait aux hommes de céder le pas aux femmes, en public, pour leur rendre hommage ; la troisième prescrivait aux hommes de respecter la pudeur des
femmes dans leurs discours et dans leurs actions ; la
quatrième spécifiait trois cas de répudiation : l'adultère, l'empoisonnement des enfants et la soustraction
des clefs de la maison. Si, hors de ces cas, l'homme
répudiait sa femme, il perdait ses biens : la moitié revenait à la femme, l'autre moitié était réservée au
temple de Cérès. On le voit, le rapt des Sabines, par
les circonstances qui l'entourent, est très curieux.

La coutume de l'enlèvement des femmes s'est conservée dans les cérémonies nuptiales. Le mari doit faire le simulacre de la violence contre sa femme avant de l'emmener chez lui. Mais les compagnes de la femme la défendent toujours sérieusement. Le major Campbell, qui a vécu chez les Khonds d'Orissa, a été témoin d'une scène de mariage accompagné de violence qu'il a racontée dans des termes qu'il nous faut reproduire. Campbell avait entendu du bruit dans un village voisin : « Je m'y rendis, dit-il, sur le champ, et vis un homme portant sur son dos un paquet enveloppé d'un vaste drap écarlate ; il était entouré de vingt ou trente jeunes gens qui le protégeaient contre les violentes attaques d'une troupe de jeunes femmes. Je demandai l'explication d'une scène si nouvelle pour moi et on me répondit que cet homme venait de se marier et que son précieux fardeau était sa jeune femme qu'il transportait dans son village. Les jeunes amies de la mariée (il paraît que c'est la coutume du pays) cherchaient à la reprendre et lançaient au malheureux mari des pierres et des bambous jusqu'à ce qu'il fut arrivé à l'entrée de son village ».

Chez les Basques, la jeune fille était poursuivie par son mari et ses garçons d'honneur. Des parents ou des amies la défendaient. Des coups de fusils et de pistolets étaient tirés ; quand la bataille devait cesser, le mari payait un tribut et disposait de sa femme. Dans l'ancienne Rome, l'épouse était enlevée, la nuit, de la maison de son père et conduite chez son mari. Au pays de Galles, un simulacre de combat avait lieu avant que la jeune femme ne fût livrée à son mari. Chez les habitants du Yun Nan, quand un jeune homme veut une jeune fille pour se marier, il doit aller la chercher dans un arbre où elle s'est réfugiée. Mais il lui faut repousser l'assaut de ses compagnes qui aspergent d'eau l'amoureux et lui donnent des coups de gaule dans le dos et sur les mollets.

Il paraît qu'en France, à la fin du XVIIᵉ siècle, dans un grand nombre de villages, le marié devait simuler quelque violence avant de prendre possession de sa femme. L'Auvergne de nos jours possède, dans les cérémonies nuptiales, une coutume qui rappelle bien le rapt. Le jour de son mariage, le mari doit poursuivre sa femme monté sur un cheval qui court à toute vitesse. Lorsqu'il a pu l'atteindre, il conduit, comme un vainqueur, sa femme à l'église.

Ces scènes qui se répètent dans tous les pays ne sont pas des fantaisies mais des restes des coutumes primitives. « Le simulacre de l'enlèvement de la femme dans les cérémonies de mariage chez tous les peuples, ne peut s'expliquer, reconnaît Lubbock, que par l'hypothèse que l'enlèvement des femmes était, autrefois, la triste réalité » (1).

Si l'on en croit la *Bible*, la femme provient du corps de l'homme : Eve a été formée d'une côte d'Adam. Derrière ce mensonge se cache une vérité. Ce récit n'a pu se produire dans le cerveau humain que quand la famille matriarcale a été supplantée par la famille patriarcale, lorsque, comme dit Lafargue, « la femme entre dans la demeure du mari non plus en égale,

(1) John Lubbock, *Origines de la Civilisation.*

mais en inférieure, sur qui il a droit de vie et de mort, ainsi que sur ses enfants » (1).

C'est là une manière de marquer l'infériorité de la femme, de l'épouse. En réalité, la femme n'est jamais sortie du corps de l'homme. Ce qui est vrai seulement, c'est qu'elle a été extraite de sa bourse. Autrefois, contrairement à ce qui se passe encore de nos jours, c'est l'homme qui achetait la femme.

L'achat des femmes a été aussi général que le rapt. Il a débuté avec la famille syndiasmique et a persisté jusqu'à la fin de la première période du patriarcat. L'homme achetait la femme soit par des années de servitude, soit par des présents à la mère d'abord, au père ensuite. Chez les Juifs, il était de tradition d'acheter les femmes par des années de travail. Jacob dut se mettre au service de Liban pendant quatorze ans avant de pouvoir se marier avec ses deux filles, Léa et Rachel. En Amérique, dans le Yucatan, l'homme sert son futur beau-père pendant quatre ou cinq ans avant de disposer de sa femme. M. Blade a publié des fragments de chansons gasconnes, qui laissent supposer que ces mœurs ont existé dans le midi de la France.

Acheter une femme en échange des services rendus à son père est une pratique qui, même à l'heure actuelle, d'après Westermarck, « est grandement répandue parmi les races non civilisées, en Amérique, en Afrique, en Asie, et dans l'archipel indien ». Avant la rédaction des lois de Manou, les Indous

____

(1) Paul Lafargue, *Le Mythe d'Adam et d'Eve.*

achetaient couramment leurs femmes. Dans la *Bible*, il est recommandé à l'homme d'acheter sa femme. Isaac donna des présents à son beau-père pour avoir une femme. Homère, dans l'*Iliade*, appelle trouveuse de bœufs la jeune fille parce qu'on l'échangeait contre des bêtes à cornes. L'homme, chez les Francs, achetait sa femme : le jour de son mariage, il lui remettait un sol et un denier. Il devait aussi lui donner des présents parfois considérables. « Au temps de Clovis ou de Charlemagne, constate Paul Gide avec tous les historiens, tout comme au temps de Tacite, le futur époux apportait en présents à sa femme des chevaux, des troupeaux, des armes, souvent même des champs et des maisons. Cette dot, car on l'appelait de ce nom, était exigée par les lois comme une condition du mariage » (1).

Le prix d'une femme a varié selon le plus ou moins de richesses des pays, et il était représenté par des animaux, des armes, des monnaies, etc. En Irlande et dans le pays de Galles, on achetait la mariée avec des articles d'or, d'argent et de bronze. Actuellement, une femme vaut 20 à 30 livres sterlings dans la Colombie anglaise, plusieurs vaches chez les Cafres, une chèvre chez les nègres de Bondo, quelques chevaux ou moutons en Tartarie, des fruits et des poissons aux îles Carolines, etc. Chez certains peuples, les cadeaux offerts au père sont, pour nous, de peu d'importance. Un voyageur français, Jacques de Morgan, qui a exploré la presqu'île malaise, a constaté que chez les

---

(1) PAUL GIDE, *Étude sur la Condition privée de la Femme.*

Sakayes les femmes ne valaient pas cher et il a fait des remarques très justes : « La femme n'apporte pas de dot. C'est au contraire le mari qui fait un cadeau au père de la femme ; il lui donne, par exemple, un couteau, une hache, des patates, selon sa fortune. On peut donc dire qu'il y a achat de la femme par le mari comme cela a lieu chez beaucoup de peuples primitifs. Mais cet achat est en quelque sorte modifié par la petitesse du prix et n'est plus aujourd'hui qu'une simple coutume, reste des anciens usages répandus dans la plupart des régions Sud-asiatiques » (1).

La femme n'a acquis surtout une grande valeur qu'à l'époque où elle dut quitter sa famille pour s'établir dans la maison de son mari. Son départ était une perte pour sa famille, perte qui ne pouvait être remplacée que par une compensation plus ou moins forte selon le développement économique du pays. Dès que la femme fut achetée, elle devint une marchandise. Les parents vendirent leurs filles pour s'enrichir ou gagner des richesses. Les pères cédèrent à leurs beaux-fils les droits qu'ils avaient sur leurs filles.

Le rapt et l'achat ont été pour l'homme des moyens de se procurer des femmes, devenues plus rares avec la famille syndiasmique. Ils ont été, en même temps, des moyens de consolider son pouvoir.

(1) Jacques de Morgan, *Exploration de la presqu'île malaise*, 1836.

XII

SURVIVANCES DE LA LIBERTÉ SEXUELLE

L'évolution de la famille s'est accomplie avec la disparition progressive de la liberté sexuelle. La femme qui pouvait se donner à tous les hommes de sa génération, a fini par acquérir le droit de ne se donner qu'à un seul, mais en échange de ce droit, elle a dû, à un moment, une ou plusieurs fois dans sa vie, d'abord se livrer à un ou plusieurs hommes. Il y a là un progrès, mais ce progrès est dû surtout à la femme, ainsi qu'en témoigne Engels. « Plus le développement des conditions économiques, dit-il, et par suite la disparition de l'antique communisme, et la densité croissante de la population, ont fait perdre aux antiques relations sexuelles leur caractère naïvement primitif, plus ces relations ont dû paraître aux femmes avilissantes et oppressives, et plus elles ont dû souhaiter comme une délivrance le droit à la chasteté, le droit au mariage temporaire ou définitif, avec un seul homme. D'ailleurs, ce progrès ne pouvait pas être dû à l'homme pour cette raison que, même à notre

époque, il ne lui est jamais venu à l'idée de renon-
cer aux agréments du mariage par groupe. »

Ne persistèrent plus que des coutumes rappelant
l'ancienne communauté des femmes. C'est surtout
sous la forme de la prostitution sacrée que l'histoire
a enregistré ces coutumes. Les femmes se sacrifièrent
une ou plusieurs fois pour être libres de leur corps.
Avec le temps, le sacrifice devint léger. Autrefois,
dans la vallée du Gange, à Pondichéry, les vierges
étaient obligées de s'offrir, avant le mariage, dans le
temple dédié à Juggermont. A Babylone, une fois
dans leur vie, les femmes avaient l'obligation de se
prostituer dans le temple consacré à Vénus. Hérodote,
qui a connu ce fait l'an 440 avant Jésus-Christ, a
écrit : « Toute femme née dans le pays est obligée,
une fois dans sa vie, de se rendre au temple de Vénus
pour s'y livrer à un étranger... quand une femme a
pris place en ce lieu, elle ne peut retourner chez elle
que quelque étranger ne lui ait jeté de l'argent sur
les genoux et n'ait eu commerce avec elle hors du
lieu sacré... quelque modique que soit la somme, il
n'éprouvera point de refus : la loi le défend, car cet
argent devient sacré. Elle suit le premier qui lui jette
de l'argent, et il ne lui est permis de repousser personne ». Toutes les femmes sans exception, des plus
humbles aux plus riches, devaient se soumettre à la
loi.

En Arménie, où Vénus était adorée sous le nom
d'Anaïtis, les parents mettaient leurs filles au service
de la déesse. Elles se prostituaient aux étrangers pendant un temps plus ou moins long. Quand elles sor-

taient du temple, elles ne rougissaient point du métier qu'elles avaient dû faire et ne manquaient pas de maris. Strabon nous dit que celles qui s'étaient livrées à un plus grand nombre d'hommes étaient les plus recherchées en mariage.

Les Phéniciens avaient l'habitude, qui se continua jusqu'au IVᵉ siècle de l'ère vulgaire, de livrer leurs filles vierges aux étrangers. Les jeunes filles de Chypre devaient aussi se prostituer avant leur mariage. Avec le salaire gagné par elles, déposé à l'origine sur l'autel de la déesse, elles se constituaient une dot que leurs maris acceptaient sans hésitation. Les jeunes Carthaginoises les imitaient et ne se mariaient que mieux.

Dans toute l'Asie mineure et dans les îles de la Méditerranée, il y avait des temples de Vénus et les femmes devaient se consacrer à la déesse ou se livrer aux jeunes hommes avant de se marier. Dans l'Egypte ancienne, il était d'usage à Thèbes de vouer au dieu Amon la plus jolie fille de la classe aristocratique. Après s'être prostituée dans le Temple, pendant un certain temps, et après avoir gagné profit et honneur, elle disposait de sa personne et trouvait facilement à faire un mariage riche. Les Hébreux pratiquaient la plus large hospitalité et leurs femmes jouissaient de la plus grande liberté sexuelle : Moïse y mit un terme en leur donnant un code de lois religieuses et politiques.

En Grèce et en Italie, à l'époque primitive, dans les temples élevés à Vénus, les jeunes filles devaient sacrifier leur pudeur. Dans les cimetières étrusques et italo-grecs, on a retrouvé des vases peints représentant des scènes de la prostitution sacrée à laquelle devaient se prêter les jeunes filles ou les femmes antérieurement à la fondation de Rome. Un auteur bien informé rapporte comment la jeune fille satisfaisait à la coutume à une certaine époque: «Ce sont toujours les mêmes offrandes que celles que les vierges apportaient dans les temples de Babylone et de Tyr, de Bubastio et de Naucratès, de Corinthe et d'Athènes. La consacrée vient s'asseoir dans le sanctuaire près de la statue de la déesse ; l'étranger marchande le prix de sa pudeur, et elle dépose ce prix sur l'autel, qui s'enrichit de ce honteux commerce auquel le prêtre est seul intéressé. Telle est, d'après les vases funéraires, la forme presque invariable que devait affecter la prostitution sacrée dans les colonies égyptiennes, phéniciennes et grecques » (1).

Chez certains peuples où fait défaut le travestissement religieux, aux îles Baléares, par exemple, et chez les Augiles africains, selon Diodore de Sicile, la mariée appartenait aux invités avant d'être à son mari. En Australie, aux Nouvelles-Galles du Sud, dans l'Asie Centrale, quand est pratiqué l'enlèvement d'une jeune fille, sa couche est partagée par les amis de son fiancé. Les indigènes de Ténériffe voyaient avec honneur leurs femmes coucher avec le chef la première nuit de leurs noces.

Garcilasso de la Véga affirme qu'au Pérou les ma-

______

(1) Pierre Dufour, *Histoire de la Prostitution*, 1er vol., Bruxelles, 1861.

riages avaient lieu à condition que les amis et les in‑
vités exercent sur la femme le droit que l'on devine.
Cela se passe encore de nos jours chez les Boréas, en
Abyssinie. Chez d'autres peuples encore, c'est le chef
ou le prêtre, représentant la collectivité, qui exerce
ce droit qui est un reste du mariage par groupe. Il en
est ainsi chez les habitants du territoire d'Alaska,
chez les Tahus du nord du Mexique et dans d'autres
tribus.

Une légende conserve en Algérie le souvenir du
temps où le chef de la collectivité avait ce singulier
privilège. Selon la légende, Sidi Salah, protecteur de
Gala, dans la province d'Oran, vivait à l'époque où
un juif nommé Ben Zazon gouvernait la ville. Ben
Zazon s'était arrogé le droit de déflorer les jeunes ma‑
riées. Un disciple de Sidi Salah, qui allait célébrer ses
noces, ne voulut pas souffrir cet affront et pour sauver
son honneur il alla trouver le Saint. Sidi Salah rassura
le fidèle qui continua paisiblement ses préparatifs de
noces. Il se mit ensuite en prière. Au moment où la
jeune mariée allait être amenée chez Ben Zazon, la
terre trembla et son palais s'effondra, écrasant tous
ses habitants. En souvenir du miracle accompli par
Sidi Salah, les jeunes mariées lui rendent un culte
particulier.

L'on n'ignore plus que pendant tout le Moyen Age
les seigneurs ont exercé ce droit. Des écrivains ont
essayé de le nier. Mais des documents en attestent
l'existence. Et cependant pourquoi s'étonner ? Au‑
jourd'hui, il se trouve bien des capitalistes ou leurs
représentants qui usent du même droit sur les mal‑

heureuses ouvrières qui gagnent péniblement et mi-
sérablement leur vie.

Le droit du seigneur, qui a existé au Moyen Age,
du moins dans toute l'Europe, est issu du mariage par
groupe et en demeure un souvenir indéniable. Les
jeunes paysannes ont dû payer en nature le droit de
coucher avec leurs maris. Avec le temps et les mœurs
nouvelles, le droit du seigneur s'est modifié : les
femmes se libérèrent en donnant une somme d'argent
plus ou moins forte selon leur condition, ou bien les
seigneurs se contentèrent de passer la jambe dans le
lit de la mariée.

Un homme bien placé pour être renseigné, le
marquis Saint-Simon, nous a laissé une description
de cette cérémonie au temps où il vivait : « Ce droit
consiste encore aujourd'hui dans quelques terres de
France à venir en grande cérémonie au lit de la mariée qui se couche pour recevoir son seigneur. Il
arrive botté, éperonné ; il fait tirer une de ses bottes,
et place la jambe dans le lit de la mariée à qui il
donne l'accolade ou baiser, sans que la jambe qui
est restée bottée perde terre. Après quoi il remet sa
botte et se retire » (1).

Ces lignes sont précieuses et la scène qu'elles racontent se passait quelques années seulement avant
la grande Révolution. Ce droit, qui devint de plus en
plus injurieux et condamnable, poussa les paysans à
la révolte et à l'assassinat. Des décisions de justice
intervinrent pour interdire à des seigneurs — et

______

(1) MARQUIS DE SAINT-SIMON, *Histoire de la guerre des Alpes*,
Amsterdam, 1770.

même à des évêques — toute redevance sur les nouveaux mariés (1).

L'ancienne langue française a conservé des termes pour désigner le droit du seigneur. La Curne de Sainte-Palaye dit que le mot *Marquette* désignait le « droit d'un marc que le mari payait, en Ecosse, à son seigneur qui prétendait coucher la première nuit avec la nouvelle mariée » (2). Suivant le même auteur, le mot *Cullage* désignait « un droit des seigneurs sur les nouveaux mariés, leurs vassaux ».

Les amis des mariés conservaient, dans certaines régions, des habitudes imitées de celles des seigneurs. Ils ne permettaient aux mariés de dormir tranquillement qu'après avoir reçu un présent, qui s'appelait *Culaige*, d'après La Curne de Sainte-Palaye. Une note de cet écrivain nous éclaire sur les prétentions des amis : « Le nouveau marié, pour échapper aux cérémonies burlesques qui accompagnent encore en Bretagne la première nuit de noces, faisait à ses compagnons un présent de vin ».

Un autre savant, dont les recherches ont pu être plus complètes, Frédéric Godefroy, dit que les termes *Cucillage*, *Coillage*, *Coullage*, *Cullage*, *Culage*, désignaient à la fois « la redevance due au seigneur par le nouveau marié et ce qu'il donnait à ses amis

---

(1) A. Chéruel, *Dictionnaire des Institutions, Mœurs et Coutumes de la France*, Paris, 1870. François Ragneau, *Glossaire du droit français*, Paris, 1704.

(2) La curne de Sainte-Palaye, *Dictionnaire historique de l'ancien langage françois*.

pour qu'ils le laissassent coucher avec sa femme » (1).

En Aragon (Espagne), il fallut la sentence arbitrale de Ferdinand le Catholique, en 1486, pour faire cesser ce droit du seigneur, devenu un honteux servage. On lit dans ce document : « Jugeons et décidons que les seigneurs susmentionnés ne pourront pas non plus passer la première nuit avec la femme qu'aura prise un paysan, ni ne pourront pas davantage, pendant la nuit de noces, après que la femme se sera mise au lit, enjamber ni le lit, ni la femme, en signe de leur souveraineté ; les dits seigneurs ne pourront pas non plus se servir des filles ou des fils des paysans, contre leur gré, avec ou sans paiement».

La Russie est le pays où les seigneurs ont abusé jusqu'à nos jours de cette coutume. L'histoire et la légende racontent leurs désirs et leurs méfaits. Westermarck a publié qu'un de ses amis, voyageant en Russie, lui a appris qu'il avait rencontré des vieillards dont les femmes avaient été victimes de cette coutume.

Dans les intéressantes notes d'un pasteur protestant, rapportées par Westermarck, on lit des choses curieuses et audacieuses : « Souvent N. i. tsch sortait pour flâner, le soir, dans son village, et admirer l'état prospère de ses paysans ; il s'arrêtait à quelque chaumière, regardait à la fenêtre, et tapait du doigt sur le carreau. Cette petite tape était bien connue de tous, et aussitôt la plus jolie femme de la famille sortait au-devant de lui ».

(1) FRÉDÉRIC GODEFROY, *Dictionnaire de l'ancienne langue française.*

Un autre propriétaire, toutes les fois qu'il visitait son domaine, demandait immédiatement à son régisseur la liste des filles nubiles : « Alors, le maître prenait à son service chaque jeune fille, pour 3 ou 4 jours, et dès que la liste était finie, s'en allait à un autre village. Ceci arrivait régulièrement chaque année ».

Les nobles et les puissants, en Russie, continuent à prendre des libertés qui semblent lourdes aux jeunes filles et aux femmes.

Le droit du seigneur, revendiqué aussi par les représentants de l'Eglise, suscita des colères et des malédictions que la littérature populaire, après l'histoire, a enregistrées. Un écrivain a recueilli en Picardie de très significatives légendes.

D'après l'une de ces légendes, il y avait autrefois à Beaucourt, près d'Amiens, un couvent de Templiers chez lesquels toute jeune fille, qui allait se marier, devait passer quinze jours, pour apprendre les devoirs de la femme envers son mari. Des jeunes filles n'osèrent rapporter à leurs parents ce qui leur était arrivé et elles allèrent se jeter dans une rivière voisine. Bien souvent, la nuit, l'on entend des gémissements : ce sont les jeunes filles qui pleurent leur mort et leur déshonneur. Dans le bois, l'on entend également des gémissements : ce sont les moines qui pleurent les crimes qu'ils ont commis. Parfois, quand la lune est dans son plein, l'on aperçoit des fantômes — ce sont les moines — vêtus d'une longue robe rouge de sang, poursuivis par des spectres — ce sont les jeunes filles — vêtus d'une longue robe blanche.

Une autre légende raconte que les moines de deux couvents situés près d'Albert avaient un droit exorbitant Les jeunes filles qui se mariaient étaient tenues de passer leur première nuit de noces avec l'un des moines. Le seigneur du village s'étant marié, sa femme dut passer la nuit au couvent où le prieur vint lui tenir compagnie. Quand le seigneur apprit le traitement que sa femme avait subi, il brûla moines et prieurs en mettant le feu aux deux couvents (1).

Quand les Romains allèrent en Phrygie, ils remarquèrent qu'avant leur mariage, les jeunes filles se baignaient dans le fleuve. Elles offraient, de cette manière, leur virginité à Vénus. Une autre coutume, plus spéciale, persista longtemps à Rome. Les jeunes épouses, avant d'être livrées à l'époux, se rendaient dans le temple de Priape et venaient s'asseoir sur ses genoux comme pour lui offrir leur virginité : Lactance prétend que la scène allait beaucoup plus loin et que souvent l'acte était consommé. Ce sont des rappels aux choses du passé.

La grande liberté sexuelle accordée aux jeunes filles avant leur mariage et les devoirs d'hospitalité pratiqués chez nombre de peuples primitifs sont des restes du mariage par groupe. La carrière amoureuse des Néo-Calédoniennes commence dès que leur développement physique est accompli. « Il faudrait, di un voyageur, le burin de Juvénal pour montrer ce Messalines sauvages poursuivant de leur provocatio

1) HENRY CARNOY, *Littérature orale de la Picardie*, Paris 1883.

des jouvenceaux novices (1). » Les Esquimaux prêtent volontiers leurs femmes : ils auraient même certaines fêtes où il est d'usage de faire échange de femmes. Les Abyssiniennes, mariées ou non, ont conservé des mœurs licencieuses qui rappellent l'époque où florissait la famille maternelle. Les unions se nouent et se dénouent sans formalité, par consentement mutuel. Letourneau déclare que la liberté sans entrave du commerce intime entre les deux sexes semble naturelle aux femmes d'Abyssinie. Elles répondirent au voyageur Bruce qui les interrogeait, qu'il était convenable aux femmes de se donner et non de se vendre.

Des faits attestent parfois le souvenir de l'antique liberté sexuelle. Bruce a vu, à Koskam, au cercle de la reine, une femme de grande qualité : elle était entourée de sept hommes qui, à tour de rôle, avaient été ses maris ; aucun n'était l'heureux époux du moment. A la même époque, Carver, qui a vécu chez les Maudowesnes, dans l'Amérique du Nord, s'étant aperçu qu'une femme était très considérée, en demanda la raison. Il lui fut répondu que, dans une fête, elle avait traité en époux quarante guerriers qu'elle avait invités à un repas. Dans les tribus berbères, chez les Touaregs, les femmes, qui ont une position sociale importante, jouissent d'une liberté sexuelle extrême. L'explorateur allemand Barth a raconté que, dans l'oasis d'Aghadès, cinq ou six femmes ou filles entrèrent un matin chez lui. Elles venaient sans ré-

(1) De Rochas, *Nouvelle-Calédonie*
Vérecque.

serve et sans calcul lui offrir simplement leurs services sexuels (1).

Une coutume qui était générale dans toute l'Arabie avant la venue de Mahomet et qui est encore constatée, à l'heure actuelle, est le mariage temporaire. Une femme s'unit avec un homme pour plusieurs jours, trois ou quatre ; cette union, elle la répète autant de fois que cela lui plaît et c'est chez elle que l'homme vient la voir. Dans cette Arabie où, comme en Egypte, la famille maternelle a laissé tant de survivances, les mariages temporaires que la femme contracte librement, avec les hommes de son choix, rappellent directement le mariage collectif, le mariage par groupe.

L'antique liberté sexuelle a laissé des survivances dans toutes les parties du monde.

(1) BARTH, *Voyage en Afrique.*

XIII

RENVERSEMENT DU MATRIARCAT.

La *gens* constituait une immense famille comptant un grand nombre de membres qui, après plusieurs générations, n'étaient plus que des parents plus ou moins rapprochés. Avec le temps, des groupes se formèrent dont les membres étaient parents à des degrés très rapprochés. Plusieurs sœurs avec leurs enfants et leurs frères formaient un groupe ; les cousines de ces sœurs avec leurs enfants et leurs frères formaient un autre groupe.

A ce stade de son évolution, la grande famille qu'était la *gens* est donc composée de plusieurs familles particulières. La maison, commune à toute la *gens*, demeure commune alors que la famille s'individualise sous la forme matriarcale. Mais ces divisions familiales à l'intérieur de la *gens* facilitèrent le départ des groupes consanguins et leur fixation dans des habitations distinctes.

La constitution de la famille individuelle brisa le communisme de la *gens*. Par suite de circonstances diverses, soit parce que les habitants rassemblés étaient trop nombreux, soit surtout parce que les conditions de l'existence avaient changé, d'importantes modifications se produisirent qui eurent des conséquences insoupçonnées et incroyables. L'habitation commune se fractionna en maisons particulières, la famille commune se divisa en familles privées matriarcales d'abord, patriarcales ensuite. La *gens* n'était plus qu'un ensemble de familles consanguines qui ne tardèrent pas à avoir des intérêts particuliers, indépendants, en contradiction avec les intérêts généraux de la *gens*.

La famille privée, issue de la *gens*, n'est pas formée par un seul couple, mais par plusieurs ménages étroitement apparentés. On peut rapprocher, pour mieux le comprendre, de cet ensemble de ménages, la communauté paysanne du Moyen Age, qui était elle-même un ensemble de ménages vivant au même pain et au même pot et autour du même foyer.

Ces familles, composées de plusieurs ménages, ont persisté jusqu'à la Révolution : deux jurisconsultes, Coquille, du xiiie siècle, et Beaumanoir, du xvie siècle, en ont fait la description et l'éloge. Elles entreprenaient la culture des terres seigneuriales et chacun des membres, suivant son âge et son sexe, avait une besogne déterminée. Les communautés paysannes servaient les intérêts de leurs membres et développaient chez eux les plus purs sentiments de fraternité et de solidarité.

On rencontre encore, dans nos campagnes de France, des associations de ce genre. En Bretagne, par exemple, comme en témoigne un écrivain, « il n'est pas rare de voir plusieurs ménages vivre dans la même ferme, en bonne intelligence ; ils sont associés pour l'exploitation et ont, dans les bénéfices, des parts qui varient suivant leur apport en travail et en argent. En ce cas tout est à peu près commun, sauf le linge personnel et la garde-robe » (1).

Ces ménages forment une famille comme la communauté paysanne du Moyen Age ; ils nous représentent la famille sortie de la *gens* qui comprenait non pas un, mais plusieurs couples.

Jusqu'au stade inférieur de la barbarie, qui est l'époque la plus florissante de la *gens*, la richesse fut très limitée. Elle se composait à peu près des armes, des habitations, des ornements, des vêtements, des ustensiles de cuisine. Les Indiens, étudiés par Morgan, n'eurent pas une richesse plus considérable. Mais quand des animaux purent être domestiqués, quand des troupeaux purent être formés, il s'ensuivit un accroissement de richesse. Les tribus pastorales détachées du reste des barbares eurent à leur disposition des peaux, de la viande, des poils de chèvre, des produits lactés, etc. Tout cela constituait une richesse nouvelle chaque jour plus importante.

L'élève du bétail développa l'agriculture et l'échange, et introduisit l'esclave. Les prisonniers de guerre ne furent plus tués ou mangés mais transformés en esclaves. Une révolution se produisit alors. Toutes ces richesses, bétail et autres objets au service de l'homme, ébranlèrent la *gens* et préparèrent une

---

(1) Paul Sébillot, *Coutumes populaires de la Haute-Bretagne.*

nouvelle forme de famille. L'homme était maître du troupeau et des autres richesses acquises par l'échange contre le bétail. Devenu plus riche, il eut dans la maison une place prépondérante. Quand il était chasseur il était relégué au second plan. Ce qui était essentiel, c'étaient les travaux du ménage et non pas la recherche de la nourriture toujours modeste.

La nouvelle production, plus variée, plus conséquente, possédée par l'homme, le mit en évidence et lui donna une situation privilégiée. Les rôles de la femme et de l'homme furent alors renversés et c'est dans la division du travail qu'il faut en rechercher la cause : « La division du travail dans la famille, dit Engels, avait réglé le partage de la propriété entre l'homme et la femme ; elle était restée la même, et cependant elle bouleversait maintenant les rapports domestiques, uniquement par ce fait qu'en dehors de la famille, la division du travail avait changé d'aspect. La même cause qui avait assuré à la femme son autorité antérieure dans la maison, son emploi exclusif aux travaux du ménage, y assurait maintenant la prépondérance de l'homme ; le travail de ménage de la femme disparaissait dès lors à côté du travail productif de l'homme ; le second était tout, le premier un accessoire insignifiant ».

A mesure que la fortune générale augmentait, la situation de l'homme devenait plus grande et plus solide. Des avantages nouveaux naissaient pour lui : l'idée lui vint de s'en servir pour renverser à son profit, et au profit des enfants qu'il supposait siens, l'ordre des choses établi. Mais comment faire ?

D'après le droit maternel en usage dans la société, la fortune devait rester dans la *gens* : l'héritage se faisait par la femme, par la mère. Les enfants de l'homme, qui n'appartenaient pas à sa *gens*, n'héritaient pas de lui : ses biens propres revenaient à sa mère ou à ses sœurs.

Pour que l'homme put disposer de sa fortune, il suffisait d'abolir la filiation féminine et le droit maternel et de les remplacer par la filiation masculine et le droit paternel. Cela, ce fut une révolution. Et contrairement à ce que l'on peut croire, cette révolution s'est accomplie très facilement. Il a suffi de décider qu'à l'avenir les descendants d'un homme appartiendraient à sa *gens*. Désormais, l'enfant portait le nom de son père et il pouvait hériter de lui.

Nous ignorons quand et comment s'est accomplie cette révolution, une des plus formidables que l'Humanité ait jamais vues. Mais qu'elle se soit produite, nous en avons des preuves dans les vestiges du matriarcat que l'on retrouve nombreux et dans la transformation qui se réalise à l'heure actuelle dans les tribus indiennes, à la fois sous l'influence de nouvelles conditions d'existence et sous l'influence de la civilisation et des missionnaires. Dans le Missouri, par exemple, l'on compte six tribus sur huit qui sont régies par le droit paternel. Chez les Miamies et les Delawares, l'on donne aux enfants un nom appartenant à la *gens* du père afin qu'ils puissent hériter de lui. Cette coutume fait dire à Marx : « Casuistique innée aux hommes, que de changer les choses en changeant les noms, et de trouver des détours pour briser la tradition tout en y restant, partout où un intérêt direct donne l'impulsion suffisante ».

C'est de cette façon que furent abolis la filiation féminine et le droit maternel. Pendant de longues années, car des événements de ce genre ne se produisent pas partout à la même heure, les hommes vécurent dans la confusion et ils ne purent en sortir qu'en entrant dans la famille patriarcale. « Cela semble être en général la transition la plus naturelle, dit Marx. » De toute façon, cette révolution eut pour conséquence la domination de l'homme. « Le renversement du droit maternel, s'écrie Engels, fut la grande défaite historique du sexe féminin. L'homme prit le gouvernail aussi dans la maison ; la femme fut avilie, asservie, devint l'esclave de son plaisir et un simple instrument de reproduction. »

Combien exactes sont ces paroles ! Et quelle immense douleur de constater que c'est avec des larmes de sang qu'a été écrite l'histoire de l'écrasement de la femme !

La légende et l'histoire sont d'accord pour dire que le passage du matriarcat au patriarcat ne se fit pas sans violence. Eschyle, le poète antique, a décrit dans ses récits les luttes soutenues par les Dieux et les hommes au cours des transformations subies par la famille. Sa merveilleuse légende, *l'Orestie*, est plus particulièrement intéressante pour nous.

Clytemnestre et Agamemnon sont époux mais n'appartiennent pas au même clan, à la même *gens* ; ils sont les parents d'Oreste et d'Iphigénie. Agamemnon sacrifie sa fille Iphigénie aux Dieux. Clytemnestre, pour venger sa fille, tue son mari. Oreste apprend ce crime : « Quel outrage, grands Dieux, dit-il. Elle en paiera le prix. Que je la tue, après je meurs content ». Clytemnestre savoure sa vengeance. Voici comment elle retrace la scène du crime : « Deux fois je frappe, deux fois, il pousse un cri plaintif et ses membres se détendent. Tombé, un troisième coup l'achève... la victime expire, les convulsions de la mort ont fait jaillir du sang de ses blessures, et la rosée du meurtre tombe en noires gouttes sur moi : rosée aussi douce à mon cœur que l'est pour les champs la pluie de Jupiter, dans la saison où l'épi sort de l'enveloppe. Voilà ce qui s'est passé. Vous que je vois en ces lieux, vieillards d'Argos, partagez ou condamnez ma joie, peu m'importe : moi je m'applaudis de mon action. S'il était permis de verser des libations sur un cadavre, c'est ici qu'il serait juste de remercier les dieux... Voilà Agamemnon, mon époux, et voici la main qui l'a tué ».

Le meurtre resterait infini, car il ne soulève pas l'indignation publique, mais, dans la circonstance, Oreste défend la cause du patriarcat et il ne doit pas hésiter. Oreste et sa mère se rencontrent : « Arrête, ô mon fils ! s'écrie Clytemnestre ». Et elle ajoute : « Ne redoutes-tu pas la malédiction d'une mère, ô mon enfant ! Songes-y, garde-toi des chiens irrités qui vengent une mère ».

Oreste n'entend plus rien : il venge son père en tuant sa mère. A l'époque du matriarcat, il n'est rien de plus épouvantable que de tuer sa mère. Le matricide est sévèrement puni. Le parricide n'existe pas, car le père n'est pas connu et ressemble aux autres hommes. C'est un étranger pour la *gens* où vivent la mère et l'enfant. Mais quand le père vient à être connu, dès que s'implante la domination paternelle, un nouveau crime se présente : c'est le parricide.

Après son crime, Oreste a peur et il s'exile, cependant que le ciel est en révolution. Les Euménides, ces déesses chargées du châtiment des crimes, qui maintiennent les anciennes coutumes et préservent l'autorité maternelle, poursuivent Oreste. Elles lui disent : « Le sang maternel, quand on l'a versé sur la terre, ne se rachète plus. Tu dois donner du sang pour ce sang ; il faut que ton corps tout vivant fournisse à notre soif ; il faut que nous nous désaltérions à longs traits dans le rouge amer breuvage... Nous t'entraînerons aux enfers et là tu subiras le supplice des matricides ».

Le crime de Clytemnestre n'émeut pas les Euménides et elles répondent à Apollon, le dieu nouveau qui a conseillé Oreste : « Elle n'était pas du même sang que l'homme qu'elle a tué ». Clytemnestre et Agamemnon n'étaient pas de la même famille ; le même sang ne circulait pas dans leurs veines. En sacrifiant Iphigénie, Agamemnon avait versé le sang du clan de Clytemnestre et, suivant la coutume, Clytemnestre devait venger sa fille, en tuant le meurtrier, Agamemnon son époux. Les lois antiques furent abolies : la victoire d'Oreste est la victoire du patriarcat.

Une autre légende, que Varron a conservée et qui nous a été transmise par saint Augustin dans la *Cité de Dieu*, explique d'une autre manière le triomphe du patriarcat.

« Voici, selon Varron, la raison par laquelle cette ville fut nommée Athènes, qui est un nom tiré de celui de Minerve, que les Grecs appellent Athéna. Un olivier étant tout à coup sorti de terre en cet endroit, et une source d'eau en un autre, ces prodiges étonnèrent le roi qui députa vers Apollon de Delphes pour savoir ce que cela signifiait, et ce qu'il fallait faire. L'oracle répondit que l'olivier signifiait Minerve, et l'eau Neptune, et que c'était aux habitants à savoir de laquelle de ces deux divinités ils donneraient le nom à leur ville. Cécrops assembla tous les citoyens, tant hommes que femmes, car les femmes parmi eux avaient alors voix dans les délibérations. Comme il eut recueilli tous les suffrages, tous les hommes furent pour Neptune, et toutes les femmes pour Minerve; et parce qu'il y avait une femme de plus, Minerve l'emporta. Alors, Neptune, irrité, ravagea de ses flots les terres des Athéniens, ce qui n'est pas difficile aux démons. Pour l'apaiser, selon le même auteur, les femmes furent punies de trois sortes de peines : la première, que désormais elles n'auraient plus voix dans les assemblées; la seconde, qu'aucun de leurs enfants ne porterait leur nom ; et enfin, qu'on ne les appellerait plus athéniennes » (1).

Cette légende nous apprend très bien qu'à Athènes, sous le règne de Cécrops, les femmes étaient les

____

(1) Saint Augustin, *La Cité de Dieu*, Paris, 1865.

égales des hommes et donnaient leur nom à leurs enfants. Ce n'est qu'après la victoire de Minerve que les hommes firent leur petit coup d'Etat. Ils enlevèrent tous leurs droits aux femmes, leur défendirent de donner leur nom à leurs enfants et les soumirent à toutes leurs volontés.

D'autres légendes témoignent de ce fait que la violence, des crimes épouvantables, assistèrent à la perte par les femmes de leurs privilèges. Leur dépossession ne fut pas partout aussi brutale, aussi sanglante. Les Lacédémoniennes conservèrent jusque dans les temps historiques, au grand étonnement d'Aristote, leur autorité et leur indépendance (1). Au contraire, à Athènes et dans les villes maritimes où plus rapidement les richesses s'étaient concentrées, c'est violemment que les hommes exproprièrent les femmes de leurs droits et de leurs biens. Mais les femmes furent vaillantes et l'histoire grecque nous enseigne que les femmes de l'Attique se défendirent les armes à la main.

Pour supplanter la puissance maternelle, l'homme eut recours à une foule de moyens dont le plus cu-

---

(1) Les Lacédémoniennes ont toujours été braves et ardentes. Elles ne prirent pas seulement les armes pour défendre leurs droits menacés par la domination naissante de l'homme : elles prirent les armes également pour défendre leur ville. Aux temps héroïques, les hommes avaient quitté Lacédémone pour aller assiéger la ville de Messène. Les Messéniens sortirent secrètement de leurs murailles et tentèrent de surprendre Lacédémone laissée sans combattants. Mais les Lacédémoniennes s'armèrent précipitamment et repoussèrent l'ennemi.

rieux, peut-être, est celui-ci. Tout le monde connaît
ce qu'on appelle la couvade — la couvade basque.
Quand la femme accouche, c'est le père qui se met
au lit, qui simule la douleur et qu'on soigne. L'on
jurerait que c'est lui qui est malade. Aussi, les voisins et les voisines complimentent le mari et lui donnent des soins... sans se soucier de la femme qui vaque aux travaux du ménage. Cette coutume n'est pas
une légende ; elle existe vraiment, depuis des siècles
elle s'est conservée. Un moment, on a cru que les
Basques étaient des farceurs et que, seuls, ils étaient
capables de rire de cette façon.

Il faut se rendre à l'évidence. Les voyageurs anciens et nouveaux, les écrivains de tous les pays ont
signalé la couvade. Strabon a trouvé la couvade chez
les Ibères et l'on prétend que les Basques, ces descendants des Ibères, la pratiqueraient encore.

« En Biscaye, dit M. Meyners d'Eshey, la mère se
lève aussitôt la délivrance terminée, et reprend ses
occupations journalières dans le ménage, tandis que
le père se met au lit, le nouveau-né dans ses bras, et
reçoit ainsi les félicitations des amis et des voisins » (1).

Avant la Révolution, cet usage était encore en
vogue dans le midi de la France, près de la Méditerranée et des Pyrénées. A la suite d'un vieux conte
sur les amours d'Aucassin et de Nicolette, Legrand
d'Aussy souligne la visite du héros du récit au roi de
Torelore : « C'est un pays bien singulier que cette

(1) *Revue Scientifique*, 1890, deuxième semestre.

terre de Torelore. Le roi est au lit et en couche quand Aucassin y arrive. La reine, d'un' autre côté, à la tête d'une armée de femmes, fait la guerre... » Surpris et colère, « Aucassin prend un bâton et rosse le monarque auquel il fait jurer qu'il abolira cette coutume sur sa terre ». Legrand d'Aussy fait cette autre remarque : « ... Cette coutume, au reste, de faire lever les femmes accouchées pour vaquer aux travaux de leurs maris, tandis que ces mêmes maris se mettent au lit pour elles, n'est point une imagination du romancier. On l'a trouvée établie, deux ou trois siècles après, chez les Caraïbes d'Amérique et l'on prétend qu'elle a existé chez les peuples du Béarn » (1).

Le poète grec Apollonius, qui vivait deux siècles avant notre ère, rapporte dans son récit sur l'expédition des Argonautes que « les femmes du Pont-Euxin mettent au monde leurs enfants avec la participation des hommes, qui se couchent, poussent des cris perçants, s'enveloppent la tête, se font préparer des bains et nourrir délicatement par leurs femmes ». Au dire de Plutarque, « les Cypriens se mettent au lit et imitent les contorsions de la femme en couches ». Chez les Corses, d'après Diodore de Sicile, l'on ne s'occupait pas de la mère de l'enfant qui venait de naître, mais du père qui était traité comme une accouchée et tenait le lit pendant plusieurs jours.

Au xiiᵉ siècle, Marco Polo a observé la couvade dans le Turkestan chinois. Le missionnaire du Tertre a eu connaissance de la couvade pendant le long

(1) *Fabliaux et Contes du* xiiᵉ *et du* xiiiᵉ *siècle*, avec notes, par Legrand d'Aussy, 2ᵉ vol., Paris, 1779.

séjour qu'il fit aux Antilles. Dans l'ouvrage qu'il a consacré à ses voyages, il constate que dès, que l'enfant est mis au monde, la femme travaille et l'homme commence à se plaindre comme s'il ressentait le mal de la femme (1).

Gautier Schoutten, le chirurgien hollandais qui visita l'archipel indien de 1658 à 1665, a rencontré la couvade chez les indigènes du Bouron. Après l'accouchement, la femme reprend immédiatement ses occupations comme si de rien n'était. « Le mari, à ce moment, se dit malade et se laisse dorloter de la façon la plus ridicule. Pendant ce temps, la pauvre femme, toute faible qu'elle est, est obligée de faire toute la besogne, et de préparer des mets délicats pour son mari, afin qu'il reprenne des forces pour pouvoir se lever » (2). Le capitaine de frégate, Van der Hout, retrouva en 1850, à Bouron, les mêmes coutumes.

Dobritzhoffer a vu la couvade chez les Abipones de l'Amérique du Sud. Dès q la femme est accouchée, le mari se met au lit ; il est couvert de nattes et de peaux, de peur des courants d'air et pendant plusieurs jours, il jeûne et s'abstient religieusement de certaines viandes. « J'avais entendu parler de cette coutume, dit Dobritzhoffer, et m'en étais moqué, ne pensant pas que je puisse jamais croire à une telle folie et j'étais convaincu que c'était un conte fait à plaisir.

(1) Du Tertre, *Histoire générale des Antilles françaises*, 2e vol., 1667.

(2) Gautier Schoutten, *Voyage aux Indes Orientales*, 1708.

Cependant, je l'ai vu, de mes yeux vu, chez les Abipones. »

Breet, qui a étudié les tribus de la Guyane, a vu également la couvade chez les Acawoïs et les Caraïbes : « J'ai eu occasion d'observer cette coutume ; un homme, en excellente santé, reposait dans son hamac, entouré de femmes qui prenaient de lui tous les soins imaginables, pendant que la mère du nouveau-né faisait la cuisine sans que personne fit attention à elle. »

Dans une communication faite en 1886 à la Société d'Anthropologie de Paris, M. Maurel déclare avoir rencontré cette coutume chez les Indiens des bords de l'Amazone. Un collaborateur de la *Revue scientifique*, M. Martin, a appris qu'elle existait dans la région du Yunnan, en Chine. Des renseignements lui furent donnés à son passage à Canton et un indigène fit pour lui un dessin représentant la scène de la couvade : le père est couché, tenant son enfant dans les bras, la mère vaque aux travaux domestiques (1).

Si, de la terre nous passons au ciel, nous découvrons aussi la couvade. Les Dieux sont des créations humaines ; les hommes ont transporté dans le ciel les scènes de la vie terrestre. Jupiter, pour prouver sa paternité, tira Minerve de son cerveau et Bacchus de sa cuisse.

Les hommes, incapables d'imiter les dieux, se sont bornés à simuler les douleurs de l'enfantement. La

(1) Ernest Martin, la *Revue Scientifique*, 1er semestre, 1894. L'auteur a joint à son article le dessin dont il est ici parlé.

couvade a été signalée dans toutes les parties du monde, à des époques différentes. On a commencé par en rire, mais on a dû finir par la prendre au sérieux. Une coutume aussi générale a besoin d'une explication. La couvade symbolise le passage du matriarcat au patriarcat.

Pour établir la parenté paternelle chez les peuples civilisés, il y a la présomption et la fiction légale. Les sauvages et les barbares ne comprennent pas les idées abstraites ; ils réclament, pour saisir le lien qui les unit à l'enfant, un signe extérieur, un acte sensible et visible. Le cerveau de l'homme primitif n'a rien trouvé de mieux que de copier l'acte qui rattache l'enfant à sa mère, que de se livrer à une parodie de l'accouchement. « Le père, dit un écrivain, sentait le besoin d'établir ses droits de parenté par des actes palpables, établissant d'une manière péremptoire, indiscutable, que l'enfant était issu aussi bien de son sang que de celui de la mère, et que, par conséquent, ses droits étaient les mêmes que ceux de sa femme. Pour atteindre ce but, il ne trouvait rien de mieux que d'imiter l'accouchement et de s'imposer les privations et les coutumes usuelles pendant la grossesse et les jours qui suivent la délivrance de la femme » (1).

Letourneau croit que les hommes inventèrent les cérémonies de la couvade lorsqu'ils s'aperçurent qu'ils étaient pour quelque chose dans la grossesse de la femme. La couvade leur apparut comme la preuve de leur paternité. Cela est vrai, mais, selon nous,

____

(1) MEYNERS D'ESTREY, *Revue Scientifique*, 2ᵉ semestre, 1890.

Lafargue écrit avec plus de raison que « la couvade est une des supercheries qu'employa l'homme pour déposséder la femme de ses biens et de son rang. La parturition proclamait le droit supérieur de la femme dans la famille : l'homme parodia l'enfantement pour se convaincre qu'il était bien le faiseur de l'enfant ».

Cette manière de procéder a servi à l'homme pour affirmer ses droits de père, pour démontrer qu'il avait sur l'enfant les mêmes droits que la mère, et pour substituer l'autorité paternelle à celle de la mère dans la direction de la famille.

Le triomphe de l'homme a développé l'antagonisme des sexes. Séparés par leurs occupations différentes et dès qu'il s'est agi de faire cesser les relations entre parents, les sexes se sont dressés l'un contre l'autre, l'un pour conserver la direction de la famille, l'autre pour s'en emparer. La mythologie a gardé des traces de cet antagonisme. Chaque jour diminuée et poursuivie par la puissance de l'homme, la femme eut des prétentions extraordinaires. Isis, la déesse des anciens Egyptiens, se vantait de concevoir sans la coopération de l'homme ; ses temples à Saïs portaient cette inscription : « Je suis tout ce qui a été, tout ce qui est et tout ce qui sera ; nul n'a soulevé ma robe, le fruit que j'ai enfanté est le soleil ». Victorieux, l'homme répliqua à cette affirmation. Jupiter, père des Dieux en Grèce, se passa du concours de la femme ; il sortit Minerve de son cerveau.

Le coup de grâce fut porté par Apollon. Eschyle nous indique comment, dans *l'Orestie,* sa dramatique légende, Oreste, conseillé par Apollon, avait tué sa mère coupable du meurtre de son père Agamemnon. Devant les Euménides, les déesses du châtiment, Apollon prit la défense d'Oreste et il accabla Clytemnestre, sa mère. Attaquant la femme dans sa fonction essentielle, il prouva la supériorité de l'homme : « Ce n'est pas la mère qui engendre ce qu'on appelle son enfant ; elle n'est que la nourrice du germe versé dans son sein ; celui qui engendre c'est le père. La femme, comme un dépositaire étranger, reçoit d'autrui le germe, et quand il plaît aux dieux, elle le conserve. La preuve de ce que j'avance, c'est qu'on peut devenir père sans qu'il y ait besoin d'une mère ; témoin, cette déesse, la fille de Jupiter, du roi de l'Olympe. Elle n'a point été nourrie dans les ténèbres du sein maternel et quelle déesse eut produit un pareil rejeton ? » Minerve était présente ; elle intervint pour dire : « Je n'ai pas de mère à qui je doive la vie... je suis complètement pour la cause du père. Je ne puis donc m'intéresser au sort de la femme qui a tué son époux, le maître de la maison ».

C'est la condamnation, la déchéance de la femme.

XIV

LA FAMILLE PATRIARCALE

L'évolution de la *gens* est marquée par sa division en groupes consanguins comprenant chacun plusieurs familles. Cette division est un signe de décadence et de transformation. Décadence, parce que la *gens* va mourir, transformation, parce que le groupe familial va prendre un autre caractère, à raison, pour des causes sociales, de l'apparition et du développement du pouvoir exclusif de l'homme. La domination de l'homme une fois établie, nous la trouvons dans la famille patriarcale, qui forme la transition entre la famille maternelle et la famille monogamique moderne.

Ce qui caractérise, suivant Engels, la famille patriarcale, c'est l'organisation d'un certain nombre d'individus, libres ou non, en une famille, sous le pouvoir paternel du chef de celle-ci. En d'autres termes, la famille patriarcale est une collectivité de ménages dont tous les membres sont placés sous l'autorité du chef considéré comme le père. L'autorité du patriarche s'exerçait non seulement sur sa femme et ses enfants, mais aussi sur ses frères et ses oncles, leurs femmes et leurs enfants. Plusieurs générations vivaient sous le même toit.

En 1871, Lafargue a eu l'occasion d'observer à Bosost, dans les Pyrénées-Espagnoles, une famille patriarcale. Quatre générations habitaient dans la même maison et vivaient sous la direction de l'aïeul, un vieillard de quatre-vingts ans. Cette trouvaille n'est pas unique. Si l'on cherchait attentivement, on rencontrerait des traces de la famille patriarcale dans nos provinces de l'ouest, du centre et du midi. Elle existe encore dans les pays slaves, chez les Serbes et les Bulgares.

La famille patriarcale reposait sur la propriété collective. Les ménages etaient réunis et liés par la propriété collective. La famille et la propriété se développent ensemble, de la même façon. Quand la *gens* se transforme en groupes consanguins, en familles matriarcales et patriarcales, la propriété commune de la *gens* est partagée entre les familles. Chaque famille dispose comme elle l'entend de son lot, de sa propriété qui demeure collective. Elle la cultive elle-même et consomme ses propres récoltes. La maison, la terre, les instruments de travail et les animaux nécessaires pour mettre la terre en valeur, constituent la propriété collective de la famille. Le chef est l'administrateur de tous les biens.

Les communautés familiales de la Russie, de la Serbie et de la Bulgarie, calquées sur la famille patriarcale, sont pour nous un exemple. Plusieurs générations, descendant du même individu, habitent le même toit, cultivent en commun les terres et consomment les provisions communes. Terres, maison, animaux, instruments de travail appartiennent à tous. La communauté est sous la direction du maître qui la représente à l'extérieur.

Lafargue a bien noté ce qui caractérisait la propriété collective de la famille patriarcale :

« La propriété collective n'appartenait ni au chef de la famille, ni à ses membres existants, mais à la famille considérée comme un être collectif qui ne meurt pas et se perpétue de générations en générations ; elle est le bien de la famille du passé, du présent et de l'avenir. Elle appartenait aux ancêtres qui y avaient leurs autels et leurs tombeaux, aux vivants qui en étaient les usufruitiers, chargés de continuer la tradition et d'entretenir le domaine familial en prospérité pour le transmettre aux descendants ».

Le rôle du patriarche n'était pas sans importance, au contraire. S'il était le père et le maître de la famille, il veillait à l'entretien de la maison, il surveillait et dirigeait les cultures et il devait pourvoir aux besoins de tous.

Chez les Sémites dont nous avons une assez parfaite connaissance, la famille comprenait, outre les parents du chef, les esclaves ayant femme et enfants. L'organisation se livrait surtout à la garde des troupeaux et le chef possédait plusieurs femmes qu'il pouvait répudier. Les hommes, qui ne se souciaient de leurs femmes qu'en vue de la satisfaction de leurs sens, n'avaient pas le courage de prendre leur défense. La *Bible* relate à ce sujet une anecdote. Le lévite d'Ephraïm étant allé chercher une femme au pays de

Bethléem, s'arrêta, au retour, chez un vieillard de
Gabaa. Les habitants de cette ville appartenaient à la
tribu de Benjamin : ils demandèrent au vieillard de
leur livrer le lévite pour abuser de lui. Le vieillard
refusa, mais promit de leur donner sa fille vierge et la
femme du lévite. Ce dernier « amena lui-même sa
femme et l'abandonna à leurs outrages ». Les Benja-
mites abusèrent d'elle toute la nuit et le lévite la
trouva morte le lendemain sur le seuil de sa porte. Le
lévite avait sacrifié la malheureuse sans avoir mani-
festé le moindre désir de s'opposer à son sort (Les
Juges, xix). L'autorité du patriarche sémite était des-
potique : il disposait du droit de vie et de mort et
pouvait vendre ses enfants. L'incorporation des esclaves et le pouvoir paternel sont les deux caractéristiques de la famille patriarcale chez les Sémites.

Cette forme de famille trouve son expression dans
la famille romaine. *Jamulus* veut dire esclave domes-
ique et *Familia* s'applique à l'ensemble des esclaves
possédés par un homme. « L'expression, constate Engels, fut inventée par les Romains pour désigner un
nouvel organisme social dont le chef avait au-dessous
de lui, femme, enfants et un certain nombre d'esclaves, avec le pouvoir paternel romain, et droit de
vie et de mort sur eux tous. »

Le terme est donc nouveau et Marx peut écrire :
« Le mot n'est donc pas plus vieux que le système de
famille d'airain des tribus latines, qui prit naissance
après l'introduction de l'agriculture et de l'esclavage
légal et après la scission entre les Ariens d'Italie et
les Grecs ». Marx a pu ajouter, sachant la composi-

tion et le but de cette forme de famille : « La famille moderne renferme en germe non seulement l'esclavage (*servitus*), mais encore le servage, puisque dès le début elle se rapporte à des services d'agriculture. Elle renferme *en miniature*, tous les antagonismes qui plus tard se développeront dans la société et dans son Etat » (1).

Le patriarche avait droit de vie et de mort sur tous les membres de la famille : il était à la fois législateur, juge et bourreau. Il châtiait corporellement les hommes et les femmes placés sous ses ordres, et son pouvoir allait jusqu'à vendre ses enfants et infliger la peine de mort aux membres coupables de la famille. Le père avait en Grèce et à Rome, le droit de tuer et de vendre ses enfants, et la femme de ses fils. La loi, chez les Juifs, ordonnait au père de conduire son fils rebelle et insolent aux anciens de la ville qui le livraient au peuple pour le lapider et le faire mourir (*Deutéronome*, XXI).

En Chine, le père se permet encore de vendre la femme principale de son fils ou de son petit-fils. L'enfant qui désobéit aux ordres de son père, de son grand-père, et de sa grand'mère, du côté paternel, est puni de cent coups de bambou. Insulter son père ou

---

(1 A. **Regnard**, dans *L'Etat*, écrit : « Le mot *Familia* (de l'osque *famel, famulus*, serviteur), exprima d'abord l'idée de la propriété servile, puis la propriété des choses aussi bien que celle des personnes. » CH. **Letourneau**, dans la *Condition de la Femme*, écrit aussi : « Le mot *Familia* désignait non pas les consanguins exclusivement, mais tous ceux que le père avait sous sa puissance même et surtout les esclaves ».

le tuer sont des crimes épouvantables. Le coupable est coupé en mille morceaux. Sa maison et les maisons de ses voisins sont détruites, et les mandarins de sa ville sont déposés.

Sous cette forme de famille, comme l'écrit Engels, pour assurer la fidélité de la femme et, par suite, la paternité des enfants, la femme est livrée sans réserve au pouvoir de l'homme ; quand il la tue, il ne fait qu'exercer son droit.

Dans la famille patriarcale, les hommes étaient unis par les liens du sang. Ils ne quittaient pas la maison et y introduisaient leurs femmes. Ces dernières y entraient comme étrangères et comme servantes, et étaient traitées en conséquence. Le chef commandait toutes les femmes, la sienne, comme les autres, et ses ordres, tous ses ordres, devaient être exécutés.

La situation de la femme était épouvantable. Elle appartenait corps et âme à son mari qui l'avait achetée, et c'est sur elle que reposaient les travaux les plus pénibles. La jeune femme, qui pénétrait dans la maison du père de son mari, s'attendait à toutes les corvées et à tous les traitements. Un vieux dicton russe dit : « Qui apportera l'eau ? La Bru. Qui va-t-on battre ? La Bru. Pourquoi la battra-t-on ? Parce qu'elle est la bru ! »

L'on peut rapprocher de ce dicton si caractéristique ce que disait la femme normande : « Quand je rentre au logis, mon rôle est d'être battue ».

Letourneau a reproduit les plaintes de la mariée chinoise. La malheureuse suit son mari comme une esclave suit son maître. Elle doit de plus être soumise à ses beaux-parents : « Une belle-mère acariâtre, un beau-père infirme s'appliquent d'abord à me faire sentir que j'étais venue pour les servir, et, tandis que leur fille, assise comme un hôte, passait le jour à préparer sa toilette ou à se parer, les soins les plus vils du ménage faisaient ruisseler la sueur de mon front ».

La jeune femme, parce qu'étrangère, était l'esclave de tous les membres de la famille patriarcale. Son mari pouvait, à l'occasion, l'aimer, mais il ne lui était possible que de la plaindre en silence. Un chant de la Grande-Russie nous montre les malheurs de la bru : « Moi, la jeune, j'ai sommeil ; ma tête penche vers l'oreiller ; et le beau-père va et vient dans le vestibule ; il se promème tout furieux dans le vestibule. Il frappe, il tourne, il frappe. Il empêche la bru de dormir : Lève-toi, lève-toi, fainéante ! Lève-toi, lève-toi, dormeuse ! toi, la fainéante, la dormeuse, la sans-ordre ! Le mari est impuissant ; il ne peut intervenir auprès de son père et défendre sa femme. Il ne peut que murmurer en secret : Dors, dors, ma sage ! Dors, dors, ma très douce : épuisée, harassée, par trop tôt mariée ».

L'on a connaissance que plus d'une jeune femme russe s'est soustraite par le suicide à ce supplice de tous les jours.

Le maître de famille, dans l'ordre patriarcal, ne se contentait pas d'une seule femme. Il avait des concubines, admises dans la maison, dont il se servait pour toutes les besognes. Auparavant, dans la famille matriarcale, l'homme et la femme avaient le droit de prendre autant de conjoints qu'il leur plaisait. Avec la famille patriarcale, ce droit est exclusivement réservé à l'homme. Dans plusieurs pays, les concubines sont appelées petites femmes. Le nom de grande femme est donné à l'épouse légitime. Les enfants des concubines sont les enfants de l'épouse légitime qu'ils considèrent comme leur mère. Ils reçoivent ses enseignements et, quand elle meurt, ils doivent manifester plus de douleur que pour leur mère naturelle.

De nos jours existent encore ces mœurs de famille patriarcale. L'ancienne loi japonaise, qui n'est pas abrogée, permet aux hommes d'avoir une ou plusieurs concubines. Tous les enfants sans distinction ont des droits égaux et sont élevés au domicile paternel. La grande femme est la mère commune de tous les enfants. En Chine, la concubine est soumise à la femme principale. Ses enfants sont les enfants de la grande femme qui, seule, a le titre de mère. Ils doivent porter le deuil de cette femme et non celui de leur véritable mère.

La puissance du patriarche s'étendait sur la femme de ses fils et la pliait à ses volontés. L'on devine ce qui devait se passer par ce qu'on sait de la Russie où se sont conservées les mœurs patriarcales : le maître abuse de sa situation à l'égard des jeunes femmes de la maison et des drames de jalousie nous ont été révélés par les procès judiciaires. « Souvent, dit Lafargue, le chef de famille était tué à coups de hache par son fils ou empoisonné par sa bru, se vengeant de la violence qui lui avait été faite » (1). Les chansons

(1) PAUL LAFARGUE, *Les Chansons et les Cérémonies populaires du Mariage.*

populaires russes nous renseignent sur les droits que possédait le beau-père sur sa bru.

Aux premiers temps du patriarcat, cet adultère paternel spécial se pratiquait couramment. La *Bible* nous en donne la preuve dans l'histoire de Thamar qui s'est passée, aux temps des patriarches, deux mille ans avant Jésus-Christ. Juda, frère de Joseph, quatrième fils de Jacob, avait marié ses deux fils Her et Onan à Thamar. Après leur mort, Juda promit à Thamar de lui donner en mariage son troisième fils, Sela, dès qu'il serait en âge. En attendant, il renvoya sa belle-fille chez son père. Juda oublia sa promesse. Pour la lui rappeler, Thamar imagina un singulier moyen ; elle alla à sa rencontre, la tête recouverte d'un voile. « Quand Juda la vit, il imagina que c'était une prostituée, car elle avait couvert son visage pour n'être pas reconnue. Et s'avançant vers elle, il lui dit : « Permets que j'aille avec toi ! » car il ne soupçonnait pas que ce fut sa belle fille. Elle lui répondit : « Que me donneras-tu pour jouir de mes embrassements ? » Il dit : « Je t'enverrai un chevreau de mes troupeaux. » Alors elle reprit : « Je ferai ce que tu veux, si tu me donnes des arrhes jusqu'à ce que tu m'envoies ce que tu me promets ». Et Juda lui dit : « Que veux-tu que je te donne pour arrhes ? » Elle répondit : « Ton anneau, ton bracelet et le bâton que tu tiens à la main ». Il s'approcha d'elle et aussitôt elle conçut ; ensuite, se levant, elle s'en alla, et quittant le voile qu'elle avait pris, elle revêtit les habits du veuvage. Cependant, Juda envoya un chevreau par l'entremise d'un de ses pâtres qui devait lui rapporter son gage ; mais le pâtre ne trouva pas cette femme, entre les mains de qui le gage était resté, et il interrogea les passants : « Où est cette prostituée qui stationnait dans le carrefour ? » Et ils répondirent : « Il n'y a point eu de prostituée dans cet endroit-là ». Et il retourna vers Juda et lui dit : « Je ne l'ai point trouvée, et les gens de l'endroit m'ont déclaré que jamais prostituée n'avait stationné à cette place ». Peu de temps après, on vint annoncer à Juda que sa belle-fille était enceinte, et il ordonna qu'elle fût brûlée comme adultère, mais pendant qu'on la conduisait au supplice, Thamar fit connaître alors le père de l'enfant qu'elle portait, en faisant dire à Juda : « J'ai conçu de celui dont voici le gage, vois à qui sont cet anneau, ce bracelet et ce bâton ». Reconnaissant qu'elle était plus juste que lui, Juda maria son fils Sela à Thamar. Sela paternisa de la sorte l'enfant de son père (1).

Les mœurs des Israélites étaient très dissolues. A l'époque de la famille patriarcale, l'homme vendait ses filles, pour en retirer des bénéfices, à des maîtres qui les livraient ensuite à leurs fils. Les hommes avaient toutes les libertés — même et surtout avec leurs parentes à des degrés divers. Il fallut bien des années avant que Moïse prît des mesures pour discipliner et moraliser les mœurs des Juifs. « Que nul ne s'approche de sa parente pour cohabiter avec elle ! » dit le Seigneur. On peut lire dans le *Lévitique* (ch. xviii), les personnes du sexe féminin dont un Juif

(1) *La Genèse*, ch. xxxviii.

n'a plus le droit de découvrir la nudité : mère, belle-mère, sœur, belle-sœur, fille, petite-fille, belle-fille, tante maternelle ou paternelle, nièce ou cousine germaine.

Avec l'époque patriarcale, l'on vit l'homme trafiquer de sa femme ou de sa fille. Vingt-deux siècles avant Jésus-Christ, Rhamsès, roi d'Egypte, voulut découvrir l'adroit voleur qui avait dérobé son trésor. Au dire d'Hérodote, « il prostitua sa propre fille en lui ordonnant de s'asseoir dans un lieu de débauche, et d'y recevoir également tous les hommes qui se présenteraient, mais de les obliger, avant de leur accorder ses faveurs, à lui dire ce qu'ils avaient fait dans leur vie de plus subtil et de plus méchant ». Le voleur, qui était un homme prudent, coupa le bras d'un mort ; il le mit sous son manteau et alla trouver la fille du roi. Il se reconnut l'auteur du vol. La princesse tenta de l'arrêter, mais comme ils étaient dans l'obscurité, elle ne saisit que le bras du mort que lui avança le voleur en prenant la fuite. Pour ce tour d'adresse, qu'il admira, le roi accorda la grâce au voleur et lui donna sa fille en mariage.

Hérodote rapporte un second fait non moins étonnant. Chéops, qui fut roi d'Egypte douze siècles avant Jésus-Christ, fit construire la grande pyramide qui coûta vingt années de travail et de dépenses. « Epuisé par ces dépenses, raconte Hérodote, il en vint à ce point d'infamie de prostituer sa fille dans un lieu de débauche et de lui ordonner de tirer de ses amants une certaine somme d'argent. »

La *Bible* nous révèle de vilaines choses de la part

d'Abraham choisi par Dieu pour être le père de son peuple. Quand le patriarche Abraham se rendit en Egypte il recommanda à Sarah, sa femme, de se faire passer pour sa sœur — ce qui d'ailleurs était exact. (*Genèse*, chap. xii.) Le roi Pharaon remarqua Sarah qui, pour la récompenser, donna à Abraham des ânes et des chameaux, ainsi que des esclaves des deux sexes. Abraham employa le même moyen lorsqu'il vint habiter Guerar, en Palestine. Le roi Abimelec prit Sarah, puis la rendit à son frère Abraham, non sans abandonner à ce dernier des animaux, des esclaves et de l'argent. (*Genèse*, chap. xx.)

En pleine civilisation gréco-romaine, Caton, l'austère Caton, celui-là qui fut élevé à la dignité de censeur, prêta pour un peu d'argent sa femme au rhéteur Hortensius. Caton, qui faisait argent si facilement avec le corps de sa femme, est le magistrat dont la pudeur ou l'austérité effarouchait les courtisanes. Pendant les Florales, les fêtes licencieuses instituées à Rome en souvenir de la courtisane Flora qui avait légué ses biens à la ville, les courtisanes s'assemblaient dans le cirque et se livraient, dans la nudité la plus complète, avec des hommes, à des exercices qu'applaudissait le peuple. Un jour, Caton parut dans le cirque au moment où l'on allait donner le signal des jeux. La présence de Caton empêcha l'orgie de commencer. Les courtisanes demeurèrent vêtues, les trompettes firent silence, le peuple attendit. Les édiles durent faire observer à Caton qu'il était un obstacle à la célébration des jeux. Immédiatement, il se leva ; et, ramenant le pan de sa toge pour couvrir son visage, il sortit du cirque. Le spectacle commença : les courtisanes se déshabillèrent, les trompettes résonnèrent, le peuple se mit à applaudir bruyamment.

Cimon, le général athénien, et Socrate, le philosophe, cédèrent également leur femme à un ami. Pour que de pareils faits puissent se produire sans soulever le moindre scandale , il faut qu'ils aient été fréquents et admis par l'opinion publique de l'époque. « Pour que des hommes, conclut Lafargue, honorés des plus hautes fonctions de l'Etat, et si honteusement respectables à tous égards, aient pu se conduire de la sorte, sans choquer l'opinion publique et sans déchoir dans leur propre estime, il faut que de pareils faits, enregistrés par l'histoire parce qu'ils arrivaient à des personnages remarquables, aient été fréquents parmi leurs contemporains » (1).

La Chine et le Japon nous fournissent des exemples plus près de nous. Dans ces pays, les pères peuvent encore vendre leurs enfants. Si ce sont des filles, ils peuvent trafiquer de leurs charmes et gagner beaucoup d'argent. Au Japon, les filles des familles pauvres sont mises en location dans des maisons de thé, plus exactement des maisons de prostitution. Elles y demeurent plusieurs années et les pères touchent quelques centaines de francs. Une certaine éducation leur est donnée et quand elles sortent de ces maisons, avec une dot plus ou moins forte, comme elles ne sont nullement déshonorées, elles se

(1) PAUL LAFARGUE, *De l'Adultère.*

marient parfois fort bien. En Chine, les pères de familles pauvres élèvent leurs filles pour en faire des concubines, pour les vendre aux grands et aux riches. Des particuliers préparent les filles aux fonctions qui les attendent ; on leur donne divers talents d'agréments ; on leur apprend à chanter, à peindre, à jouer des instruments, etc. Elles sont ensuite vendues. La ville de Yang-tchéo, en Chine, est célèbre pour l'élevage des concubines.

Dans la famille matriarcale, la femme était la maitresse de la maison, la souveraine. Elle possédait les enfants et les biens. Tout se rapportait à elle. Les rôles sont renversés avec la famille patriarcale. Elle devient la servante, la mineure, la victime. C'est l'homme qui est le maître et qui domine. Letourneau, qui chicane sur le degré d'autorité qu'aurait eue la femme aux temps primitifs, reconnaît que le système de filiation maternelle « a contribué à alléger la servitude des femmes, à leur valoir certains égards, à leur garantir certains droits ». Mais il reconnaît également que l'institution de la famille paternelle, quand elle s'effectua, produisit « une réaction tyrannique, un vrai patriarcat, cette fois, qui mettait à l'absolue discrétion du père, du chef de famille, non seulement la femme, mais les enfants et les serviteurs » (1). Paul Gide, dont les opinions sont cependant opposées à celles de Letourneau, est plus net. Il écrit : « La dépendance de la femme n'a

____

(1) CHARLES LETOURNEAU, *la Condition de la Femme*.

jamais été aussi étroite que dans l'ère patriarcale, parce que la puissance du père de famille n'a jamais été aussi absolue... Le père de famille était seul législateur, seul juge, seul prêtre, et ses femmes, ses enfants, ses esclaves, étaient tous de même condition, car ils étaient tous sans droits devant lui » (1).

La *Bible* a enregistré la transformation qui s'est opérée dans la famille. Quand la femme était la maîtresse, l'homme écoutait sa voix, mais quand elle perditses prérogatives, au profit de l'homme, Dieu lui annonça sa destinée nouvelle : « Tu seras sous la puissance de ton mari et il te dominera ». (*Genèse*, ch. iii.) Ces paroles se sont réalisées.

Ce changement de situation équivaut à une révolution : celle-ci ne s'est pas faite brusquement et sans difficultés. Elle a été longue et rude et si l'homme a pu remplacer la femme dans la direction de la famille, c'est parce que le milieu économique, en se modifiant, lui a donné une situation plus importante qu'à sa compagne.

(1) Paul Gide, *Etude sur la Condition privée de la Femme.*

XV

LA FAMILLE MONOGAMIQUE

Le sort de la famille patriarcale est lié à la propriété collective. Le maintien de la propriété collective est la condition de la persistance de la famille patriarcale. Dès que la propriété collective se fractionne, dès que se constituent des propriétés privées, la famille patriarcale se dissocie. Chacun des ménages s'établit à part et fonde la famille moderne réduite à un seul couple.

Les transformations subies par la propriété et la famille sont dues à un accroissement de richesses de toutes sortes. Les familles patriarcales acquirent des situations différentes ; certaines s'enrichirent plus facilement que d'autres, soit parce que mieux placées pour les échanges, la garde des troupeaux ou l'agriculture, soit parce que plus heureuses dans la guerre. Elles eurent à leur disposition plus de terres, plus d'esclaves, plus d'animaux, plus de biens mobiliers et immobiliers. L'inégalité s'introduisit entre les familles patriarcales. Leurs différents intérêts entrèrent en conflit.

La richesse — propriété mobilière d'abord — s'introduisit également au sein de la famille patriarcale. Au début, chaque individu ne possède que les objets qu'il peut approprier personnellement. Par la suite, la propriété mobilière augmenta. Le butin de guerre, certains produits des échanges, les objets apportés en mariage constituèrent des biens mobiliers, une richesse plus ou moins considérable en armes, en bestiaux, en bijoux, en argent, en esclaves, etc., dont on finit par trafiquer. Les membres et les ménages de la famille patriarcale eurent ainsi des intérêts différents qui entrèrent en conflit. C'est alors qu'apparut la famille monogamique, la nouvelle forme de famille propre à la civilisation.

La monogamie ne fut pas, comme on s'est plu parfois à le proclamer solennellement, un fruit de l'amour sexuel individuel ou une réconciliation entre l'homme et la femme. Des conditions sociales et non naturelles ont présidé ou aidé à sa formation. Elle est une conséquence de la propriété individuelle — dont l'homme était devenu le dispensateur au détriment du communisme primitif et de la famille matriarcale et dont il voulait, pour lui seul, conserver la jouissance.

La famille monogamique a d'abord été remarquée chez les artisans et les commerçants des villes maritimes antiques qui vivaient en étrangers et entraient en lutte avec les membres de la famille patriarcale. C'est pour leur propre compte que travaillaient les artisans et les commerçants, et c'est pour eux seuls qu'ils voulaient réserver les profits de leurs efforts.

Cet égoïsme entraîna la constitution de la famille monogamique. D'après Engels, la famille monogamique est basée sur le pouvoir de l'homme, avec le but formel de procréer des enfants d'une paternité incontestée, et cette paternité est exigée parce que ces enfants doivent, en qualité d'héritiers directs, entrer un jour en possession de la fortune paternelle.

Par un côté, la monogamie ressemble à la famille syndiasmique ; elle est l'union d'un homme avec une femme. Mais, cette fois, le couple s'abrite non dans la maison de la femme, mais dans celle de l'homme. Le lien conjugal est plus solide et sa dissolution n'est plus facultative — que pour l'homme. Le droit d'infidélité est réservé, reconnu à l'homme. La fidélité est imposée à la femme dont la faute est sévèrement punie. Les Grecs, chez lesquels la nouvelle forme de famille eut toute sa rigueur, avouaient audacieusement que les seuls buts de la monogamie étaient la prépondérance de l'homme dans la famille et la procréation d'enfants, qui ne pussent être que de lui, et auxquels il pouvait laisser son héritage.

A Sparte, où la famille matriarcale laissa longtemps des traces, la liberté des mœurs était plus grande que dans les autres villes de la Grèce. Non encore soumises complètement à la domination masculine, les femmes disposaient plus facilement d'elles-mêmes. Les unions stériles pouvaient être rompues. Il n'était pas encore immoral qu'une femme eût plusieurs hommes et il n'était pas encore interdit à l'homme de prêter sa femme à un ami. Entre hommes et femmes se remarquait une certaine égalité : « Les filles de Sparte, qui recevaient une éducation mâle, assez peu conforme à leur sexe, se mêlaient, à moitié nues, aux exercices des hommes, couraient, luttaient, combattaient avec eux. Si elles se mariaient, elles ne se renfermaient pas davantage dans leurs devoirs d'épouses ; elles n'étaient pas vêtues plus décemment, elles ne se tenaient pas plus à distance de la compagnie des hommes » (1).

L'institution des courtisanes n'était pas nécessaire dans ce milieu : traitées avec moins de mépris qu'ailleurs, les femmes de Sparte étaient mieux considérées, et leur situation était meilleure que celle des autres femmes grecques.

A Athènes, il en était autrement. C'est sur l'asservissement de la femme que reposait la famille monogamique athénienne, sur laquelle se modelèrent de plus en plus les conditions domestiques des autres Grecs. Un précieux passage du plaidoyer que fit Démosthène contre la courtisane Neœra nous initie aux mœurs grecques. « Nous avons, dit le grand orateur, des courtisanes pour le plaisir ; des concubines pour le service journalier, mais des épouses pour nous donner des enfants légitimes et veiller fidèlement à l'intérieur de la maison. »

Les fonctions de ces trois sortes de femmes étaient bien limitées. Les concubines étaient des esclaves ou des servantes qui devaient, au besoin, et sans que les femmes légitimes en fussent offusquées, satisfaire

____

(1) DUFOUR, *Histoire de la Prostitution.*

aux désirs de leurs maîtres. Elles avaient leur place marquée au domicile des époux et la femme, réduite à un état d'infériorité et d'obéissance, ne s'indignait pas quand les esclaves ou les servantes s'abandonnaient à son mari dans un acte de servitude ou de soumission. Les courtisanes, bien que formant une catégorie différente des concubines, remplissaient un rôle semblable : elles étaient, hors du foyer, les instruments de plaisir des hommes mariés. Quant aux épouses, leur mission était de faire des enfants et de garder la maison.

Les femmes étaient comme des prisonnières, enfermées continuellement à la maison, ne se montrant rarement dans les rues que voilées et décemment vêtues sous peine d'une forte amende. Leurs occupations consistaient en soins du ménage, en travaux de couture, en fonction d'épouses et de mères. Coudre, filer, tisser, lire et écrire un peu, voilà ce que l'on apprenait aux jeunes filles. La femme était tenue à l'écart des jeux publics, des représentations théâtrales et, pour la surveiller, l'on fabriquait des eunuques et l'on dressait des molosses. Elle ne connaissait ni les variations de la mode, ni les raffinements de la politesse, ni les nouvelles colportées à travers la ville, ni les jugements de l'opinion publique.

Avec un pareil traitement, son intelligence ne pouvait guère être développée. Il est vrai que la femme avait été préparée pour vivre une semblable existence qui, à l'époque, paraissait toute naturelle. Résumant le genre de vie que menait la femme athénienne, Thucydide disait : « La meilleure femme est celle dont on ne dit ni bien ni mal ». Après lui, Plutarque déclara : « Le nom d'une femme honnête doit être, ainsi que sa personne, enfermé dans sa maison ».

L'Athénienne n'inspirait aucun amour à son mari ; elle n'était pour lui que la servante principale. Son empire finissait à la porte de sa maison et rien ne la regardait, ne l'intéressait de ce que son mari faisait ou concevait hors de chez lui. Maître souverain qui n'attendait ni observation, ni conseil, l'homme ne vivait qu'en dehors de sa maison. Il avait ses discussions publiques, ses exercices de sport, son entrée au théâtre et au cirque. Des esclaves et des courtisanes étaient à sa disposition. « Dis-moi, est-il une créature, sous le soleil, demandait le philosophe à l'Athénien, qui touche de plus près que ta femme à ton existence ? » Et l'Athénien répondait « Non ! » Le philosophe reprenait : « Est-il encore une créature à qui tu adresses moins souvent la parole ? » Et l'Athénien répondait toujours : « Non ! »

L'ambition et l'un des devoirs de l'Athénienne étaient de fournir des enfants légitimes à son époux. Combien préférable, à divers points de vue, l'existence des courtisanes, de celles que l'on nommait alors des hétaïres ! A l'origine, le mot *hétaïre* signifiait amitié. Les connaissances intimes et les meilleures amies des femmes et des filles de condition libre, étaient appelées hétaïres par ces dernières. Les amies des hommes eurent le même nom. Avec les progrès de la prostitution, le mot n'eut plus qu'une application vicieuse et servit à caractériser les femmes qui étaient des amies faciles pour tous les hommes.

Les hétaïres, admises par les lois et les mœurs, formaient, à l'époque la plus florissante d'Athènes, la partie la plus importante et la plus puissante de la population féminine. Elles éclipsaient et dominaient les femmes honnêtes séquestrées au domicile conjugal. Leur influence s'exerçait sur les hommes mêlés au mouvement politique et littéraire. Elles étaient comme les reines de la civilisation antique. Pendant la période où elles régnèrent, on peut dire qu'il n'y eut pas d'autres femmes, en Grèce. « Elles faisaient l'ornement des jeux solennels, des exercices guerriers, des représentations scéniques ; elles seules se promenaient sur des chars, parées comme des reines, brillantes de soie et d'or, le sein nu, la tête découverte ; elles composaient l'auditoire d'élite des séances des tribunaux, dans les luttes oratoires, dans les assemblées de l'Académie ; elles applaudissaient Phidias, Apelles, Praxitèle, et Zeuxis ; après leur avoir fourni des modèles inimitables, elles inspiraient Euripide et Sophocle, Ménandre, Aristophane et Eupolis, en les encourageant à se disputer la palme du théâtre. Dans les occasions les plus difficiles, on ne craignait pas de se guider d'après leurs conseils ; on répétait partout leurs bons mots ; on redoutait leur critique ; on était avide de leurs éloges. Malgré leurs mœurs habituelles, malgré le scandale de leur métier, elles rendaient hommage aux belles actions, aux nobles ouvrages, aux grands caractères, aux talents sublimes. Leur blâme ou leur approbation était une récompense ou un châtiment, qu'on ne détournait pas aisément de la vérité et de la justice. Leur charmant esprit, cultivé et fleuri, créait autour d'elles, l'émulation du beau et la recherche du bien, répandait les leçons du goût, perfectionnait les lettres, les sciences et les arts, en les illuminant des feux de l'amour. Là était leur force, là était leur séduction. Admirées et aimées, elles excitaient leurs adorateurs à se rendre dignes d'elles. Sans doute, elles étaient les causes flétrissantes de bien des débauches, de bien des prodigalités, de bien des folies : quelquefois elles amollissaient les mœurs, elles dégradaient certaines vertus publiques, elles affaiblissaient les caractères et dépravaient les âmes, mais en même temps, elles donnaient de l'élan à de généreuses pensées, à des actes honorables de patriotisme et de courage, à des œuvres de génie, à de riches inventions de poésie et d'art » (1).

Les Athéniens délaissèrent leurs épouses pour les courtisanes auprès desquelles ils trouvèrent tous les délassements physiques et intellectuels. Certaines hétaïres devinrent les compagnes de lit et d'études des hommes illustres et eurent des qualités et une intelligence remarquables. L'histoire a associé les noms suivants : Socrate et Théopompe, Platon et Archéanase, Epicure et Léontium, Périclès et Aspasie, Diogène et Laïs, Aristote et Herpyllis, Socrate et Lagisque, Cratès et Hyparchie, Ménandre et Glycère, Hypéride et Phryné, Sophocle et Archippe, etc. Des hétaïres furent célébrées sur le théâtre comme de véritables héros. Beaucoup de poètes les transportèrent

(1) DUFOUR, *Histoire de la Prostitution.*

sur la scène : Dioclès, dans sa *Thalatta*, Phéricrate dans sa *Corianno*, Ménandre, dans sa *Thaïs*, Thimoclès, dans sa *Nérée*, Eubule, dans son *Clepsydre*, etc.

Plusieurs de ces femmes publiques amassèrent des fortunes considérables. Laïs paya des peintres et des statuaires et fit construire à Corinthe des temples et des édifices publics. Phryné, dont les richesses surpassaient celles d'un roi, fit également bâtir à ses frais divers monuments publics à Corinthe et à Athènes. Quand Alexandre le Grand détruisit Thèbes et renversa ses murailles, Phryné offrit de rebâtir la ville à ses frais à la seule condition de faire graver en son honneur une inscription qui apprendrait que Thèbes, abattue par Alexandre, avait été relevée par Phryné. A sa mort, ses amants et ses compatriotes, se souvenant de ses amours et de son amour pour les arts et les lettres, lui élevèrent une statue d'or dans le temple de Diane, à Ephèse, qu'ils placèrent entre les statues de deux rois, Archidamus, roi de Lacédémone, et Philippe, roi de Macédoine.

Quand on compare la situation de l'épouse à celle de la courtisane, on constate avec tristesse et indignation la servitude de l'une et la liberté de l'autre, et l'on comprend que la prostitution soit devenue la condition recherchée sinon par toutes du moins par beaucoup de femmes. « Le seul fait que pour devenir femme, dit Engels, il fallait d'abord se faire hétaïre, est la plus sévère condamnation de la famille athénienne. »

Le mépris de la femme mariée coïncidait naturellement avec la glorification de la courtisane. Epouse et serve, ou hétaïre et libre : il n'y eut pas d'autre choix pour les femmes. L'hétaïre fut la véritable épouse de l'Athénien qui eut rougi de témoigner quelque amour à sa femme légitime.

Mais si l'épouse, si la femme fut abaissée, délaissée, séquestrée, enchaînée dans son corps et dans son cerveau, réduite au rôle de servante principale, de ménagère et de faiseuse d'enfants, l'homme eut son châtiment. L'avilissement des femmes conduisit à l'avilissement des hommes qui tombèrent dans les pratiques répugnantes de la pédérastie. Ce vice abominable fut, à un moment, si répandu et si peu condamné dans toute la Grèce, qu'il nuisit au commerce des courtisanes et que l'on vit à Athènes et à Corinthe, ces deux célèbres villes de la prostitution, des marchands d'esclaves amener tous les jours, de jeunes garçons dont les services ne se devinent que trop. Alcibiade qui fut un général renommé en même temps qu'un dégoûtant personnage, eut des jours de triomphe et d'adoration, et des philosophes comme Socrate, Platon, Plutarque, Aristote proclamèrent que le véritable amour était l'amour entre hommes !

Parmi les peuples anciens, les Athéniens se sont signalés par le plus dur asservissement familial de la femme. C'est chez eux que l'homme exerça le plus odieusement sa toute-puissance, comme s'il avait voulu se venger de la période du matriarcat au cours de laquelle il prit place au-dessous de la femme. L'homme était le maître de la femme et il pouvait en disposer dans un héritage de la même manière que ses autres biens. Démosthène, sa mère et sa sœur furent légués, suivant ce droit, par testament, à la mort du père. Tout Athénien avait, d'après un article de la loi de Dracon, droit de vie et de mort sur cinq femmes : son épouse, sa fille, sa mère, sa sœur et sa concubine (1). Cette loi donnait au fils le même droit qu'au père. Quelle preuve plus terrifiante du pouvoir masculin !

La légende, qui cache trop souvent la vérité dans ses histoires merveilleuses, est d'accord avec l'histoire pour constater la déchéance de la femme. Qu'on lise dans l'*Odyssée*, composée après le triomphe du patriarcat, comment Télémaque repousse durement sa mère, Pénélope, qui tente un conseil dans le Palais d'Ulysse : « Retourne à ton fuseau, lui dit-il. L'homme seul a la parole : la femme appartient au silence. » Les temps mythologiques étaient passés, où la femme, traitée en déesse, occupait une position supérieure...

Chez les Romains, le régime familial ne fut pas beaucoup moins dur. L'homme avait également droit de vie et de mort sur sa femme. Celle-ci lui appartenait corps et âme et n'avait dans la famille d'autre rang que celui de sœur consanguine de ses propres enfants et, à ce titre, elle prenait part à l'héritage. Elle resta à la maison et fila de la laine, est le plus bel éloge que le Romain pouvait faire de la femme.

Pendant longtemps l'homme seul eut le droit de rompre son mariage. Romulus a précisé les trois circonstances qui lui permettaient de divorcer : l'adultère

---

(1) Les anciennes lois d'Islande donnaient en plus à l'homme droit de vie et de mort sur sa fille adoptive.

l'empoisonnement des enfants et la soustraction des clefs du coffre-fort. Le père exerçait aussi sa toute-puissance sur ses enfants : comme à leur mère, il pouvait leur infliger la peine de mort... ou les vendre.

Naturellement, la condition de la courtisane était préférable à celle de l'épouse, de la matrone. La liberté et la considération dont jouissaient les prostituées, engagèrent de nombreuses femmes mariées à se faire inscrire sur les registres de la prostitution. Des mesures durent être prises par les empereurs romains pour conserver des femmes au foyer domestique. Tibère exila plusieurs dames romaines, entre autres Vestilia, fille d'un sénateur, qui s'étaient jetées dans la prostitution.

L'adultère de la femme était puni de mort, mais l'homme le transforma en une source de profits. A l'exemple de Caton, des maris poussèrent leurs femmes dans l'adultère et en empochèrent le prix. Le métier d'Alphonse fut pratiqué à Rome avant qu'il ne fût connu à Paris.

Comme les Grecs, les Romains se déshonorèrent par la pratique de la pédérastie. L'asservissement de la femme eut pour contre-partie la prostitution de la femme et de l'homme. « Chaque citoyen, fut-ce le plus recommandable, par son caractère, et le plus élevé, par sa position sociale, avait donc dans sa maison un sérail de jeunes esclaves, sous les yeux de ses parents, de sa femme, de ses enfants » (1).

(1) Dufour, *Histoire de la Prostitution.*

La soumission de la femme conduit à la dissolution des mœurs et aux pratiques anormales et contre nature.

L'épouse romaine, attachée à son mari et à sa maison non par amour mais par devoir, a trouvé son héroïne dans Lucrèce dont le malheur souleva toute la population. Lucrèce était la fille d'un préfet de Rome, Lucrétius, et épouse de Tarquin Collatin. Elle fut outragée par Tarquin Sextus, fils de Tarquin le Superbe. Se croyant déshonorée et indigne de demeurer au foyer conjugal, elle fit à son mari l'aveu de son malheur, puis se donna la mort. La fin tragique de Lucrèce a été transportée sur la scène.

Plus douce et plus libre était la condition de la femme chez les Germains et leurs frères les Gaulois, à leur entrée dans l'histoire. La famille punaléenne se trouvait remplacée de plus en plus par la famille syndiasmique en décroissance déjà lors de la conquête de César. Les unions étaient de plus en plus indissolubles et la monogamie n'existait que pour la femme. La domination de l'homme avait pris racine et l'adultère de la femme était puni de mort. Et déjà l'on avait de la sévérité pour la femme dont les relations sexuelles causaient du scandale. La coupable était chassée du village ; chaque habitant lui jetait une pierre. Parfois elle ne pouvait s'enfuir : une pierre la renversait et le peuple la lapidait au milieu des cris et des huées.

Les Germains et les Gaulois avaient pour la femme une sorte de vénération, qui n'était pas disparue au temps où Tacite décrivait leurs mœurs. Elle élevait les enfants et prenait soin du ménage, mais elle participait aux cérémonies publiques, civiles, militaires et religieuses. Dans les assemblées où il était question de la guerre ou de la paix, elle donnait son avis. On l'écoutait comme un oracle et les querelles et les conflits cessaient quand elle apparaissait. La vie publique ne lui était pas étrangère.

Si les hommes, en amour, étaient très capricieux, en revanche, les femmes étaient de bonnes gardiennes, les unes de leur chasteté, les autres de leur fidélité. Un proverbe gaulois disait : « Une femme qui a couché avec deux hommes est coupable s'ils sont tous les deux debout (vivants) à la fois ». Plutarque cite le fait suivant : Chiomara, femme d'Ortiagonte, chez les Gaulois d'Asie, avait été faite prisonnière. Le centurion romain la viola, et la renvoya à son mari contre une rançon. Chiomara tendit un piège au centurion : elle l'attira chez les Gaulois qui lui coupèrent la tête. Son mari s'indigna du meurtre commis en mépris de la foi jurée : « Je suis parjure, dit-elle, mais il ne devait y avoir debout sur la terre qu'un seul homme qui pût se vanter de m'avoir possédée ».

Plutarque cite un autre fait. Camma, femme Gauloise, d'une grande beauté, était mariée à Sinatus, un Romain. Sinorix, un Gaulois, l'aimait ; il tua son mari pour l'avoir. Camma feignit de vouloir l'épouser. Le jour du mariage, dans le temple de Diane, elle présenta à Sinorix la coupe nuptiale empoisonnée. Elle acheva ensuite de vider la coupe mortelle : « Grande déesse, cria-t-elle, en se tournant vers l'autel de Diane, vous savez combien la mort de Sinatus m'a été sensible ; vous êtes témoin que le désir de le venger m'a seul fait survivre ; je meurs contente. Et toi, lâche, dit-elle à Sinorix, toi qui as voulu triompher de sa mort et de ma fidélité, ne cherche plus un lit, mais un tombeau ».

L'exemple d'Eponine est encore plus sublime et, quoique assez connu, il vaut la peine d'être constamment cité. Le chef gaulois Sabinus venait d'être vaincu. Il ne voulut pas tomber aux mains de ses ennemis les Romains. Brûlant sa maison dans les environs de Langres, il se fit passer pour mort, puis alla se réfugier dans un souterrain de la région. Sabinus espérait ainsi se mettre à l'abri des poursuites et voir venir des jours de revanche.

Désespérée et ne voulant point survivre à son mari, Eponine allait se laisser mourir de faim. Un serviteur fidèle vint lui apprendre la vérité. Elle se rendit au refuge de Sabinus, qui, en pleurant, lui dit : « C'est un palais de marbre que je rêvais pour toi, et voilà où je te reçois ; j'avais une armée brillante... et maintenant... ». « Qu'importe, répondit-elle, qu'importe si tu me restes. Vois si je pleure, Sabinus. Nous nous aimerons ici. »

Les époux se quittèrent. Pour écarter les soupçons du cruel Vespasien, Eponine prit des habits de veuve. Et chaque soir, pendant neuf ans, par des chemins détournés, elle vint voir son mari. Eponine donna deux enfants à Sabinus, mais la retraite du chef gaulois fut découverte. Il fut arrêté et destiné au supplice. Eponine alla se jeter aux pieds de Vespasien. Elle avait emmené ses deux enfants: « Je les ai conçus, dit elle, dans un tombeau, pour que nous fussions trois à demander la grâce de leur père ». Vespasien ne se laissa pas attendrir : il refusa la grâce. « Puisqu'il en est ainsi, tyran cruel et lâche, s'écria Éponine, fais-moi partager le sort de Sabinus. Je veux mourir avec mon mari. » Sur le même billot, le bourreau romain trancha les deux têtes.

Les barbares de la Germanie et de la Gaule ne se conduisirent pas comme les civilisés de la Grèce : ils n'enfermèrent point leurs femmes au foyer domestique, loin des regards des hommes. Dans toutes les occasions, les femmes prenaient place à côté des hommes ; elles s'associaient à leurs fêtes et à leurs périls ; elles participaient à leurs banquets et à leurs expéditions ; elles partageaient leurs plaisirs et leurs fatigues. Les hommes eussent rougi de réduire les femmes aux soins matériels et exclusifs du ménage.

Avant la conquête, l'autorité paternelle était récente dans les tribus germaines et gauloises. La jeune fille choisissait librement son époux. C'est dans un festin que son choix devait se fixer. Les parents de la jeune fille invitaient les jeunes hommes en âge de se marier. Les prétendants, en buvant le cidre et l'hydromel, racontaient leurs exploits de guerre et de chasse. A la fin du repas, la jeune fille s'avançait et remettait une coupe pleine d'eau à l'homme qu'elle avait choisi.

Cette coutume a été reprise par la légende. En l'an 599 av. J.-C., Euxène, un marchand de l'hocée, en Asie mineure, s'arrêta à l'embouchure du Rhône. Il demanda à parler au chef gaulois Nann, qui donnait un festin pour les noces de sa fille Gyptis. Nann reçut l'étranger et l'invita à sa table. Quand le repas fut terminé, Gyptis se présenta et, à l'étonnement de ses parents et des convives, elle remit à Euxène la coupe d'eau. Le chef gaulois ne contraria pas le choix de sa fille ; il lui donna en dot le territoire sur lequel Euxène, avec ses compagnons de voyage, fonda la ville de Marseille.

La situation particulière que les femmes occupaient chez les Germains et les Gaulois ne provenait pas des qualités qu'elles méritaient ou qu'on leur attribuait. Elle provenait simplement du matriarcat qui venait de disparaitre et dont des vestiges vivants ont été consignés dans les récits historiques de Tacite. A l'époque de Tacite, les Germains avaient encore le plus grand respect pour les femmes : le frère de la mère considérait son neveu comme son fils, au point que le lien entre le neveu et l'oncle était plus étroit que le lien entre le fils et le père. Dans les traités avec les Germains, les filles étaient des otages plus sûrs. Le fils de la sœur était une plus grande garantie que le propre fils de celui avec qui des engagements d'honneur pouvaient être pris.

Le droit maternel, qui venait d'être remplacé par le droit paternel, a laissé des souvenirs : en plein Moyen-Age, quand un Seigneur réclamait d'une ville un de ses serfs évadé, il fallait, à Bâle et à Augsbourg, par exemple, que la qualité de serf fût affirmée sous serment par six de ses plus proches parents consanguins, tous exclusivement du côté maternel.

Les Francs, qui succédèrent aux Germains et aux Gaulois, tinrent la femme dans des conditions de soumission et d'infériorité qui rappellent les mœurs familiales des Grecs et des Romains. Chez eux, la femme, fille, mariée ou veuve, ne disposait jamais d'elle-même : elle était toujours en tutelle ou en esclavage et quand elle n'était pas en puissance de mari, de père, ou de maître, la tribu pouvait encore lui demander compte de sa conduite.

Comme les femmes grecques et romaines, les femmes franques étaient tenues à l'écart de l'administration des affaires publiques et séquestrées à la maison, loin des regards des hommes. Quand elles sortaient, ce n'était que voilées et couvertes d'amples vêtements. Elles passaient leur vie à filer le chanvre ou la laine, à fabriquer des étoffes, à mettre au monde et à élever des enfants. « Les femmes franques, écrit un auteur, vivaient fort retirées dans l'intérieur de leur ménage, nourrissant, élevant leurs nombreux enfants, filant le lin et la laine, fabriquant les tissus et cousant les vêtements, préparant le lit et la table de leurs époux, qu'elles ne suivaient pas à la guerre, ni à la chasse, ni dans les assemblées juridiques, ni dans les jeux équestres. Elles osaient à peine entr'ouvrir leurs tentes, ou regarder de loin, entre les palissades de leur fort, pour connaître l'issue du combat, ou des joutes, ou de la chasse. » (1)

L'autorité du père, du mari, du maître, était considérable : il disposait du droit de vie et de mort sur la

---

(1) Dufour, *Histoire de la Prostitution.*

fille, l'épouse et l'esclave. Le mariage franc ne connaissait pas l'Église et était constitué par le sol et le denier donnés par l'homme à la femme. Quand la femme recevait ce sol et ce denier, elle se considérait comme vendue à son mari. Cette somme représentait le prix de la virginité déflorée.

La monogamie était exigée de la femme. L'homme ne la mettait jamais en pratique. Il entretenait au domicile conjugal, au su et au vu de sa femme, une ou plusieurs maîtresses. Dans chaque demeure importante, il y avait un gynécée, un emplacement réservé où les femmes, libres ou serves, confectionnaient et préparaient tout ce qui devait servir aux besoins du ménage. Le gynécée était sous la direction de l'épouse ou de la concubine principale (1). C'est là que le mari cherchait ses plaisirs. Epouse et maîtresses vivaient et travaillaient ensemble. La femme devait rester impassible devant les épanchements extra-conjugaux de son mari, et celui-ci la tuait même quand elle était simplement soupçonnée.

Il y avait quelque chose de plus abominable : le mari qui tuait sa femme pour en épouser une autre était uniquement privé de ses armes. Le mari n'avait pas toujours recours à la mort pour se débarrasser de

(1) La concubine, chez les Francs, était presque une épouse. Ce qui la différenciait de la femme légitime, c'est qu'elle n'avait pas reçu, du maître, le sol et le denier. Les enfants, s'ils ne pouvaient se dire les enfants de l'épouse, étaient élevés avec les siens et sans être notés d'infamie. Le mot *concubine* n'était pas pris en mauvaise part. Cet état constitua longtemps, au Moyen-Age, le mariage chez les humbles et les serfs.

sa femme : plus souvent, il se contentait de la répudier ou de la changer sans grandes difficultés. Les grands et les rois surtout, changèrent de femmes autant de fois — et même plus — qu'il y a de jours dans une semaine ou de mois dans une année.

Clotaire, fils de Clovis, eut sept femmes ou concubines avouées. Les fils de Clotaire, Caribert, Gontran, Chilpéric sont connus pour la variété de leurs femmes et de leurs maîtresses. Le roi Dagobert, popularisé par la chanson, bâtissait autant d'églises qu'il avait de concubines.

Les adultères et les divorces des rois mérovingiens sont si nombreux qu'on ne les compte plus. Charlemagne lui-même, ce géant à la barbe menaçante, eut quatre femmes légitimes, cinq ou six concubines et une multitude de maîtresses passagères. Ce sage et glorieux monarque, qui fut le soutien et l'honneur de l'Eglise, eut des filles qu'il refusa de marier : un récit d'Eginhard, son ami et son serviteur, laisse supposer qu'il entretint avec elles des relations incestueuses.

L'anecdote suivante montre avec quelle facilité les rois délaissaient leurs épouses. Elle nous est contée par Grégoire de Tours : « Clotaire avait déjà pour épouse Ingonde, et l'aimait uniquement, lorsqu'elle lui fit cette demande : « Mon seigneur a fait de moi ce qu'il a voulu ; il m'a reçue dans son lit ; maintenant, pour mettre le comble à ses faveurs, que mon seigneur roi daigne écouter ce que sa servante lui demande. Je vous prie de vouloir bien chercher pour ma sœur, votre esclave, un homme capable et riche, qui m'élève au lieu de m'abaisser, et qui me donne le moyen de vous servir avec plus d'attachement encore ? » A ces mots, Clotaire, déjà trop enclin à la volupté, s'enflamme d'amour pour Aregonde, se rend à la campagne où elle résidait, et se l'attache par le mariage. Quand elle fut à lui, il retourna vers Ingonde, et lui dit : « J'ai travaillé à te procurer cette suprême faveur que m'a demandée ta douce personne, et en cherchant un homme riche et sage qui méritât d'être uni à ta sœur, je n'ai trouvé rien de mieux que moi-même ; sache donc que je l'ai prise pour épouse ; je ne crois pas que cela te déplaise ? — Ce qui paraît bien aux yeux de mon maître, répondit-elle, qu'il le fasse ; seulement, que ta servante vive toujours en grâce avec le roi ».

La monogamie est demeurée la forme de famille propre à la civilisation. La législation et la religion ont aidé l'homme à imposer sa puissance sur la femme. « Les lois, a dû écrire Paul Gide, se font sans elle et souvent contre elle ; elles l'ont exclue de la vie publique, elles l'ont frappée d'incapacité jusque dans la sphère de la vie privée ; parfois, elles l'ont confinée dans la maison de son père ou de son mari, comme dans une prison pour mieux assurer son impuissance » (1).

Le nouveau Code conjugal, en régime monogamique, a été formulé par Caton : « Le mari est juge de la femme ; son pouvoir n'a pas de limites ; il peut ce qu'il veut. Si elle a commis quelque faute, il la pu-

---

(1) Paul Gide, *Etude sur la Condition privée de la Femme.*

nit ; si elle a bu du vin, il la condamne ; si elle a eu commerce avec un autre homme, il la tue ». Bien avant Caton, Manou, le législateur indien, disait : « Pendant sa jeunesse, la femme doit dépendre de son père ; pendant son mariage, de son mari ; veuve, de ses fils ; si elle n'a pas de fils, des proches parents de son mari. Elle ne doit jamais se gouverner elle-même ». Manou considère la femme comme un être qui tient à la fois de l'esclave et de l'enfant.

Quoiqu'il ait calmé certaines de ses souffrances et satisfait quelques-unes de ses illusions, le Christianisme n'a pas réservé à la femme une autre considération — ou un autre traitement. Les apôtres prêchèrent à la femme la soumission et le silence. Saint Paul fut le plus sévère dans ses prédications. Dans sa première Epître aux Corinthiens il écrit : « L'homme est le chef de la femme. » Dans son Epître aux Colossiens, il dit : « Femmes, soyez soumises à vos maris ». Dans sa première Epître à Timothée, il déclare : « Je ne permets point aux femmes d'enseigner, ni de prendre autorité sur leurs maris ; mais je leur ordonne de demeurer dans le silence ». Saint Paul a des arguments faciles. S'il commande à la femme de s'incliner devant la puissance de l'homme, c'est pour les raisons suivantes : L'homme n'a pas été créé pour la femme, mais la femme a été créée pour l'homme... Adam a été formé le premier et Eve ensuite.

La femme, faite depuis des siècles à la servitude et vivant dans un milieu façonné selon la volonté de l'homme, a écouté la sentence des apôtres, mais elle s'est donnée entièrement à la religion nouvelle et elle a assuré le triomphe du Christianisme.

Les phénomènes économiques ne se sont pas, heureusement, embarrassés de la volonté de l'homme : ils ont travaillé pour la femme en lui créant une situation qui ne cadre plus avec son assujettissement. En la faisant sortir de sa maison pour entrer à l'atelier capitaliste, ils lui préparent un milieu où, délivrée des chaînes forgées par l'homme, elle aura, enfin, la liberté de ses mouvements.

L'imagination populaire a conservé le souvenir de l'égalité primitive entre l'homme et la femme. Nos aïeux, non préparés pour attribuer les causes de sa disparition aux modifications du milieu économique, ont cru les trouver dans les multiples défauts de la femme, car il est admis depuis que l'homme est le maître que, seule, la femme a des défauts.

La légende biblique attribue à la gourmandise d'Eve la domination d'Adam. Après avoir péché en mangeant la pomme, Dieu annonça à Eve que, désormais, elle ne serait plus l'égale de l'homme, mais soumise à sa toute-puissar

La mythologie fait remonter à la curiosité de Pandore la raison de l'asservissement de la femme. Pandore avait reçu en cadeau de noce, une boîte dans laquelle tous les maux de l'humanité étaient enfermés. Curieuse, elle ouvrit la boîte et les maux s'envolèrent. Seule, l'espérance resta au fond. Pour sa peine, Pandore fut accusée d'avoir apporté tous les maux dont souffre l'humanité et contrainte de subir la domination de l'homme.

Les contes populaires, rapportés dans les fêtes ou à l'heure de la veillée, ont donné d'autres motifs à la servitude féminine. Un vieux et joli conte de Picardie, recueilli par Henry Carnoy, explique que c'est à son bavardage que la femme doit d'être devenue la servante de l'homme.

Auparavant « l'homme n'était pas plus que la femme : ils faisaient alternativement les travaux du ménage et les hommes ne songeaient pas trop à s'en plaindre : c'était la coutume ». Un jour, le cordonnier Jean oublia au cabaret son ménage : d'où dispute avec sa femme Marianne. Un pari fut alors décidé : celui ou celle qui parlerait premier ferait toujours le ménage. L'épreuve commença. Un client vint trouver Jean pour lui faire faire une paire de chaussures. Jean se contenta de répondre en fredonnant : « Au clair de la lune, mon ami Pierrot ». Le client se tourna du côté de Marianne qui, manœuvrant son rouet, chanta : « Passez la navette, le bon temps viendra ». Se croyant nargué, le client s'emporta et frappa la femme du cordonnier. Marianne cria et blâma son mari de ne point la défendre. Mais Jean avait gagné son pari : « Femme, dit-il, à dater de ce jour, tu feras le ménage... et tous les travaux que l'on avait coutume de se partager dans le ménage ». Jean raconta l'aventure à ses voisins. La coutume sembla bonne et on la conserva (1).

Un autre conte, plus vieux puisqu'il date du

(1) Henry Carnoy, *Littérature orale de la Picardie*, Paris, 1883. Voir le conte : *Pourquoi la femme fait le ménage.*

Moyen-Age, que Legrand d'Aussy a placé dans sa collection, avance que si la femme est obéissante et soumise dans le ménage, c'est parce qu'elle est plus faible que son mari.

Le sire Hain et sa femme Anieuse se disputaient constamment. La femme voulait commander dans le ménage et toujours elle faisait le contraire de son mari. Cette situation ne pouvait durer. « Anieuse, dit Hain à sa femme, écoute, tu veux être la maitresse, n'est-ce pas. Moi, je veux être le maître. Or, tant que nous ne céderons ni l'un ni l'autre, il ne sera jamais possible de nous accorder. Il faut donc, une bonne fois pour toutes, en prendre son parti et puisque la raison n'y peut rien, décider autrement. » Il prit une culotte et proposa à sa femme de se la disputer « à condition que celui qui en resterait le maître le deviendrait aussi pour toujours du ménage ». Anieuse accepta. Le compère Simon et la commère Aupais furent pris pour juges. La lutte commença. Un moment, il semblait que Hain allait avoir le dessous et lâcher le dernier morceau de culotte en sa possession. Mais d'un effort vigoureux, il put pousser sa femme contre le mur et la faire tomber dans un baquet rempli d'eau. Anieuse était perdue et vaincue : Hain ramassa tous les morceaux de la culotte comme preuves de son triomphe. Les jugés annoncèrent à Anieuse qu'on la retirerait de l'eau « si elle voulait être désormais soumise à son mari et lui obéir en tout et de ne jamais faire ce qu'il aurait défendu ». Anieuse accepta. « Depuis ce moment, non seulement elle ne contredit jamais son seigneur, mais elle lui obéit encore dans tout ce qu'il lui plaît d'ordonner » (1).

Ce serait, paraît-il, s'il faut en croire Legrand d'Aussy, depuis la connaissance de ce conte que l'on dit d'une femme devenue maîtresse dans le ménage : elle porte les culottes.

(1) *Fabliaux ou Contes du* XIIe *et du* XIIIe *siècle,* avec notes par LEGRAND D'AUSSY. Voir le conte *Le Sire Hain et sa femme Anieuse.*

XVI

LA DOT

Au début de la période du patriarcat, le mari achetait son épouse à son père. La femme était une marchandise dont les parents savaient la valeur. Le père, en échange du prix de sa fille, accordait au mari tous les droits qu'il avait sur elle. Si le mari répudiait sa femme et la renvoyait chez son père, celui-ci devait rendre le prix qu'il avait touché. La mythologie nous a conservé le souvenir de cette coutume. *L'Odyssée* nous dit que quand Vulcain surprit son épouse Vénus en flagrant délit d'adultère avec Mars, il jura, devant les dieux assemblés autour des deux amants pris dans ses filets, qu'il ne les délivrera que lorsque « le père lui aura rendu tous les présents qu'il a dû donner pour acquérir l'épouse infidèle ».

La patriarcat se modifia en déclinant. Les mœurs et les sentiments se transformèrent. Il advint que la femme cessa d'être achetée, d'être moins considérée comme une marchandise. Peu à peu, les parents prirent l'habitude de donner à leur fille, en la ma-

riant, des présents qui, avec ceux du mari, constituèrent sa dot. Quand, pour une cause quelconque,
le mari répudiait sa femme, il était obligé de lui
remettre la valeur de la dot.

Lafargue affirme que la dot a joué un rôle décisif
dans l'histoire de la femme, notamment dans l'antiquité romaine. Cela est exact et confirme ce que
nous savons : que la propriété a modifié le régime
familial. La dot est la première propriété de la femme
en régime patriarcal, elle lui a donné des droits et a
changé l'attitude de l'homme à son égard. Dès que
la femme est entrée dans la maison de son mari avec
une dot, l'on se débarrassa d'elle moins facilement ;
elle ne fut plus une esclave que l'homme pouvait
tuer, vendre ou renvoyer de chez lui. Le mari conserva sa femme pour ne pas restituer la dot (1).

Les écrivains ont parlé de l'importance de la dot et
des difficultés dans lesquelles elle plaça l'homme des
classes aisées. « C'est un fléau qu'une femme riche »,
disait Sénèque. Et Euripide, de son côté, disait : « La
dot ne vous enrichit pas, elle ne fait que rendre le
divorce plus difficile ». La dot assurait une certaine
indépendance à la femme et son mari se montrait
moins hautain. Un personnage de Plaute dit à un
mari qui se plaint de sa femme : « Tu as accepté l'argent de la dot, tu as vendu ton autorité ».

La dot, qui rendait moins dure la situation de la

---

(1) « Par la toute puissante vertu de l'argent, la femme riche
avait donc réussi à transformer radicalement le mariage antique. »
Charles Letourneau, *La Condition de la Femme*.

femme dans la famille paternelle, fut très recherchée et par la femme et par l'homme. Elle n'eut pas toujours des sources pures et ne fut pas toujours constituée avec les présents des parents. Dans les pays où les sacrifices à Vénus étaient ordinaires, des jeunes filles trouvaient leur dot dans la prostitution. L'opinion publique n'était ni alarmée, ni troublée par l'emploi de ce moyen. Les jeunes Cypriennes, au temps de Justin, qui vivait au IIe siècle de notre ère, cherchaient la dot dans la vente de leur jeunesse. Les Phéniciennes, suivant Valère-Maxime, gagnaient leur dot à la sueur de leur corps. Les Lyciennes, d'après Hérodote, gagnaient leur dot en se consacrant à la prostitution. Les jeunes filles Etrusques amassaient leur dot en trafiquant de leur personne. Il paraîtrait que les hommes ne rougissaient pas quand leurs femmes apportaient dans le ménage l'argent, parfois considérable, de la prostitution.

Entre les mains de la femme, la dot était une arme dont elle se servit parfois pour combattre l'adultère du mari. Elle inspira à l'homme une crainte salutaire. Quand la femme trompait son mari, le divorce était de droit, quand elle n'était pas tuée, mais le mari devait restituer la dot. C'est une opération qui ne lui convenait pas toujours, et pour ne pas l'accomplir, avec la dissolution des mœurs, il ferma les yeux sur les fredaines de son épouse.

L'adultère féminin, dont l'homme se rendit complice pour garder la dot, fut général dans la société patricienne de l'antiquité. A Rome et à Athènes, la loi dut intervenir pour rappeler le mari à plus de réserve. Pour relever la vertu masculine, pour encourager les Romains à répudier leurs femmes adultères, la loi permit au mari de conserver une partie de la dot. Et comme l'argent était devenu le désir du cœur humain, il y eut des hommes qui se marièrent en prévision de l'adultère de leur femme ! Les dames romaines se firent inscrire sur la liste des prostituées parce que la loi ne les concernait pas.

Certes, la dot obligea l'homme à traiter sa femme avec moins de rigueur ; elle aida la femme à commencer à s'affranchir du despotisme de l'homme. Mais l'autorité masculine ne disparut point avec l'introduction du régime dotal, une modification fut seulement apportée à la situation de la femme. L'homme ne put s'y opposer : il se vengea en calomniant la femme. « Qui se fie à sa femme, dit Hésiode, se fie au pillard de ses biens. » Hésiode ouvre la série des insulteurs de la femme. « Les perfides calomnies et les violentes diatribes, que, poètes, philosophes et Pères de l'Eglise, ont lancées contre la femme, ne sont que la rageuse expression du profond dépit qui rongea le cœur de l'homme lorsqu'il vit la femme commencer à s'affranchir de son brutal despotisme » (1).

La migration des peuples et l'invasion des barbares arrêtèrent cette marche de la femme vers plus de liberté conjugale.

Quoi qu'il ne soit pas dans nos intentions de retracer le rôle de la dot depuis sa constitution, disons,

____

(1) PAUL LAFARGUE, *Le Mythe de Prométhée.*

cependant, que, de nos jours, elle est employée, le plus souvent, de la plus vilaine façon, par des femmes qui ne trouvent des maris qu'en les achetant, et par des hommes qui ne se marient que pour disposer de l'argent que des femmes leur apportent. « La plupart des jeunes filles, écrit Letourneau, ne peuvent ni ne savent choisir leurs maris, et dans les classes aisées ou riches, le grand régulateur des mariages est l'argent. La dot et le douaire institués jadis aux époques où les filles étaient exhérédées, à titre de compensations ou de ressources suprêmes, ont été maintenus et même ont grossi, quand elles n'avaient plus de raison d'être, puisque la loi de succession n'exceptait plus les femmes. Aujourd'hui, la grosse dot sert surtout non pas à sauvegarder l'avenir de la femme et son indépendance, ni à représenter la contribution de l'épouse au budget conjugal, mais, trop fréquemment, à donner à un mari, de capacité et de moralité médiocres, la faculté de vivre dans une oisiveté plus ou moins noble. — En réalité, elle marque alors un mariage par achat ; mais, à l'inverse des pratiques usitées dans les sociétés barbares, l'homme n'est plus l'acquéreur : il est la marchandise. »

Ces lignes, venant d'un écrivain qui n'a point nos idées, auront plus d'importance pour le lecteur que si elles avaient été écrites par nous.

XVII

L'ADULTÈRE

Dès que l'homme est devenu propriétaire de la femme, un nouveau crime prit naissance : l'adultère. L'homme se réserva l'exclusive possession de la femme et son infidélité fut punie des peines les plus sévères. L'adultère n'est pas un excès d'amour de l'homme pour la femme ; il est simplement un attentat à la propriété représentée, en la circonstance, par la femme. « Les sentiments que l'adultère éveille dans le cœur de l'homme, a écrit Lafargue, ne sont pas des sentiments de jalousie, mais des sentiments de propriétaire furieux de voir toucher à son bien. L'adultère n'est d'abord qu'un attentat à la propriété. »

L'adultère individuel est un produit de la société, et son existence, dans l'histoire de l'humanité, ne date que de quelques milliers d'ans. Dans la famille matriarcale, il n'existe pas et ne peut exister. La horde primitive, où règne la promiscuité, où se mêlent les sexes, ne le connaît pas. Quand les êtres humains sont classés par génération, quand les enfants appellent pères et mères les hommes et les femmes de

la génération de leurs propres parents, il ne peut être
question d'adultère. Les hommes et les femmes d'une
génération se considèrent comme des époux. Leurs
relations sont déterminées par les désirs de chacun et
de chacune. Plus tard, quand des restrictions sont apportées à la liberté sexuelle, quand il est obligatoire
de se marier en dehors de la *gens*, de son groupe familial, l'adultère n'existe pas encore. La femme prend
toujours autant d'hommes qui lui conviennent et
l'homme prend aussi autant de femmes qui lui conviennent.

En période matriarcale, le mariage est un acte
non individuel mais collectif. Un groupe entier de
femmes se marie avec un groupe entier d'hommes.
En d'autres termes, les femmes d'un groupe sont
les épouses nées d'un autre groupe, et si l'une d'entre
elles se livre à un homme qui n'appartient pas
au groupe où elle doit choisir ses maris, elle commet
alors un adultère. Ce n'est pas l'individu qui est
offensé, c'est le groupe dont l'on s'est éloigné. L'adultère n'apparaît donc tout d'abord que sous une forme
collective. En Australie, le mariage collectif s'observe encore de nos jours chez certaines tribus. Un
homme doit prendre ses femmes dans un groupe
qui lui est fixé : s'il transgresse cette loi, il commet
un adultère collectif et il est châtié en conséquence.

Dans la mesure où l'on peut parler de propriété à
cette époque, le femme appartient de droit aux
hommes, et l'homme appartient de droit aux femmes,
dans un cercle déterminé d'individus. Quand cette
coutume est méconnue, il y a une atteinte à une pro-

priété collective, que ressentent ceux ou celles qui doivent en disposer. L'adultère individuel n'est apparu que lorsque, sur les ruines de la famille matriarcale, s'est fondée la famille patriarcale.

C'est dans des conditions bien différentes d'autrefois que la femme entre dans la nouvelle famille. Autant elle était libre, maîtresse d'elle-même dans la famille matriarcale, autant elle est esclave, dépendante de son mari dans la famille patriarcale. Et, ce qui est plus grave, la femme pénètre dans la maison de son mari en qualité de marchandise. Le père a vendu sa fille à un homme qui, seul, veut la posséder et défend à quiconque de toucher à son bien.

L'achat de la femme caractérise d'abord la famille patriarcale. Ce qui la caractérise ensuite, c'est la monogamie qui est imposée à la femme. L'homme se réserve le droit d'avoir des maîtresses qu'il loge même dans sa maison, mais il exige la fidélité absolue de sa femme dont il attend des enfants légitimes qui hériteront de lui.

L'homme a cru préserver la légitimité de sa descendance et l'intégralité de sa propriété humaine, qu'on nous pardonne cette expression, en édictant des peines sévères contre la femme adultère partout où il est devenu le chef de la famille, partout où il a exercé sa puissance. Par toute la terre, avoue Letourneau, l'adultère commence par n'être réprimé qu'à titre d'infraction au droit de propriété. La mort est la pénalité la plus générale qui ait été appliquée à la femme coupable. Sa chasteté fut réclamée comme une sorte de dot obligatoire.

L'Egyptien, d'après Diodore de Sicile, punissait le viol d'une femme libre par l'éviction du coupable. Il coupait le nez de la femme adultère « afin de la priver des attraits qu'elle avait employés pour la séduction ». C'est sans doute pour ne pas subir ce sacrifice que la femme de Pharaon, roi d'Egypte, dénonça, comme voulant la séduire, Joseph, fils de Jacob, dont la pudeur n'avait pu être vaincue. Chez les Israélites, Moïse, se souvenant de la parole du Seigneur, avait solennellement prononcé la peine de mort contre les adultères. La femme qui, au moment de son mariage, n'était plus vierge, était chassée loin du seuil de la maison de son père et les habitants de la ville devaient la lapider et la faire mourir. Le viol d'une fille fiancée était seul puni de mort : la fille et l'homme périssaient ensemble. Moïse réclamait des femmes une chasteté rigoureuse : la femme qui, par mégarde, ou autrement, touchait les parties sexuelles d'un homme, avait la main coupée.

Jésus fut plus généreux que Moïse : il sauva de la mort la femme adultère. Alors qu'il se trouvait en tournée de propagande, les scribes et les pharisiens lui amenèrent une femme qui avait été surprise en adultère ; ils la firent tenir debout au milieu du temple et ils dirent : « Moïse nous a ordonné dans la loi, de lapider les adultères. Quel est votre sentiment » ? Mais Jésus se contenta de répondre : « Que celui d'entre vous qui est sans péché lui jette le premier la pierre. » Comme ils étaient tous coupables, ils se dispersèrent et la femme fut rendue à la liberté (1).

(1) Evangile selon Saint Jean, chap. viii. Des chrétiens de nos

A Athènes et à Rome, la femme adultère pouvait être tuée. A Athènes, l'amant était parfois mutilé, déshonoré par les esclaves. Le viol ou le rapt d'une femme libre valait une amende de cent drachmes. Zaleucus, le législateur des Locriens, suivit le système de Solon : il punissait l'adultère en crevant les yeux au coupable.

Le Romain avait le droit de punir sa femme coupable comme bon lui semblait (1). Si la malheureuse n'était pas tuée tout de suite, un abominable spectacle l'attendait. A Cumes, en Campanie, la femme surprise en adultère, était exposée nue dans le forum où, pendant plusieurs heures, elle recevait les injures et les crachats de la foule. On la promenait ensuite, montée sur un âne, par toute la ville. Il paraît que dans les contrées voisines, l'âne jouait un autre rôle. Il ne servait pas de monture à la patiente ; il était son bourreau. On devine ce qu'était un pareil tableau et

jours sont parfois si sévères à l'égard des malheureuses, qu'il faut rappeler que, parmi les femmes qui se groupèrent autour de Jésus, se trouvaient des prostituées. A l'étonnement de ses disciples, plus intolérants que lui, Jésus s'entretint amicalement ou fraternellement avec la Samaritaine, qui le trouva assis au bord d'un puits. Cette femme avait mené une vie mauvaise. Jésus rencontra à Capharnaüm, Marie-Madeleine, une pécheresse de cette ville. Marie-Madeleine arrosa de ses larmes les pieds de Jésus et les essuya avec ses cheveux. « Tes péchés, si grands et si nombreux qu'ils soient, lui dit Jésus, te sont remis, parce que tu as beaucoup aimé. » La paillarde qu'était Marie-Madeleine a été mise par l'Eglise catholique au rang des saintes.

(1) Le terme *adultère* ne s'appliquait alors qu'à la femme, CH. LETOURNEAU, *La Condition de la Femme*.

pour la femme et pour le public. « Les malheureuses qui subissaient l'approche de l'âne, meurtries, contusionnées, maltraitées, ne faisaient plus partie de la société, en quelque sorte, que pour en être l'esclave et le jouet, si bien qu'elles appartenaient à quiconque se présentait pour succéder à l'âne » (1). L'intervention obscène de l'âne finit par disparaître.

A Rome existaient des lieux destinés à recevoir les femmes adultères et à les exposer à l'outrage du premier venu. Dès qu'une femme pénétrait dans ces lieux, aucune prière ne pouvait empêcher ou retarder l'application de la pénalité encourue. La porte se refermait derrière elle, et son supplice commençait : sous les yeux des curieux accrochés aux barreaux des fenêtres, elle était le jouet de ceux qui se présentaient. L'âne n'existait plus, mais le peuple s'amusait à braire tant que durait cette violence répétée. Souvent, la mort terminait cette horrible scène. L'adultère trouvait sa punition dans la prostitution publique. Ce n'est qu'au vᵉ siècle de l'ère chrétienne que l'on mit fin à cette odieuse prostitution.

La mort était également le châtiment habituellement réservé à l'épouse infidèle chez les Germains, les Gaulois et les Francs. Le mari gaulois avait une singulière manière d'éprouver la sainteté du lit conjugal. L'homme prenait l'enfant à sa naissance et le plaçait sur un bouclier qu'il livrait au gré des flots du prochain fleuve. Si l'enfant était submergé par les eaux, il tuait sa femme ou la plongeait dans le

____

(1) Dufour, *Histoire de la Prostitution.*

gouffre parce qu'elle était coupable d'infidélité. Au contraire, si l'enfant avait le bonheur de se tenir sur le bouclier, le père croyait à sa légitimité. Il paraît qu'aucun mari n'aurait osé revenir sur l'arrêt prononcé par le fleuve. C'est le Rhin qui avait surtout la spécialité de prononcer des arrêts de ce genre.

L'adultère était sévèrement puni par le Franc qui ne voyait, comme ailleurs, dans l'adultère « qu'un vol charnel et un attentat à la possession d'un objet légitimement acquis ». Parfois, en même temps que sa femme, il tuait son complice. Au xvᵉ siècle, la loi de Copenhague voulait que la femme coupable fût enterrée vivante.

A la même époque, en Alsace, la femme infidèle était murée. Le Code de Manou n'est pas moins sévère : il fait dévorer par les chiens la femme adultère. Dans l'ancien Mexique, la lapidation et la strangulation étaient les pénalités ordinaires pour les infractions féminines à la fidélité conjugale. La femme était à l'occasion coupée en morceaux et les lambeaux de son corps étaient distribués aux témoins de son supplice.

Le droit de tuer la femme coupable s'étendait, chez les Bédouins, jusqu'au père et aux frères de la femme. L'époux japonais, si libre dans ses écarts, tient de la loi, le droit de tuer sa femme infidèle. Le Code chinois est sans pitié pour la femme adultère : il contient une série de pénalités qui correspondent aux diverses particularités de ce crime.

Le mari offensé se venge d'avoir été trompé, comme bon lui semble, et il ne fait pas de distinction entre sa femme légitime et sa concubine. Le plus terrible des supplices chinois est la mort lente, réservée à la femme qui a, de connivence avec son amant, tramé la mort de son mari. Le bourreau prend successivement, au hasard, dans un sac, des couteaux qui indiquent les parties du corps humain qu'il faut trancher. Il exerce s besogne jusqu'à ce que survienne la mort de la victime. Le mari chinois, si sévère pour sa femme coupable, est connu pour ses prouesses extra-conjugales. En Circassie, en plein régime patriarcal, le père pouvait tuer sa fille si, ne l'ayant pas trouvée vierge, son mari la lui renvoyait, après lui avoir rasé les cheveux et fendu les oreilles.

L'Europe a conservé pendant de longs siècles ces diverses pénalités parmi lesquelles la mort était la plus généralement appliquée. En France, au Moyen Age, l'on avait encore l'habitude de couper les cheveux de la femme adultère et de l'exposer publiquement. Un capitulaire de Charlemagne déclare que la femme coupable sera fouettée sur la place. Un autre capitulaire de Louis le Débonnaire dit que la femme surprise en adultère parcourera la campagne quarante jours durant, nue jusqu'à la ceinture, avec un écriteau sur le front. Des ordonnances de Philippe le Bel, Jean le Bon, Charles V, Louis XI parlent de la punition publique infligée à la femme adultère. La coutume du Berry autorisait le mari à se faire aider par son fils lorsqu'il exerçait son droit de vengeance contre l'amant de sa femme. Le Code, que nous a légué la Révolution, accorde encore au mari le droit de tuer sa femme surprise en flagrant délit d'adultère.

Si l'homme perd la raison quand sa femme commet un adultère à son insu, il la retrouve quand l'adultère a lieu avec son consentement. L'adultère ne devient un crime que lorsqu'il n'est pas autorisé par le mari. Car il faut bien l'avouer, dès que l'homme a pu exercer sa toute-puissance sur la partie féminine de l'humanité, il a autorisé ou exigé l'adultère de sa femme, soit pour conserver la dot apportée par cette dernière, soit pour se procurer des ressources. Il est connu que chez nombre de peuples barbares, l'hospitalité se traduit par la mise à la disposition du voyageur de la femme de celui chez lequel il passe la nuit. Le voyageur fait un grand honneur au mari en tenant compagnie à sa femme (1).

Mais cette façon de se conduire n'est pas propre aux peuples barbares : elle est aussi employée dans les pays entrés dans la civilisation.

Les patriarches prêtaient volontiers leurs femmes pour des présents en nature et en argent. Nous avons cité Abraham dont la femme, prêtée au roi d'Egypte Pharaon, rapporte à son mari satisfait, des animaux, de l'argent et des esclaves.

Les Grecs et les Romains, si féroces à l'égard de leurs femmes, suivirent l'exemple d'Abraham. Caton

---

(1) « L'hôte, chez tous les anciens peuples, était accueilli avec respect et avec joie... un mari cédait volontiers son lit et sa femme à l'hôte que les dieux lui envoyaient, et la femme, docile à un usage qui flattait sa curiosité capricieuse, se prêtait de bonne grâce à l'acte le plus délicat de l'hospitalité. » Dufour.

fut un de ces Alphonse. A l'époque de la décadence, l'adultère féminin commis avec la complicité du mari était devenu général dans la société patricienne. « Tous les écrivains ont remarqué que, dans la plupart des maisons patriciennes, dit un auteur, l'adultère fut paisiblement établi sous les auspices du mari. » Des procès en justice révélèrent que le mari partageait avec sa femme le prix de l'adultère, ou qu'il se faisait payer pour fermer les yeux sur l'adultère de sa femme.

Des mesures furent prises pour arrêter le scandale. Un décret du Sénat romain alla jusqu'à interdire aux dames qui avaient un chevalier pour aïeul, père ou mari, de faire trafic de leur corps. La loi décida que le mari traduirait sa femme coupable en justice ou qu'il serait lui-même poursuivi.

Autrefois, l'adultère se commettait encore dans d'autres circonstances. Pour perpétuer la famille, pour rappeler le souvenir du père et pratiquer le culte des ancêtres, le désir du marié était d'avoir un fils. L'importance du fils a laissé des traces dans la religion catholique : le fils est appelé le Rédempteur. Quand le ménage demeurait infécond, ou quand le chef de famille mourait sans enfant, un frère ou un proche parent remplaçait le mari. A Rome, en Grèce, aux Indes, chez les Sémites, il en en était ainsi. La femme n'avait pas à se plaindre de cet adultère réclamé par les mœurs et les lois.

L'adultère de la femme, après la mort de son mari, a été ordonné de notre temps, à la cour royale de

Madagascar. A la mort du dernier roi, Radamo, le Conseil décida que la reine, Ranavalo, ne se marierait pas et que les enfants qu'elle pourrait avoir de ses amants, qu'elle serait libre de choisir, deviendraient les enfants de Radamo.

Si, dans certains cas, l'adultère de la femme était de droit, c'est-à-dire, permis, commandé, imposé, par contre, l'adultère masculin se pratiquait couramment dans la famille patriarcale. L'homme avait une femme légitime ou principale et plusieurs autres femmes appelées concubines ou inférieures. Les enfants de ces dernières étaient réputés les enfants de la femme légitime qui ne trouvait rien à dire à cette manière de procéder, puisque telle était la coutume en ce temps-là. Au Japon et en Chine, les enfants des maîtresses du mari sont encore considérés comme les enfants de la femme légitime.

Il y a là un genre d'adoption qui rappelle la couvade basque, et qui est noté dans la *Bible*, ce précieux réservoir des coutumes primitives de la famille patriarcale. Rachel, s'apercevant qu'elle n'avait pas d'enfants, dit à Jacob : « Donne-moi des enfants, ou je suis morte... Voici ma servante Bala ; approchez-vous d'elle ; qu'elle enfante, et que je reçoive sur mes genoux les enfants qui naîtront d'elle ». Léa, seconde femme de Jacob, employa le procédé de Rachel. Elle prit Zelpha, sa servante, et la donna pour femme à Jacob. Rachel et Léa suivaient l'exemple de Sarah qui avait conseillé au patriarche Abraham, d'aller voir sa servante, l'Égyptienne Agar : « Le Seigneur m'a privée d'enfanter : approchez-vous de votre servante ; peut-être aurai-je des enfants d'elle ». (La *Genèse*, chap. XVI et XX.)

La mythologie grecque est d'accord avec la pratique israélite. Suivant Diodore, Junon, pour adopter Hercule, monta sur son lit, tenant le fils de Jupiter attaché à son corps, et imitant un véritable accouchement, elle le laissa tomber sous ses vêtements. Cette cérémonie est encore en usage chez les barbares lorsqu'ils veulent adopter un enfant.

L'adultère de l'homme a pu être demandé par la femme, mais, en règle générale, l'homme se souciait peu du consentement de sa femme. Il prenait le droit de s'amuser avec toutes les femmes qui tombaient dans ses filets et, hormis des cas bien déterminés, il interdisait à sa femme, sous peine de mort, d'avoir des relations sexuelles avec un autre homme que lui.

Des temps nouveaux viendront qui ne permettront plus à l'homme de voir dans la femme un objet d'appropriation personnelle ou un instrument de servitude domestique.

XVIII

La femme, en se mariant, en quittant la maison de ses parents pour aller habiter celle de son époux, s'est rivée aux pieds un boulet dont elle n'a pu encore se débarrasser. Entrée comme une marchandise dans la maison de son mari, esclave et victime en même temps, elle a subi le sort que ce dernier lui a fait selon ses caprices ou ses intérêts. La famille patriarcale ne lui a procuré que tristesses et travaux, qu'asservissement et humiliation, que sanglots et meurtrissures. La honte, le sang et la mort ont marqué la domination de l'homme — domination qui a pu devenir moins lourde avec la famile monogamique, sans disparaître pour cela.

L'avenir que le mariage réservait à la femme n'était ni engageant ni désirable, et l'on comprend que les jeunes filles l'aient toujours envisagé avec épouvante. Les sentiments et les idées que le mariage a fait naître chez la femme, ne sont pas enregistrés par les livres d'histoire, trop préoccupés encore de la vie des rois et du bruit des batailles. Nous pensons que la littérature populaire, qui est un domaine que l'on a trop dédaigné et négligé, est une mine de trouvailles. En l'étudiant de près, en la débarrassant de tout ce qui l'habille, elle aide l'écrivain à retrouver les mœurs du passé, car elle est le reflet des actes et des paroles des sociétés humaines primitives.

Au premier plan se classe la poésie. Elle s'est occupée du foyer conjugal, et elle ne nous laisse pas ignorer que la femme redoutait le mariage et que l'autorité maritale lui inspirait la plus profonde horreur. La poésie populaire, dont le concours est si précieux, n'est pas la poésie stupide et commune fabriquée pour être acclamée dans les cafés-concerts ; c'est la poésie naïve, spontanée et anonyme, qui exprime les mœurs, les préjugés, les sentiments et les idées des hommes. Elle naît dans les rangs du peuple dont elle photographie, en quelque sorte, sans art et sans règle, mais avec sincérité, les pensées et les attitudes. La poésie chantée, observe Lafargue, est l'unique moyen que connaissent et qu'emploient les peuples sans culture pour préserver lès résultats de leur expérience quotidienne et les souvenirs des événements qui les impressionnent. Elle se communique de bouche en bouche et se transmet ainsi de génération en génération. Suivant le mot de M. de Villemarqué, la chanson du peuple est le dépositaire de ses croyances, de son histoire domestique et nationale. Si l'on veut reconstituer les mœurs du passé, la vie privée d'autrefois, il faut étudier la poésie populaire.

Dans tous les pays, les mêmes chants ont été découverts. Impressionnés par les mêmes phénomènes, les peuples les ont traduits de la même façon, dans des chansons analogues. Pour expliquer cette particularité, des savants ont avancé que les chansons avaient été transmises de proche en proche, sans s'apercevoir que ces mêmes chansons ont été retrouvées chez les peuples les plus différents et les plus éloignés. Il est beaucoup plus simple et plus vrai de reconnaître que les ressemblances que l'on constate dans les chansons prouvent que les peuples ont passé par les mêmes phases de développement.

Une autre source que l'on doit absolument consulter, lorsqu'on recherche les origines de la famille, ce sont les cérémonies populaires qui se déroulent encore à l'occasion du mariage. Mais il faut se hâter de les recueillir, car les nouvelles conditions d'existence les font apparaître comme simplistes et ridicules et elles disparaissent tous les jours. Derrière les cérémonies populaires d'aujourd'hui, l'on aperçoit les cérémonies populaires d'hier. En rapprochant les cérémonies encore vivantes des cérémonies mortes, il est possible de faire des constatations qui aident à comprendre les différents stades qui marquent l'évolution de la famille.

L'on peut appliquer au mariage de la plupart des pays ce que dit du mariage, en Gascogne, M. Bladé : « En Gascogne, le mariage se compose d'un ensemble de cérémonies avec chants appropriés à chacune d'elles » (1). Ces cérémonies et ces chants compren-

______

(1) J.-F. BLADÉ, *Poésies populaires de la Gascogne*, Paris, 1881.

nent à peu près les mêmes gestes et les mêmes paroles. En interprétant les coutumes et les usages observés à l'occasion du mariage, les origines de la famille patriarcale nous apparaissent plus précises et l'on saisit plus nettement la situation qui était faite à la femme.

Autrefois surtout, le mariage était une occasion de réjouissances pour les parents et les invités. Mais ce côté, composé de rires et de plaisirs, de danses et de ripailles, n'était pas seul en évidence et gravé dans la mémoire. Il y en avait un autre, celui-là plus remarquable et plus significatif et qui intéressait la mariée. A travers la joie générale, on distinguait toujours les regrets et les soucis de la jeune femme qui venait se placer sous le joug conjugal. Les chansons que l'on faisait entendre contiennent à ce sujet tant de vérité et d'exactitude que les citer nous semble un devoir. « Les chansons de noces, dit M. Paul Sebillot, ne sont pas toujours gaies : la plupart, surtout celles qui sont en quelque sorte sacramentelles, font allusion aux devoirs des époux et aux fatigues qui attendent la femme ; elles ont un caractère grave » (1).

Dans la Haute-Bretagne (les Côtes-du-Nord), des avertissements sont donnés aux jeunes filles :

> ... Les garçons sont honnêtes
> Quand ils sont à marier ;
> Mais quand ils sont mariés,
> C' sont des diables déchaînés.
>
> Mais quand ils sont mariés,
> C' sont des diables déchaînés.

(1) P. Sébillot, *Coutumes populaires de la Haute-Bretagne*, Paris, 1886.

Il n'y a ni bois, ni bûche
Qui ne saute par l'hôte (la maison).

Il n'y a ni bois, ni bûche
Qui ne saute par l'hôte (la maison).
Les dam's sont à leur fenêtre,
Regrettant le temps passé.

Les dam's sont à leur fenêtre,
Regrettant le temps passé,
Se disant les unes aux autres :
    Si j'étais à marier !
    On est lié,
    On ne peut se délier.

Les illusions du bonheur sont détruites par la chanson populaire. Aux environs de Moncontour (Côtes-du-Nord), l'on chante encore la chanson suivante :

Là-haut, là-bas, dans la prairie,
    L'y a un rossignol
    Qui dit souvent
Dans son joli langage :
Ah ! que les fill's sont malheureuses
    De s'y mettre en ménage.

Il faut travailler jour et nuit
Pour entretenir l'ouvrage.
    L'embarras du ménage
    Est un grand embarras.
Toutes les fill's qui s'y marient
    Ne le connaissent pas.

Pour s'y mettre en ménage,
Faut avoir du sourci (souci).
La journée de vos noces,
Quel habit prendrez-vous ?

> Prenez-y, va, votre habit noir,
>   Habit de pénitence,
> Et par dessus, prenez-y, va,
>   Le cordon de souffrance.

A Ercé (Ille-et-Vilaine), il y a une variante de cette dernière chanson :

> Sur le haut de la montagne,
>   J'entends les petits oiseaux
> Qui se disent les uns aux autres,
>   Dans leur joli langage :
> Malheur aux pauvres fillettes
>   Qui se mettent en ménage !
>
> Le joure de vos noces,
>   Le joure le plus beau,
> Elle est couverte de roses blanches,
>   De roses pénitentes,
> Et le ruban de trois couleurs,
>   Le ruban de souffrance !

On lit ces deux autres couplets dans une chanson qui a cours dans le nord de la Bretagne :

> Les filles qui se marient
> Ne sont point sans souci.
> Le jour de leurs noces,
> Mettent leurs plus beaux habits.
>
> Le jour de leurs noces,
> Mettent leurs plus beaux habits,
> Le lendemain des noces,
> Un bouquet de souci.

Dans l'Ille-et-Vilaine, en allant à l'Eglise, les amis du futur disent à la jeune femme par ironie :

> Madam' la mariée,
> Vous croyez au plaisir ?
> Des peines et des soucis,
> L'embarras du ménage,
> Voilà le plaisir, belle,
> Que vous aurez chez lui !

La veille de la noce, dans certaines communes, par exemple, à Bourgbarré, près de Rennes, la jeune fille se met à genoux devant ses parents et leur demande leur bénédiction. La fille d'honneur qui l'accompagne chante pour la mère une chanson qui arrache des larmes à son enfant et dont voici les premiers vers :

> O ma fille chérie ! (*bis*)
> Pour nous quitter, tu t'es mise à genoux ;
> Tu veux donc laisser ta famille,
> Le foyer paternel pour suivre ton époux ?
> Pour la première fois, ta chambre sera vide,
> J'irai prêter l'oreill' sans entendre tes pas ;
> Dans les sentiers déserts, dans les jardins arides,
> Pour la première fois, je ne t'y verrai pas.
> Oh ! pourtant sois heureuse,
> Suis l'époux que ton cœur a choisi ;
> Oh ! pourtant sois heureuse,
> Va, mon enfant, je te bénis !

Cette chanson est également chantée dans le Béarn et dans l'Artois, avec de très légères variantes. A la fin de la noce, les filles de l'Ille-et-Vilaine adressent leurs adieux aux parents et aux amis. La mariée pense d'abord à sa mère ; la couturière chante pour elle :

> A tous mes parents et amis,
> J'offre un hommage bien sincère ;

> Mais avant qu'il me soit permis
> De l'offrir à ma tendre mère :
> C'est ell' qui m'a donné le jour,
> C'est ell' qu'a soigné mon enfance,
> Elle a des droits à mon amour,
> Autant qu'à ma reconnaissance.

Parmi les chansons du mariage, nous en trouvons une qui découvre la véritable vie de ménage. La mariée raconte ses déboires ; elle a son ouvrage à faire, ses enfants à soigner. Son mari rentre, il est saoûl et méchant :

> Le soir, quand il se couche, il s'y couche en jurant,
> Le matin quand y s' lève, il se lève en grognant.
> L'enfant qu'est au berceau, se réveille en pleurant.
> Bercez, bercez, Madam', voilà vot' amus'ment.
> La mèr' tout en colèr' s'en va prendr' son enfant,
> L'arrose de ses larm's, regrettant son jeun' temps !..

Ce sont les violons ou la vielle qui conduisent la noce à la mairie. On assure, qu'en Bretagne, ils disent à la fiancée :

> Viens, viens, malheureuse, viens,
> Voilà le bourreau qui t'emmène !
> Viens, viens, malheureuse, viens,
> Voilà le bourreau qui te tient !

Quand, las de jouer, les violons quittent la noce, ils lancent leur dernière note :

> En v'la cor eune de nachée (attachée).

Les mariées des villages de Picardie ne sont pas logées à une autre enseigne. Le jour de leur mariage

Vérecque.   11

est aussi un jour de joie et de douleur. Elles chantent :

> Le jour de mon mariage,
> Ah ! c'est mon plus beau jour !
> Adieu, plaisirs et agréments,
> Le jour que je m'engage !
> Entre les bras de mon amant,
> Je n'y serai plus volage !

> Le jour de mon mariage
> Quel habit mettrai-je ?
> J'y mettrai mon habit noir,
> Mon habit de pénitence,
> Mon chapeau de même couleur,
> Le ruban de souffrance !

En conduisant la mariée à l'Eglise, ses compagnes chantent dans le Berry :

> Héla ! la pourre fille,
> Qu'alle a donc du chagrin !

Au sortir de l'Eglise, la noce chante en faisant allusion à la tristesse de la mariée :

> Quand on marie ses filles,
> Faut-i que de tourments !
> On les mène à l'Eglise,
> A vont toujours pleurant !
> Adieu les amourettes,
> Adieu, c'est pour longtemps !

Les mêmes sentiments sont exprimés par les jeunes femmes du Poitou. Elles interrogent et on leur répond par des paroles qui ne consolent pas :

> Le jour de mes noces,
> Quell' rob' prendrai-z-i ?
>
> Tu prendras ton habit noir,
> Ton habit de pénitence,
> Et ton chapeau de couleur,
> Couleur de souffrance !
>
> Le lendemain de mes noces,
> Quel mouchoir prendrai-z-i ?
> Tu prendras ton mouchoir blanc,
> Pour essuyer tes larmes !

Comme la Bretagne, la Gascogne est riche en chansons populaires du mariage. Et là, comme ailleurs, elles ne sont pas faites pour enthousiasmer les jeunes filles. Lors de son départ pour l'Église, on chante à la mariée :

> Mariée, ne te fait-il pas mal le cœur,
> De quitter ton monde comme cela ?
> Tu quittes ta mère pour jamais,
> Pour aller servir un étranger.
>
> Mariée, en partant d'ici,
> Quitte la rose, prends le souci.
> Quitte la rose du jardin,
> Prends le souci de ta maison.
>
> Regarde, mariée, comme tu pourras faire,
> Pour passer la porte sans pleurer ?
> — La mariée a les pieds mouillés,
> La rosée ne les a pas trempés !
>
> La rosée ne les a pas trempés :
> Ce sont les larmes qui sont tombées !

> — Pleurez, lambris, chevrons,
> Vous perdez la fleur de la maison !

Avant d'entrer à l'Eglise, l'on se tourne vers la mariée pour lui dire :

> Mariée, mets ta main sur la tête :
> Dis : « Beau temps, où es-tu allé ? »
> La main sur la tête, le pied sur le four,
> Et dis adieu à tes beaux jours !

Après la messe, en sortant de l'Eglise, on rappelle à la mariée qu'elle n'y reviendra que lorsqu'elle sera femme et ménagère :

> Adieu, Eglise, adieu portail !
> Tu ne reviendras pas sans tablier.
> Tu ne reviendras pas avec des fleurs.
> Tu auras perdu tes amours.

Ce n'est pas encore tout. A la porte du mari, on adresse des menaces à l'épousée.

> Comme tu vois les chenets,
> Ta belle-mère a les grosses dents.
> Regarde, mariée, les coins :
> Ils te vaudront des coups de bâtons !

Ce dernier avertissement nous rappelle la malicieuse chanson du Maine :

> Mon mari est venu,
> Qu'il m'a tant battue,
> Déjà mal mariée !

Que je m'en suis écrie
Au curé de la ville,
Déjà mal mariée !

Hier, vous me fîtes femme,
Aujourd'hui, faites-moi fille.
Déjà mal mariée !

Il m'a répondu,
C'est une chose impossible,
Déjà mal mariée !

Que d'une jeune femme,
En faire une jeune fille.
Déjà mal mariée !

L'épouse regrette son temps de jeune fille que, malheureusement, il ne lui est plus permis de revoir.

Dans les provinces du centre et de l'ouest de la France, il est une chanson particulière que l'on fait entendre le soir du mariage, à l'heure du dessert, c'est la chanson de la mariée. Ce morceau de littérature populaire est empreint de mélancolie et de gravité et, quand une jeune fille vient la dire, il n'est pas de minutes plus solennelles ni plus douloureuses. Les principaux couplets de cette chanson sont les suivants :

L'époux que vous prenez
Sera souvent le maître,
Ne s'ra pas toujours doux
Comme *ile* devrait être ;
Mais pour le radoucir
Faudra lui obéir.

Adieu le sans-souci,
La liberté jolie !
Adieu le temps chéri
De votr' bachelerie !
Adieu les beaux discours
Qui se font dans l'amour !

Vous n'irez plus au bal,
Madam' la mariée !
Vous aurez l'air sérieux
Devant les compagnies ;
Vous gard'rez la maison
Pendant que nous irons !

Le bouquet que voilà,
Qu'i vous prions de prendre,
C'est un bouquet de fleurs,
Pour vous faire comprendre
Que les plus grands honneurs,
Passent comme les fleurs,

Le gâteau que voilà,
Que ma main vous présente,
Prenez-en un morceau,
Car il vous représente,
Qu'il faut pour se nourrir
Travailler et souffrir.

Nous vous sou'aitons l' bonjour,
Madam' la mariée.
Souvenez-vous toujours
Que vous êtes liée.

A cette peinture si sévère et si réelle de la perte de sa liberté de jeune fille et des misères et des soucis qui l'attendent le lendemain de ses noces, la mariée verse d'abondantes larmes. Ceux et celles qui assistent à cette scène ont aussi les yeux remplis de pleurs. L'on peut assurer que cette chanson de la mariée fait regretter à toutes les femmes leur entrée dans le mariage.

Le mari ne prend pas possession de sa femme sans difficultés. Dans la Haute-Bretagne, il est d'usage que la fiancée ne s'habille que quand le fiancé est arrivé à la maison de ses parents. Très souvent, la jeune fille est cachée, soit dans le cellier, soit chez une voisine. De retour au logis, trouvée par son ami, elle s'habille, mais elle n'a pas de souliers. Il faut les chercher. La trouvaille faite, la fiancée se chausse et toute la noce quitte la maison.

Il n'y a pas très longtemps, l'on offrait une résistance plus grande au départ de la jeune fille. « Il n'y a pas plus de vingt-cinq ans, dit un auteur, quand une jeune fille quittait la maison de ses parents pour se marier, ses parents et ses amis l'excitaient à ne pas partir et allaient jusqu'à déchirer ses vêtements » (1). Des coups de fusils, lointain souvenir du temps où le jeune homme enlevait de force son amie, saluent le départ de la noce. Dans certains endroits, quand la mariée quitte le pays, une bataille s'engage entre les habitants de sa commune et ceux de la commune où elle va désormais habiter.

Parfois, avant de disposer de sa femme, le mari doit simuler un enlèvement. Chez les Basques, dans le pays

---

(1) Habasque, cité par P. SEBILLOT, dans les *Coutumes populaires de la Haute-Bretagne*, Paris, 1886.

de Galles, la jeune fille, montée en croupe derrière un parent, s'enfuyait à travers la campagne. Le fiancé ou le mari la poursuivait avec ses amis. Un combat avait lieu: Quatre montagnards armés jusqu'aux dents barraient, chez les Basques, la route, avec une ceinture rouge, à la noce. Un tribut était payé par la troupe pour continuer son chemin. En Norvège, le mari se faisait accompagner jusqu'à l'Eglise par de solides gaillards pour empêcher la fuite ou l'enlèvement de la mariée.

En Auvergne, il est encore des villages où, le jour du mariage, la jeune femme monte sur un cheval qui est lancé à toute vitesse. Son fiancé se met à sa poursuite. Quand il l'a rattrapée, il monte en croupe sur le même cheval et ramène la future à l'Eglise. En Bretagne, à Bourg de Batz et à Lamballe, la mariée se sauve pendant le trajet de la maison à l'Eglise : il faut la rattraper et la ramener. Ces exemples constituent bien le symbole du rapt. En Corse, quand les parents contrarient les amours des jeunes gens, le garçon enlève la fille, s'exposant parfois à des représailles sanglantes.

Toutes ces difficultés font songer à l'époque où l'homme, pour avoir une femme, devait s'en emparer de vive force.

Il y a cinquante ans, dans les Hautes-Vosges, la demande en mariage était renouvelée le matin de la noce par les parents du fiancé. La jeune fille ne lui était accordée qu'après une longue discussion et qu'après avoir trouvé ses souliers, perdus, comme elle, momentanément, dans une bonne cachette. L'instant le plus douloureux était celui où le père bénissait sa fille, le fiancé et tous les invités. Des larmes coulaient des yeux de tous. « Plus on en versait, dit un écrivain avec une pointe d'ironie, plus la cérémonie était belle et plus il en était parlé » (1).

L'habit noir, l'habit de pénitence, dont parlent les chansons picarde et bretonne, est encore porté par la mariée. « Au lieu d'être blanche, la robe qu'elle porte est noire, toute noire ; une robe de soie ou de satin, ou d'étoffe de laine, à longue traîne, qui, vue à travers les transparences laineuses d'un voile blanc très ample et très long, ne laisse pas que de produire une impression assez étrange » (2). Des coups de fusils annoncent le départ de la noce. Un usage est encore pratiqué dans plusieurs communes : à Rupt, par exemple, les jeunes gens empêchent la mariée de se rendre au village de son mari pour l'habiter. Ils barrent la route avec un ruban. Quand la noce se présente, le chef de la troupe se dirige vers le marié et lui dit :

> La belle fille que nous vous vendons,
> Pour peu d'argent, nous vous la donnons.

Le marié donne quelques pièces d'argent aux vendeurs. La noce peut alors continuer son voyage. Dans beaucoup d'autres endroits, en Bourgogne plus particulièrement, quand une jeune fille va épouser un homme qui n'est pas de son village, les garçons vont la trouver et lui réclament ce qu'ils appellent « leurs

(1-2) L.-P. SAUVÉ, *Le Folk-lore des Hautes-Vosges*, Paris, 1889.

droits. » La jeune fille comprend ce que cela veut dire, et elle donne quelques pièces de monnaie aux joyeux compagnons qui vont au cabaret boire à sa santé. Ces droits de garçonnage que les jeunes gens réclament des jeunes filles qui se marient avec des hommes d'une autre commune étaient, au XVIIIe siècle, dans les diocèses de Châlon et de Nevers, presque toujours accompagnés de violence. Un arrêt du Parlement de Dijon du 6 août 1718, tenta de mettre fin aux abus qui se commettaient. Il y a encore en Picardie quelques villages où, dès que les jeunes gens apprennent le prochain mariage d'une jeune fille, ils vont la trouver chez elle pour « la prendre au vin », ou réclamer « leur part de vin ». La jeune fille doit remettre une certaine somme d'argent qui est dépensée dans les cabarets.

Cet usage, qui consiste à distribuer de l'argent aux jeunes hommes qui voient marier une fille de leur village avec un homme qui n'en est pas, est une allusion à l'époque où l'homme ravissait la femme à la communauté. La femme appartenait à tous les hommes et pour qu'elle puisse n'appartenir qu'à un seul, un sacrifice était exigé d'elle. Ce sacrifice est représenté à présent par de la monnaie.

La veille de la noce, dans le Berry, le fiancé doit apporter force cadeaux avant que les parents de son amie le laissent pénétrer dans la maison. Quand il est entré, il lui faut encore, avec le contact de la main, découvrir sa fiancée cachée avec d'autres femmes, derrière un drap blanc. S'il ne la trouve pas, il lui est interdit de s'approcher d'elle de toute la soirée. Le matin de la noce, la jeune fille s'habille, mais elle est déchaussée et ne peut sortir. Il faut donc la chausser, ce qui n'est pas facile. Père, mère, frères et sœurs, cousins et invités essaient vainement de chausser la mariée. Confus de leur insuccès, ils se retirent, non sans avoir déposé dans la chaussure trop étroite une pièce de monnaie dont l'épousée fera son profit. Dans les environs d'Issoudun, c'est ce qu'on appelle : caler le soulier. Enfin, le fiancé se présente à son tour ; il prend le soulier, l'approche du pied de la jeune fille et... le soulier, cette fois, entre tout seul.

Autrefois, dans le pays de Galles, quand le fiancé et ses amis venaient à la maison de la jeune fille, ils étaient reçus d'étrange façon : les parents jetaient par la fenêtre tous les vieux souliers conservés ou recueillis par eux. Ils déclaraient par là ne pas pouvoir et ne pas vouloir sortir pour se rendre à l'Eglise. D'après Lycurgue, les Lacédémoniens offraient un soulier à leurs fiancées. D'après les lois de Moïse, quand un homme mourait, son frère devait épouser la veuve. S'il s'y refusait, la femme lui ôtait sa chaussure, et lui crachait au visage. Sa maison était alors appelée : la maison de celui qui a perdu sa chaussure (*Deutéronome*, chap. XXIV). Une autre coutume pouvait être mise en pratique. Le frère pouvait céder son droit à un frère plus jeune. Quand Booz voulut se marier avec Ruth, la moabite, son frère, à qui revenait ce privilège, dut lui en faire la cession. Comme preuve de la validité de la cession, Booz prit la chaussure de son frère en présence des anciens de la ville et du peuple (*Ruth*, IV).

La scène du soulier a un sens symbolique. Ce n'est pas pour s'amuser qu'il a un rôle dans les cérémonies du mariage. Dans l'antiquité, chez les Egyptiens et les Juifs, le soulier était l'indice de la possession de la propriété. « La femme entrait dans le soulier, dit Michelet, dans ses *Origines du Droit français*, lorsqu'elle entrait en puissance de mari. »

En Picardie, quand une femme finit par se marier, on dit qu'elle a trouvé chaussure à son pied. Chez les paysans de la Russie, le jour de son mariage, la jeune épouse déchausse son mari ; elle ôte ses bottes en signe d'obéissance et de servitude.

Dans les cérémonies du mariage, les souliers mis ou offerts, indiquent la prise de possession et la soumission de la femme.

Une préface existe toujours au mariage depuis que l'homme est devenu le chef de la famille : c'est la discussion des intérêts. De nos jours encore, dans la plupart de nos provinces, les parents des jeunes gens s'entretiennent de la fortune que ces derniers posséderont. Le mariage est un véritable marché. Voici un dialogue, populaire en Haute-Bretagne, qui montre deux pères en train de discuter les conditions du mariage de leurs enfants :

— Combien d'écus ?

— Trois cents.

— Il faudrait plus.

— Pas un sou.

— Remmenez la bête.

La bête c'est, bien entendu, la femme.

La littérature populaire s'est emparée de la vente de la jeune fille. Une chanson fait dire à la mariée basque : « — Père, vous m'avez vendue comme un bœuf. — Mon frère aîné a touché le prix, — mon frère puîné m'a aidée à monter à cheval, — et mon plus petit frère m'a accompagnée. » Dans une chanson russe, la jeune fille implore la protection de son frère : — Défends-moi, frère, — résiste frère, — ne vends pas ta sœur, — pour un rouble, pour de l'or. Le frère ne se laisse pas apitoyer : — Chère à son frère est une sœur, — mais plus cher encore est l'or. La sœur lui réplique par cette suprême injure : — Tartare de frère !

Dans aucun pays, l'homme n'est bien considéré. En Gascogne, les compagnes de la fiancée le traitent d'étranger et de gueux banni. En Russie, il est qualifié d'ennemi et de voleur.

Cette réputation est justifiée, car l'on sait qu'en période patriarcale, l'homme, toujours un étranger à la famille, achète ou vole sa femme et la traite durement. Aussi, malgré ses illusions et ses espérances, jusqu'à l'heure où elle est vaincue, la mariée oppose de la résistance au joug conjugal.

Au xviiᵉ siècle, suivant un auteur, voici ce qui se passait en France. Après le festin et le bal, « les hommes et les femmes vont conduire les époux dans la chambre qui leur est préparée pour se coucher. L'épouse se fait un peu tirer, pendant qu'on la déshabille ; mais après tant de résistance, elle est contrainte de céder à la force de tous les assistants qui la jettent dans les bras de l'époux pour consommer le mariage » (1). En Pologne, à la même époque, comme pour lui donner une idée de son ménage, la femme était jetée dans le lit de son mari après avoir été battue.

Au Moyen-Age, on prétendait que le mariage était un nom de joug et de souffrance, une communauté de maux et de peines. C'est une vérité pour la femme.

De tous temps d'ailleurs, le mariage a éveillé des sentiments de tristesse et de regrets dans le cerveau de la femme. Dans un vieux chant populaire d'Allemagne, le mariage est présenté à la mariée sous un jour que la jeune fille ne rêve jamais :

— Viens, viens, jolie mariée, tes beaux jours sont passés. Hélas ! pourquoi pleurer ? Il faut quitter les demoiselles et aller avec les femmes. — Mets ta robe de noce, porte-la un instant. Hélas ! pourquoi pleurer, jolie mariée ? Il faut cacher ta chevelure sous la blanche cornette. — Ne ris pas, tes beaux souliers rouges te feront bientôt mal, ils sont bien étroits. Hélas ! pourquoi pleurer ? Quand les autres iront danser, tu resteras près du berceau. — Fais signe de la main ; tes signes ne seront plus légers quand tu porteras l'anneau nuptial. Hélas ! pourquoi pleurer ? On te met des chaînes d'or et tu vas en prison...

(1) GAYA, *Cérémonies nuptiales de toutes les nations*, Paris, 1680.

A Rome, nous dit Varron, les filles sont tristes quand elles se marient. En Vendée, quand, contrairement à l'habitude, la mariée ne versait pas de larmes, on lui plaçait un oignon sous le nez. Dans le Béarn, comme d'ailleurs dans beaucoup d'autres provinces, les convives qui reviennent d'une noce sont tristes. Il n'y a pas longtemps encore, en Auvergne, à Gerzat, par exemple, avant de se mettre à table, les époux pleuraient. Ils se plaçaient à la porte de la grange où avait lieu le repas de noces, et les invités leur disaient, comme pour les plaindre : « Le mariage est bien solide. Ce n'est pas un lien de paille, c'est un lien de sac. »

On a conservé, dans la Somme, une vieille croyance qui montre bien que la vie de ménage a été pour la femme une occasion de toujours pleurer. D'après cette croyance, les monts de Caubert (près d'Abbeville), auraient été promis à la jeune femme qui resterait un an et un jour sans verser une larme à cause de son mari. Or, comme jusqu'à présent, aucune femme n'est deméurée une année sans pleurer, les monts n'ont pas encore été donnés.

Si l'on veut assister à de poignantes scènes de désespoir, il faut aller dans les villages retirés de la Russie où les mœurs patriarcales se sont maintenues. Avant la noce, la future mariée offre à ses compagnes et à son futur mari, une petite fête. Après avoir bu à la santé des uns, au souvenir des autres, ses compagnes se mettent à chanter. Elles chantent : « Nous avons assisté, jeunes filles, à un festin chez notre amie chérie. Ce n'est pas l'hydromel que nous avons bu, ce n'est pas le vin vert... Ce sont les larmes de notre amie... »

Puis les chanteuses s'en vont se promener et rire dans la prairie. Pendant leur absence, la fiancée s'approche de son père et de sa mère et, les yeux baissés, elle leur demande pardon du chagrin qu'elle leur cause. Enfin, ses compagnes reviennent joyeuses. « O mes chères compagnes, leur dit-elle, vous vous êtes gaîment promenées dans la large rue, et moi, pauvre fille, j'ai cessé de me promener. Mes cheveux blonds ne se tresseront plus comme autrefois ; ma robe ne sera plus si brillante ; ma liberté de vierge n'est plus ! La tendresse de ma mère, la voilà qu'elle m'abandonne ! Le beau printemps reviendra, ô mes chères compagnes, vous irez dans la verte prairie, vous cueillerez des fleurs, vous tresserez des couronnes pour vos têtes riantes, vous irez chanter gaîment dans la large rue, et moi, pauvre femme, je chanterai mon chant plaintif et mes larmes couleront... »

Le jour du mariage, son père et sa mère la bénissent. Couverte d'un long voile blanc, elle répond : « Ce n'est pas un bouleau blanc qui se penche vers la terre, c'est moi, pauvre fille, qui me penche à vos pieds. Bénissez-moi... bénissez la vie que je vais commencer dans la famille étrangère... »

Mais l'heure approche, il faut partir. Avant d'entrer à l'Eglise, la jeune fille soupire et pleure... Elle pleure la perte de sa jeunesse et de sa liberté que les paroles du prêtre graveront davantage dans sa mémoire.

Le triomphe de l'homme a eu pour effet de confiner la femme dans des fonctions ménagères. Demeurer au foyer pour faire et élever les enfants, préparer les aliments, couper et coudre les vêtements, s'occuper en un mot de tous les soins du ménage et de la famille, c'est là la tâche quotidienne à laquelle a été condamnée la femme. Les marques de son esclavage domestique sont restées dans les coutumes et les traditions populaires. A Rome, la femme ne pénétrait chez son mari qu'en tenant une quenouille à la main ; chez les Francs, devenus chrétiens, les parents donnaient, à l'issue de la messe, à la mariée une quenouille à filer. Et, comme pour l'encourager à accepter son nouveau sort, ils lui disaient : « N'oublie pas que Dieu bénit le travail domestique de la compagne de l'homme ».

Il n'y a pas longtemps, dans quelques Eglises du Berry, on présentait à la mariée une quenouille garnie de chanvre, et elle devait filer une ou deux aiguillées. Dans plusieurs communes, en entrant dans la maison, la femme prend une quenouille et file un moment. Dans l'Ille-et-Vilaine, quand la noce revient de l'Eglise, les amis du marié portent au-devant de sa femme une quenouille monstrueuse garnie de fleurs et de rubans ; ils l'attachent ensuite au pied du lit pour lui faire comprendre qu'elle devra filer le lin et le chanvre pour les besoins de la maison. En Picardie, il est encore des villages où s'est conservée la coutume de la quenouille. Au Japon, il est d'usage de montrer à la mariée une quenouille et du lin, et cela pour l'avertir que, désormais, elle sera dans l'obligation de s'occuper du ménage.

La coutume de la quenouille a parfois procuré des ressources à l'Eglise. Dans la Beauce, avant de sortir de l'Eglise, dès que la messe était terminée, la mariée était conduite à l'autel de la Vierge où on lui offrait une quenouille garnie de filasse et ornée de rubans. C'est ce qu'on appelait la quenouille de la Vierge ou de la mariée. Quand le chanvre était filé, elle venait déposer le produit de son travail sur l'autel de la Vierge. Le fil ainsi obtenu était vendu au profit des œuvres de l'Eglise.

Les Francs, dans leurs jugements, employaient la quenouille. Quand une jeune fille libre avait volontairement suivi un esclave, un moyen lui était offert de se reprendre. Elle était conduite devant le comte ou le roi avec son complice. « On lui présentait une épée et une quenouille et elle était dans la cruelle alternative de tuer son amant, ou, si elle choisissait la quenouille, de rester esclave avec lui » (1).

Dans la cérémonie du mariage, la quenouille a toujours rempli un rôle dont la signification est bien précise : la quenouille est l'emblême de la condition servile que le mariage a faite à la femme.

En certains endroits, la quenouille a été abandonnée ; elle est remplacée par un autre objet mobilier dont la signification est la même. En Gascogne, quand l'épousée entre dans la maison de son mari, sa belle-mère lui donne un balai, « signe de ses nouvelles attributions ménagères ». En Bretagne, la belle-mère

______

(1) EMILE DE LA BÉDOLLIÈRE, *Histoire des Mœurs et de la Vie privée des Français*, Paris, 1847.

remet à la bru une cuiller à pot, « insigne du pouvoir domestique ». En Belgique, dans la province de Chimay, on offre à la mariée un registre, « signe de l'ordre dans le ménage ».

Pour suivre son mari, pour vivre d'une vie étrangère, comme dit la mariée de l'Asie mineure, la femme délaissait ses parents, ses amis, son pays, tout ce qu'elle avait vu et connu. Dans la période primitive du patriarcat surtout, elle appartenait complètement à son mari et rien ne lui appartenait. Il lui fut dur de se trouver éloignée des siens et au milieu d'objets qui n'étaient pas à elle et qui, sans cesse, lui rappelaient son état. Dès qu'il lui fut possible d'avoir une propriété personnelle, une dot par exemple, elle la considéra comme une partie d'elle-même, comme une partie de sa propre vie. Et pour avoir l'illusion qu'elle n'avait pas quitté entièrement la maison de ses parents, elle emporta dans celle de son mari des objets, qu'ils fussent ou non des cadeaux, qu'elle pouvait, à l'occasion, revendiquer.

C'est l'explication que l'on peut fournir à la coutume qu'a la femme, dans certains pays, d'apporter elle-même son lit en se mariant. En Bretagne, c'est la femme qui donne le lit. De cette façon, son mari ne peut lui reprocher d'être dans son lit, et, chez lui, elle se croit toujours un peu chez elle, un peu chez ses parents.

D'une manière générale, la femme n'a jamais oublié sa famille, ses origines, l'époque où elle occupait la première place. C'est encore elle qui, même à l'heure actuelle, dans nos campagnes, est l'être le plus intéressant dont l'influence est toujours grande. Quand un homme va habiter la commune de sa femme, on dit : c'est l'homme à une telle. Très souvent, on continue à appeler la femme par son nom de jeune fille. Ce sont là des protestations plus ou moins fortes contre la puissance maritale.

Le Berry garde un souvenir du temps où l'homme achetait sa femme. A l'Eglise, le mari donne à l'épousée treize pièces d'argent. Les gens riches donnent treize pièces d'or. Les plus humbles se contentent de treize sous. Laisnel de La Salle, qui a observé les mœurs et les coutumes du Berry, ne doute pas que « cet usage, consacré et prescrit par beaucoup de vieux rituels, rappelle le temps où, chez les Hébreux, les Grecs, les Gaulois, les Francs, etc., le mari achetait la femme ou fournissait la dot » (1). Dans nombre de communes de Picardie, l'époux donne les treize pièces de monnaie au prêtre : celui-ci en bénit trois qu'il remet à la femme.

Treize sous, c'est le prix le plus commun de la femme. En Picardie, l'on a l'habitude d'évaluer la femme à cette somme. Quand un jeune homme a l'intention de se marier, on lui dit que pour treize sous il aura une femme. Rappelons qu'en se mariant, le Franc donnait un sol et un denier à sa femme qui se considérait comme vendue dès qu'elle avait accepté cette monnaie. Clovis, lorsqu'il voulut s'unir avec Clotilde, lui fit remettre par ses envoyés le sol et le denier.

(1) Laisnel de la Salle, *Le Berry (Mœurs et Coutumes)*, Paris, 1902.

Il est encore des communes du centre et de l'ouest de la France où la femme trouve dans ses souliers de mariage une pièce de monnaie. En Russie, quand la jeune épouse déchausse son mari, elle trouve dans l'une de ses bottes une pièce de monnaie. Dans la région lyonnaise, à l'heure du mariage, le mari remet à la femme une bourse avec son argent.

Cette pratique n'est pas autre chose qu'un souvenir du temps où l'homme était obligé d'acheter sa femme.

Ce n'est pas avec enthousiasme et facilité que la femme est entrée dans la maison de son mari lorsque ce dernier est devenu le chef de la famille. Les lois, les mœurs, les coutumes ont souvent retardé pour le mari le moment de prendre possession de sa femme, d'exercer ses droits d'acheteur et d'époux. De nos jours encore, des obstacles s'opposent à la consommation immédiate du mariage. En Basse-Bretagne, il n'y a pas longtemps, la mariée allait coucher chez des parents ou des voisins et n'appartenait à son mari qu'après la fête terminée ou cinq jours après le mariage. A Buiz et à Boussac, par exemple, c'était l'usage.

Par contre, à l'heure actuelle, dans la Haute-Bretagne, plusieurs jours se passent avant que les époux aient le droit de se réunir. A Scaer, la première nuit est à Dieu, la seconde à la Vierge, la troisième au patron du mari, la quatrième au mari. A Tremoec, les époux ne cohabitent que le troisième jour qui suit la célébration du mariage.

Les nouveaux mariés, dans les villages du Finistère, donnent leur première nuit à la Vierge, la seconde à Joseph, la troisième aux âmes du purgatoire. La quatrième nuit, ils peuvent s'appartenir. Dans d'autres communes, soit de l'Ille-et-Vilaine, soit des Côtes-du-Nord, c'est le lendemain ou le surlendemain que la femme peut rejoindre son mari.

Il ne serait pas permis aux époux d'enfreindre cette coutume, qu'un auteur du xviie siècle avait déjà remarquée. « En quelques endroits, dit-il, la pauvre épousée n'a pas la liberté de se coucher quand bon lui semble, on lui fait auparavant souffrir mille maux, et, bien souvent, après l'avoir promenée par les ronces, par les marais, et par les ruisseaux, on ne la rend à l'époux que le lendemain » (1). L'Eglise primitive elle-même prescrivait aux époux de passer la première nuit de noces en pratiques de dévotion.

Cet éloignement des époux pendant un ou plusieurs jours demande une explication. Pour le comprendre il faut se souvenir des mœurs d'autrefois. Aux temps primitifs, hommes et femmes s'unissaient comme ils l'entendaient. La liberté sexuelle était entière pour la femme comme pour l'homme. Le développement des conditions économiques modifia les mœurs ; ce qui était naturel sembla alors anormal : les relations sexuelles, diverses et multipliées, apparurent à la femme plus lourdes et plus avilissantes. La femme finit par acquérir le droit de disposer de son corps, de ne se livrer qu'à un seul homme. C'était là un accroc, à

____

(1) Gaya, *Cérémonies nuptiales de toutes les nations.*

l'antique communisme. En échange du droit à la chasteté, la femme fut obligée de se sacrifier une ou plusieurs fois dans sa vie.

Des coutumes ont persisté rappelant l'ancienne communauté des femmes. Dans l'Asie Mineure, les femmes se sacrifiaient dans le temple de Vénus. Chez certains peuples, la mariée n'appartenait à son mari qu'après avoir appartenu soit aux invités, soit au prêtre, soit au chef. Chez d'autres peuples, quand un homme enlève sa fiancée, il ne peut en disposer qu'après que ses amis ont partagé sa couche. Au Moyen-Age, le droit du seigneur n'était pas autre chose, à son origine, que le droit de coucher avec la mariée la première nuit de ses noces.

L'homme n'a pu obtenir le droit de posséder pour lui seul une femme, et la femme n'a pu acquérir le droit de ne se livrer qu'à un même homme, qu'en méconnaissant la coutume primitive et en laissant remettre parfois en vigueur des pratiques qui sont des souvenirs de la liberté sexuelle disparue.

Dans l'usage qui existe encore en Bretagne, il ne faut voir qu'une réminiscence lointaine de cette époque.

Au cours des siècles où il a exercé sa domination, l'homme a montré à l'égard de la femme sa force brutale et sa lâcheté. Il a infligé les pires supplices à la femme de mauvaise vie dont il s'est servi pour ses plaisirs ; il l'a traînée nue et fouettée sur la place publique ; il l'a livrée au bûcher et à la rivière ; il l'a traitée comme une bête nuisible. La femme sans reproche, celle qui s'est courbée sous le joug conjugal, n'a pas eu un sort meilleur. Son existence a été un continuel martyre. L'homme l'a toujours regardée comme un enfant indocile à qui l'on inflige une correction méritée. Quand la mort ne venait pas la délivrer de ses peines et de ses travaux, elle devait se laisser battre par son mari et par les parents de son mari.

Les chansons de ménage de tous les pays relatent les coups que la femme reçoit de la part de son mari qui, trop souvent, ne la considère ni comme son égale, ni comme un être humain. Jamais, à aucune époque, depuis qu'il est le maître de la famille, il n'a mis en pratique cette pensée du poète : qu'on ne doit pas frapper la femme, même avec une fleur. Et l'opinion publique a admis que l'homme pouvait maltraiter sa femme.

Le Coran, dans les pays Musulmans, et les lois de Manou, dans l'Inde, recommandent aux maris de battre leurs femmes désobéissantes. En France, il s'est trouvé un littérateur, Alexandre Dumas fils, pour oser écrire qu'un époux avait le droit d'infliger une correction à sa femme (1). En Gascogne, le jour même de ses noces, on avertit la femme qu'elle recevra des coups de bâton. Dans une chanson de la Vendée, la femme se plaint que son mari va toujours aux foires et aux marchés sans jamais lui rapporter autre chose qu'un bâton de vert pommier pour la battre. Les chansons du Poitou et de Picardie cons-

____

(1) ALEX. DUMAS fils, *L'Homme-Femme.*

tatent, qu'immédiatement après son mariage, la femme raconte à ses parents qu'elle a été frappée par son mari. « Le vilain m'a battue autant qu'un âne blanc », dit la femme dans une chanson du Limousin de la fin du XVe siècle. La femme normande déclare que sa rente est d'être constamment battue.

Dans le *Kalevala*, l'épopée des pays scandinaves, le mari doit laisser cinq ans s'écouler avant de couper la branche de saule qui lui servira à corriger sa femme. En Russie, les gentilshommes déposaient dans leurs corbeilles de noces le fouet qu'ils destinaient à leurs femmes. Dans la plupart des villages, quand la jeune fille quitte sa maison, son fiancé lui donne quelques coups dans le dos et il lui annonce le sort qui lui est réservé : « Abandonne, lui dit-il, les mœurs de ton père et de ta mère, et habitue-toi aux miennes ». Le soir du mariage, pour bien montrer qu'il est désormais son maître, le mari frappe sa femme avec une tige.

Une petite scène, qui a un sens symbolique, a été conservée en Belgique, dans la province de Chimay. Le jour de la noce, on remet un fouet à la jeune femme. Les invités essaient ensuite de le lui enlever. Si, ce qui n'arrive pas toujours, elle finit par le laisser prendre, son mari doit le racheter et elle est déclarée son humble servante.

Legrand d'Aussy a publié de très anciens contes dont quelques-uns nous font assister à des corrections appliquées aux femmes. Au Moyen-Age, il était ordinaire pour un mari de frapper sa femme ; les parents trouvaient même la chose si naturelle qu'ils ne faisaient aucune remontrance à leur beau-fils. Une note critique de Legrand d'Aussy nous avertit que frapper sa femme était, à cette époque, une des corrections en usage et permises aux époux :

« Plusieurs anciennes chartes de bourgeoisie leur en accordent formellement le privilège. Un mari pouvait impunément, non seulement battre sa femme, mais encore la blesser, pourvu que ce ne fut point avec un fer émoulu, pourvu qu'il ne lui eut brisé aucun membre, et que la blessure ne passât point les bornes d'une correction. Ce droit de battre, les pères en jouissaient aussi bien que les maris, et ils le conservaient sur leurs enfants, même après l'émancipation des garçons et le mariage des filles ; ce qui me ferait croire que c'était un reste du droit de vie et de mort que les Gaulois avaient sur leurs femmes et sur leurs enfants. A Bordeaux, celui-ci subsistait encore pour les maris dans le xıv⁰ siècle. Les statuts de la ville portaient même que si un mari, transporté de colère, ou de l'impatience de la douleur, tuait sa femme, pourvu que solennellement il jurât en être de bon cœur repentant, il serait exempt de toute peine » (1).

Mais si l'homme avait le droit de battre sa femme, même jusqu'à ce que la mort s'ensuive, la femme courait les plus grands dangers s'il lui arrivait de battre son mari. Elle pouvait être déshonorée. La coutume de Montluçon assimilait aux prostituées les

____

(1) LEGRAND D'AUSSY, *Fabliaux ou Contes du* xıı⁰ *et du* xııı⁰ *siècle.*

femmes mariées qui battaient leurs maris. La femme qui avait frappé son mari était obligée d'aller porter au châtelain ou à la châtelaine un escabeau ou un bâton.

Nos mœurs, façonnées par l'intérêt de l'homme, comprennent difficilement qu'une femme porte la culotte dans le ménage et si, par extraordinaire, elle administre une correction à son mari, elle n'est pas toujours approuvée sans réserve. Il n'est pas rare qu'un charivari soit organisé contre la femme dont la colère s'est manifestée sur le dos de son mari.

Dans les environs de Rennes et de Fougères, il y a peu de temps encore, quand un mari était battu par sa femme, tous les hommes se réunissaient ; ils attelaient des chèvres à une charrette et ils allaient, chacun ayant une quenouille au côté, au son du violon ou de la clarinette, devant la maison du mari battu. Dans la charrette, deux personnages se trouvaient : l'un faisait l'homme, l'autre faisait la femme. Ils se disputaient et se battaient à coup de balai et de quenouille. Après cette comédie, rarement la femme avait le désir de recommencer à battre son mari.

Battre sa femme a toujours été la règle : dans certains pays des mesures ont dû être prises pour la limiter. On lit, par exemple, dans le Registre des tenues de Justice au village de Devecey, près de Besançon, dans le Jura : « Toutes et quantes fois qu'un mari frappe sa femme durant le mois de may, les femmes du lieu le doivent trotter sur l'âne ou le mettre sur une charrette et trébucher et conduire trois jours durant en lui baillant son droit, c'est assavoir pain, eau et fromage. »

L'homme n'a pas perdu l'habitude de battre sa
femme qu'il a prise dès qu'il en devint le propriétaire.
Chacun de nous peut regarder autour de lui et il se
convaincra que, dans de très nombreux ménages,
aussi bien de la classe ouvrière que de la classe bourgeoise, la femme continue à être frappée comme du
blé par son mari, son maître et son bourreau. Combien d'épouses sont lasses d'être battues et pleurent
la faute qu'elles ont commises de lier leur existence à
celle d'un homme ! Ces scènes de brutalités ne pren-
dront fin que quand, modifiant les mœurs, les phénomènes économiques auront placé l'homme et la
femme dans les mêmes conditions d'égalité et de développement.

Les chansons et les pratiques populaires du mariage
sont pleines d'enseignements. En les étudiant, elles
nous font pénétrer les secrets de la vie de famille telle
qu'elle se présente à la femme. On a pu jeter sur la
route du mariage des fleurs et de la verdure, on a pu
croire que la famille était un petit paradis. Cela, c'est
de la réclame, c'est-à-dire de l'illusion et du mensonge. En réalité, la femme a trouvé dans la famille
une prison que l'homme lui a faite pour mieux l'as-
servir, et l'existence douloureuse qu'elle y a menée
et continue à y mener encore, a suscité des plaintes
et des regrets que les chansons et les pratiques populaires du mariage nous apportent comme un écho.

XIX

L'AMOUR SEXUEL INDIVIDUEL

Si la monogamie a consacré la suprématie de l'homme, elle est, cependant, la forme de famille dans laquelle l'amour sexuel individuel a pu se déve-lopper. Avant le Moyen-Age, il ne peut être question que du simple désir sexuel. Sans doute, les qualités particulières, les penchants communs ont fait naître chez des individus de sexes différents le désir d'un rapprochement intime. Mais ce sont là des exceptions et il y a loin encore à l'amour sexuel individuel, dans le sens moderne du mot.

Notre amour sexuel moderne diffère complètement du désir sexuel. Il exige tout d'abord la réciprocité de l'amour chez l'être aimé. Il exige ensuite une durée et une intensité qui font considérer la non-possession ou la séparation comme un très grand malheur. Or, cet amour-là on ne le rencontre pas dans l'antiquité, si ce n'est dans l'adultère.

Quand les hommes et les femmes s'unissent libre-ment, l'on ne peut parler que de la satisfaction de l'instinct sexuel. Et quand, avec la famille syndiasmique, les mariages ont commencé à être conclus par les parents des intéressés, ces derniers ne conçoivent encore qu'un désir sexuel. Les conditions, dans lesquelles se préparent et s'imposent les mariages, ne permettent pas à l'amour de se manifester. Quand il existe, il a l'aspect d'un devoir et non d'un sentiment du cœur.

C'est en dehors de la société officielle, en marge du mariage, dans les relations adultères que, dans l'antiquité, l'amour s'est montré. Chez les Grecs et les Romains, la femme légitime était la première servante du mari et celui-ci ne faisait assaut de galanterie qu'avec des maîtresses autorisées par les lois et les mœurs. L'antiquité a même connu un genre spécial d'amour qu'ont pratiqué et chanté des philosophes.

L'amour sexuel apparaît au Moyen-Age sous la forme de l'amour chevaleresque, et c'est encore un amour coupable. Il idéalisa la femme et il tendit à la destruction du mariage. Le chevalier avait l'amour de Dieu et des dames : il pratiquait la religion et la galanterie. Son premier acte était de choisir une dame à servir et à aimer. Presque toujours, c'était la femme d'un autre. « L'exaltation de la piété, dit un écrivain catholique, n'excluait pas en lui les transports d'un amour qui n'était pas toujours d'une irréprochable pureté » (1). Comme les châtelaines n'étaient pas non plus d'une irréprochable chasteté, l'amour chevaleresque se transforma en un amour adultère.

____

(1) EMILE DE LA BÉDOLLIÈRE, *Histoire des Mœurs et de la Vie privée des Français*, 3ᵉ vol., p. 144, Paris, 1849.

Des femmes coupables ne rougissaient point d'avouer le penchant qu'elles avaient pour un autre homme que leur mari. Un exemple nous est donné par La Curne de Sainte-Palaye. Le fabliau de la Chemise qu'il rapporte est curieux. Une dame était courtisée par trois chevaliers. Pour éprouver leur courage et leur amour, la veille d'un tournoi, elle envoya une chemise à chacun d'eux. « Celui qui voudra mériter mon cœur, dit-elle, doit endosser cette chemise en guise de haubert, et n'avoir pour autres défenses que son heaume, ses chausses de fer, son épée et son écu. »

Le plus jeune et le plus pauvre des trois amoureux prit seul la chemise, la baisa avec transport et s'en revêtit avant d'entrer en lice. Il sortit victorieux, mais il était couvert de blessures. Le chevalier ôta sa chemise et ordonna à son écuyer d'aller la remettre à la châtelaine. « Va, dit-il, va trouver celle que j'aime ; reporte-lui sa chemise teinte de mon sang ; supplie-là de s'en parer comme d'un précieux vêtement, pour l'amour de son loyal ami. »

Il y avait fête chez la dame. Son mari tenait une cour plénière. Elle n'hésita pas ; elle reprit la chemise ensanglantée qu'elle plaça par-dessus ses habits, après l'avoir tendrement embrassée. Pendant toute la fête, elle conserva la chemise. Le mari, qui n'était pas brave, ne lui fit aucun reproche. Les assistants qui considéraient le courage et l'amour comme les deux plus grandes qualités de l'époque, accordèrent leurs sympathies au chevalier et à sa dame (1).

(1) La Curne de Sainte-Palaye, *Mémoires sur l'ancienne Chevalerie*, tome II, p. 112, Paris, 1826.

Il paraît même qu'à l'époque de la chevalerie, quand une dame ne pouvait se donner à son chevalier, elle se faisait remplacer par une servante. C'était « un usage d'hospitalité que de garnir la couche d'un chevalier qui demandait asile dans un château » (1).

L'influence de la chevalerie fut si grande dans la noblesse qu'elle aveugla les seigneurs qui avaient l'habitude de frapper leurs femmes et de se faire justice eux-mêmes quand ils se savaient trompés.

Les dames, aimant et aimées des chevaliers, instituèrent des Cours d'amour dont les sentences ont été consignées par l'histoire. Les Cours d'amour étaient des tribunaux féminins, généralement présidés par un chevalier en renom, devant lesquels se débattaient toutes les causes d'amour. Les sanctions étaient morales et les jugements furent parfois audacieux.

La question suivante vint en discussion : « L'affection réciproque des époux est-elle aussi vive que celle des amants ? » Consultée, la vicomtesse de Narbonne répondit, sans toutefois trancher la difficulté : « L'affection conjugale et la véritable inclination des amants diffèrent essentiellement l'une de l'autre, et se développent dans des conditions dissemblables ; il est donc impossible de les comparer ». La vicomtesse eut peur de préférer les amants aux époux, et elle se réserva.

Le problème soumis à la Cour d'amour de Champagne fut plus délicat et scabreux. Une dame et un baron avaient posé cette question : « L'Amour est-il compatible avec le mariage ? »

(1) Pierre Dubois, *Histoire de la Prostitution*, 4e vol., p. 258.

Le baron présenta cet argument : « J'admire et je respecte la douce intimité des époux, mais je lui refuse le titre d'amour. L'amour veut des obstacles, du mystère, des faveurs furtives : or, les époux avouent hautement leur liaison ; ils se possèdent sans contradiction et sans réserve ; ce n'est donc point de l'amour qu'ils éprouvent ».

La dame invoqua la sainteté du mariage et les obligations qu'il impose. « Quoi ! si j'ai un époux recommandable par sa noblesse, son urbanité, sa probité ; un époux dont ce serait un crime de violer la couche ; si je lui rends la sincère affection qu'il me porte, peut-il y avoir place en mon cœur pour un autre sentiment. »

Le 28 mai 1176, la Cour d'amour de Champagne rendit cet arrêt : « Nous disons et assurons par la teneur de ces présentes que l'amour ne peut étendre ses droits sur les personnes mariées. En effet, les amants s'accordent tout naturellement et gratuitement, tandis que les époux sont tenus par devoir de subir réciproquement leurs volontés et de ne rien se refuser les uns aux autres ».

L'amour, constaté et glorifié en dehors du mariage, est la condamnation la plus sévère du mariage, tel qu'il a été conclu jusqu'ici.

Dans l'immense majorité des cas, pour ce qui regarde les classes dominantes ou possédantes, le mariage est demeuré une affaire traitée surtout, non par les intéressés, mais par leurs parents. Ce qui décide avant tout, ce sont des considérations économiques et non des sentiments plus ou moins affectueux et sincères. Les époux ne se choisissent pas, et quand ils se choisissent, le cœur n'est écouté qu'après la fortune ou la propriété. Où donc, dans ces conditions, l'amour sexuel pourrait-il naître et se développer ?

Même encore à l'époque actuelle, la situation sociale des individus tient la première place dans le mariage bourgeois. Avant d'être unis, la femme a vu sa richesse bien pesée et l'homme a vu sa position bien examinée. La plupart des campagnards, du moins chez ceux qui possèdent, unissent leurs bourses et non leurs cœurs et l'on serait bien embarrassé pour trouver l'amour au foyer conjugal. Voici le jugement, qui a sa valeur, porté par un écrivain breton sur ses compatriotes : « ... Les conjoints ne sont, en général, pas tendres l'un pour l'autre. A moins de maladie caractérisée, un fermier ne s'inquiétera guère de la santé de sa femme » (1). Il y a en Bretagne un dicton qui dit : « Bon Dieu d'en haut, prends ma femme, laisse mes chevaux ». Pierre Dupont n'a pas exagéré quand, dans l'une de ses chansons, il montre le paysan préférant voir mourir sa femme plutôt que ses bœufs tachés de roux.

C'est ainsi que les choses se passent dans tous les ménages où l'amour réciproque n'a pas présidé à leur établissement, et l'on s'explique pourquoi presque toutes les femmes regrettent de s'être mariées. Un membre du haut clergé catholique a fait à ce sujet à Alexandre Dumas fils une confidence précieuse que

---

(1) PAUL SEBILLOT, *Coutumes populaires de la Haute-Bretagne*. Paris, 1886.

celui-ci rapporte dans sa brochure : *Les Femmes qui tuent et les Femmes qui volent*. Il paraît que sur cent jeunes filles de ses pénitentes qui se mariaient, quatre-vingts au moins venaient à lui au bout d'un mois pour lui avouer qu'elles étaient dégoûtées du mariage et regrettaient d'y être entrées.

Le mariage est un contrat de vente pour la femme surtout, et il se change en la plus vilaine des prostitutions : une prostituée loue son corps, comme une salariée, tandis que la femme vend son corps, une fois pour toutes, comme une esclave. Ce n'est que dans la classe ouvrière que l'amour sexuel devient une réalité. « L'amour sexuel, affirme Engels, n'est et ne peut être dans les relations avec la femme une règle effective que dans les classes opprimées, c'est-à-dire, de nos jours, dans le prolétariat — que ces relations soient ou non officiellement autorisées. »

Le mariage prolétarien n'a que faire des considé·rations économiques. L'homme et la femme travaillent; ils ne possèdent que leurs misères... qu'ils mettent en commun. Et quand ils ne peuvent plus s'entendre, ils se séparent. Une réserve pourtant : la pauvreté est une gêne pour l'épanouissement complet de l'amour sexuel.

Ce n'est que dans une société nouvelle, lorsque la femme et l'homme auront des droits égaux, que l'amour sexuel se réalisera pleinement.

XX

L'INDUSTRIALISATION DE LA FEMME

Ce qui, depuis que l'humanité est sortie du communisme primitif, a assuré la servitude de la femme, ce ne sont point ses particularités en tant qu'être sexuel, qui, de tous temps, ont pu paralyser ou gêner la liberté de ses mouvements, c'est sa situation en tant qu'être social.

Durant toute la période du matriarcat, la femme a une place de la plus haute importance. La direction du ménage qui est une petite société, qui compte un plus ou moins grand nombre d'individus, lui appartient exclusivement. Selon le jugement d'Engels, la direction du ménage, à cette époque éloignée, a le caractère d'une industrie publique socialement nécessaire. La préparation des aliments, la conservation des vivres, la confection des vêtements, la construction des abris, l'élève des enfants, etc., choses alors peu compliquées mais indispensables constituent le travail de la femme et, à côté de lui, semblent secondaires les occupations de l'homme qui consistent à procurer au ménage communiste les objets dont il a besoin.

En dehors de la procréation d'enfants qui lui appartiennent, la direction du ménage est, pour la femme, besogne essentielle et elle y emploie toute son activité. Le travail de chacun est bien tracé : la femme à la maison, l'homme à la chasse ou à la pêche. La propriété est également bien déterminée : si l'homme possède ses instruments de chasse et de pêche, la femme possède — et c'est là la richesse la plus grande et la plus influente — tous les objets servant aux divers services du ménage.

La division du travail donna la première place à la femme et, par voie de conséquence, une situation prépondérante dans la société. Quand l'ordre matriarcal fut renversé, la situation de la femme se trouva complètement modifiée et retournée. Le ménage, réduit à des proportions moindres qu'autrefois, devient un service privé et l'homme, parce qu'il dispose des richesses importantes nouvellement acquises, apparaît comme l'individu le plus utile et le plus indispensable. La garde des troupeaux, l'échange des produits, qui constituent tout d'abord le nouveau travail de l'homme, lui procurent de gros avantages et lui permettent d'acquérir la situation prépondérante jusqu'alors réservée à la femme. « Le guerrier, le chasseur sauvage, remarque Engels, s'était contenté d'occuper dans la maison la seconde place, après la femme ; le chasseur, plus doux, se targuant de sa richesse, se poussa à la première place et relégua la femme à la seconde. »

En changeant d'aspect, la division du travail assura la prépondérance de l'homme. La même cause qui avait élevé la femme l'abaissa : le travail productif de l'homme fut considéré comme le principal, le travail de ménage de la femme comme un accessoire.

Dès lors, la femme se renferma dans le cercle de la famille et son existence jusqu'à nos jours s'est passée au foyer paternel ou conjugal. Autrefois, son ménage lui laissait du temps libre pour s'intéresser aux affaires publiques. Ses loisirs s'évanouirent avec la domination de l'homme, et s'ils existèrent ou se maintinrent exceptionnellement, elle n'eut pas le droit de les utiliser en dehors de sa maison.

Depuis qu'il est devenu le maître parce qu'il a disposé de la richesse et de la propriété, l'homme est puissant et il n'a cessé de tenir sa femme à la maison. Si nous interrogeons l'antiquité et le Moyen-Age, ils ne nous montrent nullement la femme sous un jour favorable. Esclave et victime, elle est insultée et battue, humiliée et parfois tuée ; elle fabrique des enfants et travaille continuellement. Ses occupations domestiques sont nombreuses et diverses. C'est à la maison que se prépare et se fait tout ce que réclame un ménage : presque tous les travaux sont accomplis par la femme dont tous les instants sont pris. La séquestration de la femme au foyer conjugal ne fut pas jugée déshonorante par les mœurs de l'époque. Ces mots résument l'éloge que l'on fit de l'épouse : elle garda la maison et fila la laine.

Avec la production capitaliste, arrivée à son dernier terme, un changement nouveau s'est produit dans la situation de la femme. La plupart des occupations qui prenaient son temps sont aujourd'hui faites par l'industrie capitaliste. Le tissage, le filage, la coupe et la couture des vêtements, la fabrication du pain, la lessive, le blanchissage, etc., ne sont plus ou ne seront bientôt plus du domaine de la ménagère. La cuisine elle-même est de plus en plus enlevée à la femme : dans les villes l'on prend l'habitude d'acheter ses repas ou de manger au restaurant. Le développement de la production capitaliste enlève une à une toutes les tâches de la ménagère, et cette soustraction de ses connaissances domestiques est telle, qu'elle ne sait plus ni tenir une aiguille ni cuire un morceau de viande.

La production capitaliste, après avoir absorbé les fonctions domestiques dévolues à la femme, s'est emparée de la femme. Précédemment, l'activité de la femme se déployait au foyer conjugal et autour de la maison. Maintenant, son activité s'exerce surtout en dehors de la maison, loin du foyer conjugal. La production capitaliste a jeté la femme dans ses ateliers, dans ses fabriques, dans ses bureaux, dans tous les endroits où peuvent être employés les efforts humains. C'est un fait que sont obligés de reconnaître, même ceux qui ne partagent pas notre manière de voir. « Tandis que, à des époques antérieures, lisons-nous dans le livre d'un professeur, l'activité de la femme se confinait à l'intérieur du logis ou autour de la maison, cette activité aujourd'hui s'est répandue au dehors, et elle va se déployer dans le cabinet du médecin, à la barre du prétoire, dans la salle de rédaction des journaux, — mais surtout à l'usine et à l'atelier » (1).

(1) R. GONNARD, *La Femme dans l'Industrie*, Colin, Paris, 1906.

Le machinisme ne nécessitant plus qu'un travail de surveillance, a facilité l'industrialisation de la femme. Dans quelques années, le sexe féminin aura envahi toutes les branches de l'activité humaine et les ouvrières seront aussi nombreuses que les ouvriers. En désertant le foyer conjugal, la femme s'est attachée de nouveaux boulets aux pieds. Le capitalisme a doublé sa servitude maritale de la servitude économique. « La femme, écrit Lafargue, exploitée par le capital, supporte les misères du travailleur libre et porte en plus ses chaînes du passé. Sa misère économique est aggravée ; au lieu d'être nourrie par le père ou le mari, dont elle continue à subir la loi, elle doit gagner ses moyens d'existence, et sous prétexte qu'elle a moins de besoins que l'homme, son travail est moins rémunéré ; et quand son travail quotidien dans l'atelier, le bureau ou l'école est terminé, son travail dans le ménage commence » (1).

L'homme a vu d'un très mauvais œil l'entrée de la femme dans les entreprises capitalistes et souvent il a réclamé qu'on l'en chasse pour la réemprisonner au foyer domestique. Habitué depuis des siècles à voir la femme diriger le ménage, faire et soigner les enfants, exécuter les ordres du mari, l'homme n'assigne pas à la femme un autre rôle que celui de ménagère.

Cet idéal n'est plus de notre temps. Les conditions économiques qui ont exigé que la femme consacre surtout son activité aux travaux du ménage ne sont plus les mêmes ; elles ont changé d'aspect et forcé la

(1) Paul Lafargue, *La Question de la Femme*, Paris, 1904.

femme à tenir son rôle en dehors de sa maison. Il est trop tard pour renvoyer la femme au foyer. Elles sont des millions, presque autant que les hommes, les femmes qui sont quotidiennement exploitées par le capital et demandent au salaire le moyen de vivre.

Pour redevenir la ménagère d'autrefois, il faudrait que les soins du ménage soient suffisants pour employer tous les efforts de la femme. Or, la production capitaliste l'a déchargée de nombreux soucis en accomplissant la plupart de ses fonctions. Il faudrait encore que les ressources du père ou du mari fussent suffisantes pour entretenir la famille. Or, la production capitaliste donne à l'homme des salaires si réduits que la femme doit travailler pour diminuer un peu la gêne du foyer. Il y a donc absolue impossibilité pour la femme de se consacrer exclusivement au ménage.

Mais la domestication de la femme serait-elle possible qu'il serait abominable de la poursuivre. « Ce serait, comme écrit Jules Guesde, vouloir faire, de la femme, le prolétaire de l'homme, sans compter que toute dignité se trouverait du même coup enlevée à des rapports sexuels sans liberté » (1). Admettre que l'homme seul travaille et subvienne aux besoins de la femme, ce serait vouloir la subordination d'un sexe à l'autre, ce serait condamner la femme à n'exister que dans la mesure où elle plaira à l'homme, à se faire entretenir par lui. Pourquoi, d'ailleurs, croire que la véritable place de la femme est au foyer ? La

____

(1) Jules Guesde, *En Garde*, Paris, 1911.

place de la femme n'est pas plus au foyer qu'ailleurs. Elle est partout où ses efforts peuvent et veulent se manifester, partout où son activité peut et veut se déployer. Le ménage peut concentrer toutes ses occupations, mais aucun obstacle ne doit l'empêcher de se consacrer à une autre besogne — si tels sont ses intentions et ses intérêts. Comme tout être humain, la femme a le droit de vivre en travaillant, sans rien devoir à personne.

A ceux qui ne tiennent pas compte des modifications apportées dans la famille et dans le ménage par l'évolution économique de la société, et qui croient que la femme est naturellement et exclusivement destinée au pot au feu, Guesde répond :

« Pourquoi, à quel titre l'enfermer, la parquer dans son sexe, transformé — qu'on le veuille ou non — en profession, pour ne pas dire en métier ? L'homme aussi, lui, a des fonctions qui répondent à son sexe ; il est mari et père, ce qui ne l'empêche pas d'être médecin, artiste, ouvrier de la main ou du cerveau. Pourquoi, à quel titre — si épouse et mère qu'on la veuille — pour ne pas parler de celles qui ne sont ni l'une, ni l'autre — la femme ne pourrait-elle pas, elle aussi, se manifester socialement sous la forme qui lui convient ? » (1)

On ne saurait mieux dire. Et que l'homme ne se targue ni de sa supériorité intellectuelle, ni de sa force musculaire pour éloigner la femme de la production sociale. La technique de la production mo-

____

(1) Jules Guesde, *En Garde*, Paris, 1911.

derne supprime les métiers et les spécialisations, remplace l'effort musculaire par l'attention et distribue à la femme les mêmes facilités de travail qu'à l'homme. D'autre part, quoique infériorisée dans ses conditions de développement, la femme a déjà prouvé qu'elle était apte à exercer les professions les plus diverses et des tâches qu'on supposait du domaine de l'homme.

Certes, on peut se désoler à la pensée que la désertion du foyer par la femme a été accompagnée des pires souffrances et des pires misères morales et physiques. Mais, dans son intérêt comme dans celui de l'humanité, il est nécessaire que la femme traverse l'enfer capitaliste. La servitude économique de la femme est la condition de sa libération. Elle ne peut devenir l'égale de l'homme, posséder les mêmes droits et obtenir, comme lui, la liberté de ses mouvements, qu'en se pliant au travail, qu'en gagnant un salaire qui lui assure l'existence.

Pour se soustraire à la tutelle de l'homme, pour ne plus dépendre de lui, pour être indépendante, il est indispensable que la femme puisse ne plus compter que sur elle-même, et, pour cela, elle doit travailler. Le programme de l'ancien Parti ouvrier français déclare très nettement : « Pour que la femme s'appartienne, pour qu'elle recouvre la liberté de son corps, en dehors de laquelle il n'y a que prostitution, quelle que soit la légalité des rapports qu'elle peut avoir avec l'autre sexe, il faut que la femme trouve en elle-même, en dehors de l'homme, ses moyens d'existence . »

Le travail est un mal pour la femme dans la société

capitaliste ; il sera un bien dans la société nouvelle qui se prépare, parce qu'il permettra à la femme de vivre par elle-même et pour elle-même, hors de la dépendance économique de l'homme.

Débarrassée des fonctions domestiques qui la réclament de moins en moins, astreinte à la production sociale à laquelle elle participe de plus en plus, la femme peut songer à son affranchissement.

« L'émancipation de la femme, dit Engels, son égalité de condition avec l'homme, sont et demeurent une impossibilité tant qu'elle reste exclue du travail productif social et confinée dans le travail privé domestique. L'émancipation de la femme ne devient possible que lorsque celle-ci peut prendre part sur une vaste échelle à la production sociale et que le travail domestique ne la réclame plus que dans une mesure insignifiante. Et cette condition n'a pu se réaliser que dans la grande industrie moderne, qui, non seulement admet le travail de la femme sur une vaste échelle, mais encore l'exige formellement et tend de plus en plus à transformer le travail domestique privé en une industrie publique. »

La participation de la femme à la production sociale aboutit à sa libération.

XXI

DESTRUCTION DE LA FAMILLE

La monogamie n'est plus ce qu'elle était à l'origine. Dans les pays civilisés, travaillés par la production capitaliste, elle a subi des assauts qui l'ont affaiblie et perfectionnée en même temps. Originairement, la monogamie repose sur des bases économiques, et cela est encore vrai, de nos jours, dans la bourgeoisie. Elle n'a été instituée que pour la conservation et la transmission de la propriété de l'homme. La chasteté a été imposée à la femme à laquelle l'homme ne demandait que des enfants qui fussent bien à lui et qui pussent hériter de sa fortune. Des soucis d'héritage et la manière dont était conclu le mariage excluaient, chez la femme et chez l'homme, l'amour sexuel individuel.

Certes, la monogamie fut un grand progrès historique, mais elle se présente comme l'assujettissement d'un sexe à l'autre et met en évidence le profond antagonisme entre l'homme et la femme inconnu antérieurement. La femme était la plus faible parce que sa situation sociale était moins importante que celle de l'homme, et c'est pour cela qu'elle fut écrasée et dominée.

Il est curieux d'observer que la monogamie entre en scène en même temps que la propriété privée et l'esclavage. L'antagonisme entre l'homme et la femme, qui éclate dans la monogamie, se produit en même temps que l'antagonisme entre maître et serviteur dans la société. De sorte, que la monogamie inaugure, comme pense Engels « cette époque qui s'est maintenue jusqu'à nos jours, où chaque progrès est en même temps un regrès relatif, où le bonheur et le développement des uns sont au prix du malheur et de la répression des autres ». Elle représente, en petit, la société civilisée divisée en classes antagonistes.

Le triomphe de la monogamie a été la dernière limite de la restriction sexuelle de la femme. Officiellement, elle n'a pu appartenir qu'à un seul homme qui punissait sévèrement ses fautes, tout en conservant pour lui la liberté relative du commerce sexuel.

Avec la monogamie sont apparus la prostitution et l'adultère, et deux figures se montrèrent qu'on ne connaissait pas dans les formes antérieures de la famille : l'amant de la femme et le cocu. Ce qui fait dire à Engels que si les hommes avaient remporté la victoire sur les femmes, les vaincues se chargèrent généreusement du couronnement des vainqueurs.

Ce qui assure, dans la classe possédante, la suprématie masculine, avec moins de rigueur, cependant, qu'autrefois, c'est la situation prépondérante de l'homme. S'il est vrai que la femme apporte une dot

recherchée avec tant de convoitise, la première place
dans la famille bourgeoise n'en est pas moins occupée
par l'homme qui s'adonne à une tâche qui augmente
sa fortune. Il n'y a rien de semblable dans la famille prolétarienne. L'amour sexuel, qui est en contradiction avec la forme classique de la monogamie, se manifeste visiblement. La fortune, qui déter-
mine la suprématie de l'homme, manque tout à fait.
Pour s'aimer et s'unir, l'homme et la femme du prolétariat ne sont point embarrassés par des considérations économiques. Ils sont pauvres tous les deux, ils
ne possèdent que leurs misères et ils travaillent l'un
et l'autre. Bien souvent même la femme travaille et
est le seul soutien de la maison. Tout ce qui formait
la suprématie de l'homme, lui permettait de commander et de dominer, lui a été enlevé : il se distingue
encore par la brutalité, mais ce cadeau de la monogamie passera avec de nouvelles mœurs familiales. La
femme a retrouvé le droit au divorce, qu'elle pratiquait dans la famille matriarcale, et nul n'ignore que
lorsque l'on a cessé de se plaire, l'on part chacun de
son côté. Dans le sens étymologique du mot, la famille prolétarienne est encore monogamique ; dans
le sens historique, elle ne l'est plus.

En réalité, il ne reste plus de la monogamie que
le groupement particulier formé par l'homme et la
femme et leurs enfants et, si nous pressons de plus
près la question, si nous examinons de plus près
la famille, réduite à ces limites, nous aboutissons à
cette constatation : la famille est détruite de plus en
plus par la société capitaliste qui condamne au tra-

vail tous ses membres, sans distinction d'âge ni de sexe, ce qui ne s'était vu dans aucun autre régime de production.

Devenue possible, exigée même, l'industrialisation de la femme a amené la désorganisation du foyer domestique et la dislocation de la famille. L'on a mensongèrement prétendu que lorsque la femme travaillerait, que, lorsque d'ange du foyer elle se transformerait en chair à machine, le bien-être familial serait augmenté.

Les employeurs ont trouvé dans la femme un outil humain à meilleur marché et dans la concurrence faite au père, au frère, au mari, le moyen d'abaisser les salaires de l'homme. Les profits patronaux ont été accrus, mais dans la classe ouvrière, les époux ont été séparés par le travail et dressés l'un contre l'autre par les exigences du capital. L'enfant, ce crime des crimes, a suivi également la femme dans l'engrenage capitaliste.

Et ce spectacle nous a été donné : les membres de la famille ouvrière, l'homme, la femme et l'enfant entrent en concurrence sur le marché du travail, et quand ils se retrouvent, le soir, après l'épuisement de leur corps et de leur intelligence, ce n'est point pour se laisser aller aux doux entretiens, aux saines distractions, aux loisirs réconfortants, c'est pour se jeter sur un grabat, brisés de fatigue, abrutis par la besogne, et y puiser de nouvelles forces nécessaires au travail du lendemain (1). La famille ouvrière, a pu

---

(1) Examinant les terribles conséquences de la concurrence et du chômage en régime capitaliste, M. d'Estournelles de Constant

écrire Charles Bonnier, n'existe plus que de nom : ce n'est plus qu'un assemblage de gens travaillant chacun de leur côté, se réunissant rarement, disséminés dans différentes industries (1).

L'obligation de travailler et de vivre en dehors de la maison détruit également le foyer, cet abri séculaire de la famille. « Ce n'est pas seulement au figuré, constate un auteur, c'est au propre que, de nos jours, le foyer disparaît » (2).

Ce qui reste du foyer est devenu un véritable enfer. La discorde y règne, causée non seulement par les soucis de l'existence, mais aussi par la brutalité que l'homme exerce trop souvent encore pour prouver sa supériorité et par l'ignorance de la femme qui se voit infériorisée.

La famille bourgeoise ne présente pas un meilleur fonctionnement. Unis dans la plupart des cas par des intérêts et non par l'amour, l'homme et la femme vivent chacun de leur côté et leurs enfants sont élevés, éduqués et instruits par des personnes étrangères à la famille. Les questions d'argent brouillent constamment les époux et l'adultère est une pratique courante dans la classe riche. Le milieu actuel détruit

a laissé échapper cet aveu dans la *Revue des Deux Mondes* du 15 juillet 1897 : « La concurrence éparpille les membres du foyer, les oppose parfois les uns aux autres ; elle déchaine les forces brutales de l'humanité ; elle va jusqu'à mettre en-conflit l'homme et la femme, le père et l'enfant, rivaux dans l'usine, l'un faisant baisser le salaire de l'autre ».

(1) CHARLES BONNIER, *La Question de la Femme.*

(2) R. GONNARD, *La Femme dans l'Industrie.*

la famille et Jules Guesde en a fait la saisissante remarque dans les lignes suivantes :

« Depuis que la femme, transformée en ouvrière, a
été prise dans l'engrenage de la grande industrie ;
depuis que l'enfant l'a suivie dans ce rôle d'outil à
meilleur marché, — ou de servant d'outil, — que
reste-t-il du foyer domestique ouvrier ? Rien, ou pis
encore, les inquiétudes et les privations. La maternité même a été, dans la mesure du possible, inter-
dite — dans le prolétariat — à la mère, dont les
crèches et les asiles ont été charitablement appelés à
libérer la force-travail, pour le plus grand profit de la
production capitaliste. Sans compter qu'au travail de
jour vidant le berceau s'est ajouté le travail de nuit
vidant le lit conjugal et ne laissant ainsi subsister de
la famille que les charges : logis, vêtements et nourriture, etc.

» Tuée en bas par l'industrialisme ne voulant connaître ni sexe, ni âge, la famille survivrait-elle du
moins en haut, dans la classe dont les capitaux surgissent de cette dislocation du ménage ouvrier ? Pas
davantage. De plus en plus, parmi ceux qui « sont
nés avec une cuiller d'argent dans la bouche », toutes
les fonctions qui composent normalement la famille
sont accomplies par des étrangers et à prix d'argent.

» Étrangère et salariée, la nourrice qui donne à
l'enfant son lait et son sommeil !

» Étrangères et salariées, la ou les « bonnes » qui
habillent, nettoient, font manger et promènent Mon-
sieur Bébé !

» Étrangers et salariés, le précepteur qui devra lui

ouvrir la vie intellectuelle, et les divers professeurs qui lui enseigneront — moyennant finances — tout ce qu'ignorent le plus souvent maman et même papa !

» La famille riche, — qui seule a encore un semblant d'existence — n'est plus elle-même qu'une caisse fournissant aux besoins physiques et moraux de l'enfant, satisfait de plus en plus en dehors d'elle » (1).

Paul Lafargue a tracé de la famille un tableau plus leste, plus vif :

« La société capitaliste brise la famille, le fait est indéniable : la grande industrie mécanique arrache du foyer familial la mère, l'enfant, les traîne sur le marché du travail, et là, les fait entrer en concurrence avec l'homme, les fait battre à qui se vendra le meilleur marché. La lutte pour l'existence règne dans le sein de la famille ouvrière. La famille bourgeoise n'est pas épargnée ; pendant la journée, le mari va à son bureau, à la Bourse, à ses affaires. La femme reste à la maison à tourner ses pouces. La seule fonction de la femme bourgeoise est la fabrication de l'enfant, dont elle n'a pu encore se débarrasser ; la fonction est bien ennuyeuse, elle entripaille, couture le ventre, déforme la taille, et enlaidit souvent ; les femmes déformées et dégradées par la civilisation sont terriblement secouées par la maternité. Une fois que les bourgeoises ont mis bas leurs petits monstres, elles n'ont qu'un souci : s'en défaire ; elles les donnent à

(1) Jules Guesde, *Le Collectivisme au Collège de France.*

nourrir, les expédient au loin ; quand le petit revient, on le flanque au collège, au couvent. L'enfant doit tenir le moins de place possible dans la famille ; il donne assez de tablature avec le payement de ses mois de nourrice et ses trimestres de pension. Aucun sentiment intime ne relie les membres de la famille bourgeoise : pardieu ! le mari et la femme couchent encore ensemble, et la mère embrasse son petit les jours de sortie : mais tout est banal.

» La désunion règne dans la famille bourgeoise : elle est basée sur un contrat de vente ; généralement, en France, c'est la femme qui achète le mari avec sa dot : les pères de famille de France sont, d'habitude, des Alphonse comme il faut. Débutant par une opération mercantile, il est naturel que l'harmonie familiale soit fortifiée par des querelles pécuniaires ; l'argent est l'âme vivante du ménage bourgeois ; il est le trait d'union des époux et des enfants ; il est le sujet constant de leurs disputes et de leurs préoccupations. Hors l'argent, la famille bourgeoise n'a pas de salut.

» Les époux bourgeois fatigués de leurs qualités naturelles (au ménage les vertus deviennent des défauts énervants) cherchent des distractions : le mari gourgandine à droite, la femme cocufie son seigneur et maître : histoire de tuer le temps qui paraît si long (1). Si c'est le sur-travail de l'atelier qui empêche l'ouvrière

(1) Avant Paul Lafargue, Marx et Engels avaient écrit dans le *Manifeste du Parti Communiste* : « Nos bourgeois, non contents. d'avoir à leur disposition les femmes et les filles des prolétaires, sans parler de la prostitution officielle, trouvent un plaisir singulier à se cocufier mutuellement. »

d'accomplir ses devoirs de mère, c'est la sur-paresse qui démoralise la femme bourgeoise.

» Il n'y a pas à se faire d'illusion, la famille ne dure que par vitesse acquise, elle n'existe même que de nom » (1).

La monogamie est née de causes économiques. Disparaîtra-t-elle avec ces causes ? Il est hors de conteste que, dans tous les pays civilisés, la monogamie est singulièrement entamée et critiquée de tous les côtés. Sous l'action des nécessités économiques qui surgissent du développement de la production capitaliste, les lois et les mœurs accordent à la femme plus de liberté, plus d'égalité, plus de droits. Les modifications apportées dans la situation sociale de la femme et de l'homme enlèvent chaque jour à ce dernier tout ce qui faisait sa suprématie.

La réalisation du socialisme apportera un changement plus considérable et plus décisif. Les moyens de production, qu'on trouve de nos jours dans l'héritage des familles bourgeoises, appartiendront à tous et la participation à la production sociale — exigée de l'homme et de la femme — donnera à l'homme et à la femme la même indépendance et la même liberté. Les enfants, pour leur éducation et leur entretien, seront à la charge de la société. Aucune différence ne sera faite entre les enfants dits légitimes et les enfants dits naturels. Les suites, que craignent tant de jeunes filles au point de vue matériel et moral et les empê-

____

(1) Paul Lafargue : article du *Socialiste*.

chent de se donner à l'ami qu'elles aiment, ne seront plus aussi redoutées, et l'opinion publique, redevenue plus clairvoyante, ne jugera plus avec sévérité la vertu des vierges et le déshonneur des femmes.

Débarrassés de toute considération économique et de tout préjugé, des rapports sexuels s'établiront plus libres et plus sincères. Les mariages n'auront plus d'autre déterminante que l'amour, l'amour sexuel, et l'on sait que l'amour sexuel est, de par sa nature, la monogamie, c'est-à-dire l'affaire de deux êtres. Constituée exclusivement alors par l'union affectueuse de deux êtres, la monogamie deviendra une réalité.

Ce qui disparaîtra donc de cette forme de famille — et cela est accompli depuis longtemps déjà dans le prolétariat — c'est le pouvoir de l'homme reposant sur sa situation sociale. Ce qui disparaitra aussi — et cela est aussi en bonne voie d'accomplissement dans la classe ouvrière et la bourgeoisie — c'est l'indissolubilité du mariage que condamnent de plus en plus les mœurs et les lois.

Et quand il ne restera plus, se demandera-t-on, de la monogamie que l'union de l'homme et de la femme, qu'arrivera-t-il ? A cette question, Engels a déjà répondu :

« Ceci se décidera quand aura grandi une nouvelle génération ; une génération d'hommes qui jamais, de leur vie, n'auront été dans le cas d'acheter à prix d'argent, ou à l'aide de toute autre puissance sociale, l'abandon d'une femme ; et une génération de femmes qui n'auront jamais été dans le cas de se livrer à un homme en vertu d'autres considérations que l'amour réel, ni de se refuser à leur amant par crainte des suites économiques de cet abandon. Et quand ces gens-là seront arrivés, ils se moqueront de ce qu'on aura pensé sur ce qu'ils devaient faire ; ils se dicteront à eux-mêmes leur propre conduite et créeront une opinion publique basée sur elle pour juger la conduite de chacun. — Et tout sera dit ».

Pas plus pour les rapports sexuels que pour la cuisine de l'avenir, il ne nous appartient de tracer des formules, de fabriquer des recettes.

XXII

LA FAMILLE DE DEMAIN

Engels laisse aux hommes de demain le soin de décider la forme de famille qu'ils adopteront. Il a raison, car il est impossible de dicter aux hommes qui nous succéderont les rapports sexuels qui découleront de l'organisation sociale du moment. Mais si certifier serait du domaine de l'utopie pour ce qui regarde les choses de l'avenir, faire des constatations et prévoir des tendances, cela est permis.

La famille est un groupement humain qui a passé successivement par des formes différentes. L'humanité a débuté par la promiscuité des sexes et elle n'est arrivée à la forme monogamique actuelle qu'en traversant des formes intermédiaires dont les plus connues sont la famille consanguine, la famille punaléenne et la famille patriarcale. Chacune de ces formes reposait sur des bases spéciales et avait des degrés de parenté particuliers. La famille n'a évolué qu'en se réduisant continuellement. Au début de l'humanité, elle se composait de nombreux individus étroitement unis par les liens de la consanguinité ; elle ne compte plus aujourd'hui que le père, la mère et les enfants. On peut comparer la famille à un cercle qui est allé sans cesse en se rétrécissant.

L'évolution de la famille est caractérisée par des modifications de la plus grande importance. Tout d'abord, les relations sexuelles s'exercent librement au sein du même groupement primitif. Mais au fur et a mesure que se découvrent les liens de parenté, des limites sont imposées à la liberté sexuelle. Ne sont plus permises que les relations sexuelles avec des individus d'un autre groupe. Puis, la liberté sexuelle va, se restreignant toujours, jusqu'à ce que la femme surtout n'ait le droit d'avoir des relations sexuelles qu'avec un seul individu.

A l'aurore de l'humanité, l'enfant a plusieu : mères. Il appelle mère, non seulement sa propre mère, mais aussi toutes les femmes de sa génération. La découverte des liens de parenté et l'interdiction de s'unir entre parents plus ou moins rapprochés diminuent le nombre des mères. A présent, l'enfant n'a plus que sa véritable mère. Tous les hommes sont les pères de l'enfant qui ne connaît pas son père propre. Avec le développement de la famille, le nombre des pères diminue à son tour et le père unique apparaît. De nos jours, l'enfant n'a plus qu'un père, le mari de sa mère, même si celui-ci n'en est pas l'auteur. Le code dit expressément que l'enfant né pendant le mariage a pour père le mari.

Communiste était la famille à ses débuts, individualiste elle est maintenant. Les progrès qui se sont effectués ont eu comme premières conséquences de diminuer le nombre des membres de la famille et de restreindre la liberté sexuelle.

Les différentes formes traversées par la famille sont des régimes sous lesquels elle a pu et dû vivre. Ces régimes ont varié avec les modifications apportées au milieu et avec le développement des phénomènes économiques et des mœurs et des lois provoquées par eux. La promiscuité des sexes, qui scandalise ceux qui ne la comprennent pas, a été imposée par le milieu naturel, par les conditions de la vie sauvage. De même, ce sont les conditions économiques transformées qui, en augmentant la richesse générale, ont détruit la famille primitive basée sur l'autorité de la femme et la pratique du communisme. La propriété individuelle a fait son apparition, déterminant la constitution de la famille paternelle, basée sur le pouvoir de l'homme et la pratique du chacun pour soi. Comme c'est également l'évolution économique de la société qui, en soumettant au travail social la femme et l'homme, prépare une forme supérieure de la famille dans laquelle sera réalisée l'égalité des sexes.

Les hommes sont le produit du milieu social : ils peuvent y apporter des modifications ou des transformations, mais ils finissent toujours par subir l'influence des conditions de travail et d'existence créées par ces modifications ou ces transformations. Par exemple, la multiplication des moyens de communication et de transports. chemins de fer, routes, canaux, etc., s'est fait sentir dans les domaines de la production et de l'échange, mais les hommes ont dû changer leur ma-

nière de vivre et ils ont acquis une mentalité en con-
formité avec les changements intervenus.

Le milieu social, qui renouvelle les idées des hommes,
a révolutionné leur institution familiale en la faisant
passer par des formes différentes en accord avec les
stades de son développement.

Sur ce point, Letourneau partage notre manière de
voir. « Si l'on prend, fait-il observer, la peine d'étudier les faits, dans l'ensemble des sociétés humaines,
depuis les plus grossières jusqu'aux plus civilisées, on
voit la règle générale des unions sexuelles se modifier
lentement au fur et à mesure des progrès de la civilisation, et des changements que subissent corrélative-
ment les grandes institutions sociales, notamment la
constitution de la propriété » (1).

Cela est très vrai. Les relations sexuelles, à travers
les siècles, ont varié avec les modifications du milieu
social dominé, lui-même, par le mode de production,
c'est-à-dire par la manière de produire tout ce qui
sert à la vie immédiate, nourriture, habillement, lo-
gement, outillage, etc.

Cette nouvelle manière de concevoir l'histoire a été
formulée par Marx il y a bien longtemps déjà et ré-
sumée sous cette forme si simple et si précise : « Le
mode de production de la vie matérielle conditionne
en général le procès de développement de la vie sociale, politique et intellectuelle ».

Ce n'est pas la conscience de l'homme qui, en dernière instance, a réglé ses relations sexuelles, ce sont
les phénomènes économiques.

(1) *Annales de l'Institut international de Sociologie*, 1895, t. II.

Deux périodes distinguent nettement l'évolution de la famille. La première est celle de la famille maternelle, la seconde est celle de la famille paternelle. Dans le matriarcat, la direction de la famille appartient à la femme ; c'est la mère, la femme qui domine, qui concentre autour d'elle toute l'attention de la société. Après en avoir pendant longtemps contesté l'existence, des savants ont dû reconnaître que la famille maternelle avait précédé la famille paternelle, mais ils sont restés en désaccord sur le degré d'autorité qu'aurait eue la femme.

Il est bien évident que l'on ne peut attribuer à la femme le pouvoir dont l'homme a disposé et abusé, puisque les moyens que l'homme a eu à sa dispostion n'étaient pas encore inventés. La domination de la femme ne peut donc avoir eu aucune ressemblance avec celle de l'homme. Le matriarcat a consisté simplement dans l'influence qu'a exercée la femme à l'époque primitive parce que, surtout, la direction de la famille était entre ses mains.

La division du travail donne à la femme des occupations intérieures, l'élève des enfants, la cuisine, le travail des vêtements et de la terre, l'entretien de la maison, et à l'homme des occupations extérieures, la chasse, la pêche, et la guerre. C'est la femme qui a la part la plus lourde mais la plus importante et la plus utile. La mère groupe autour d'elle les enfants qui ignorent leur père. La consanguinité entre le père et l'enfant n'est pas connue, et quand elle se découvre lentement, la paternité est trop incertaine pour qu'il en soit tenu compte. La mère donne son nom à ses enfants ; par elle son nom descend de génération en génération. Quand elle meurt, c'est sa fille aînée qui la remplace et son héritage tombe dans sa famille. Il est d'usage que la femme partage ses amours entre plusieurs hommes, mais ceux-ci s'inclinent devant elle et ils viennent la visiter chez elle.

La position supérieure qu'occupait la femme dans le matriarcat devait la rendre plus intelligente que l'homme. Elle le fut en effet. De nos jours, les fillettes sont encore plus vives d'intelligence que les garçons et si, devenues femmes, elles sont dépassées par les hommes, c'est parce qu'on leur met une camisole de force qui les empêche de se développer physiquement et intellectuellement.

Aux temps de la famille matriarcale, les multiples fonctions de la femme l'obligent à des efforts d'attention et d'énergie qui développent son intelligence et agrandissent son cerveau. Chez les sauvages, les crânes de l'homme et de la femme se rapprochent ; ils ont des dimensions à peu près semblables. Chez les civilisés, parce que la femme a été tenue en tutelle, son crâne est plus petit que celui de l'homme.

Il y a quelques années, un savant, M. Verrier, a fait à la société d'Ethnographie de Paris, une communication qui confirme notre manière de voir. « Nous retrouvons, disait-il, à des époques reculées, l'existence du matriarcat qui place la direction de la famille aux mains de la femme. L'homme n'en est que le défenseur et le pourvoyeur. A l'époque de la préhistoire, alors que la femme jouait un rôle important dans la famille et dans le clan, l'indice céphalique chez elle

Vérecque.   14

l'emportait sur lui. Mais à l'époque moderne, par suite du mariage et de ses habitudes sédentaires, la femme a perdu plus que l'homme, de sorte qu'on peut conclure que plus on remonte vers les premiers âges de l'humanité, plus les deux sexes apparaissent égaux, ce qui semble donner raison au brahmanisme : l'égalité parfaite des sexes existait au commencement du monde » (1).

Ce qu'était l'homme dans la famille matriarcale, Hésiode, qui rapporte de précieux souvenirs de cette famille, nous le dit dans son ouvrage *Travaux et Jours*. Lorsque la famille matriarcale existait, « l'homme, même âgé de cent ans, vivait auprès de la mère prudente... il était nourri dans sa maison comme un grand enfant ». Ces observations prouvent bien que l'homme avait alors un cerveau d'enfant et que la femme était plus intelligente que lui.

Pour toutes ces raisons, la femme occupe, dans la famille et dans la société, la place la plus en vue, et son influence, très naturelle et très compréhensible, est considérable. La femme apparaissait aux hommes primitifs comme portant en elle quelque chose de surnaturel et de providentiel, et les légendes ont conservé des traces du rôle merveilleux qu'elle a joué pendant des milliers d'ans ; l'humanité a grandi, vieilli, pénétrée par cette influence, par cette sorte de domination qui blesse l'orgueil masculin.

Quand la famille patriarcale ou paternelle succède

______

(1) Extrait du Compte rendu publié par le *Journal officiel* du 24 décembre 1896.

à la famille maternelle, c'est une révolution, le renversement de l'ordre établi, la défaite de la femme, l'instauration d'une société nouvelle que l'homme façonne selon ses intérêts et ses fantaisies. Dans la famille paternelle, l'homme passe au premier plan ; il devient le maître ; il prend la direction de la famille ; les enfants portent son nom ; c'est sa parenté qui compte uniquement. La femme est expropriée de son domaine ; elle perd tous ses droits, toutes ses prérogatives, tous ses privilèges, ainsi que le respect et la considération dont on l'entourait. Elle est soumise à l'homme qui la commande, la meurtrit, l'humilie et l'infériorise. Son entrée dans la famille paternelle lui apporte la perte de son indépendance, l'arrêt de son développement corporel et intellectuel, l'asservissement le plus cruel et le plus sensible. Elle était la souveraine, la maîtresse ; elle est la sujette, l'esclave. Elle était un être humain ; elle est une bête de somme.

Ce que la famille paternelle a fait de la femme, nous n'avons qu'à jeter les yeux autour de nous pour nous en apercevoir et pour nous convaincre, en présence de sa déchéance, combien elle a été gênée et entravée dans l'exercice de toutes ses facultés. En Chine, l'homme est allé si loin dans la dégradation de la femme, que, pour mieux la domestiquer et la séquestrer, il est parvenu à lui mutiler atrocement les pieds.

La famille paternelle place la femme dans une situation absolument contraire à celle où elle est dans la famille maternelle. Selon la forte expression de

Bonnier, la femme se trouve déchue de l'ancienne puissance qu'elle exerçait à l'époque du matriarcat (1). Le contraste est frappant. Du paradis, la femme tombe dans l'enfer. Et ce qu'il y a de plus douloureux à constater, c'est que, bien avant que le chef gaulois n'eût fait entendre aux Romains ses cruelles paroles : Malheur aux vaincus ! l'homme les appliqua à la femme.

A travers les longs siècles de l'histoire, la famille, quelle que soit sa constitution, a eu son heure glorieuse et sa raison d'être. Nécessaire, la famille l'a été pour l'enfant qui a trouvé chez elle la protection et les moyens de satisfaire ses besoins sans lesquels il n'aurait pu se développer et devenir un homme. Nécessaire, la famille l'a encore été à un autre point de vue. C'est par elle que les progrès réalisés ont été transmis de génération en génération. Intermédiaire entre l'humanité disparue et l'humanité renaissante, c'est par elle que les connaissances acquises ont pu être conservées et utilisées.

Dans son *Essai de Catéchisme socialiste*, Guesde a, d'une manière saisissante, très bien mis en lumière ce rôle historique et nécessaire de la famille (2). Guesde fait remarquer, ce qui ne saurait être mis en doute, que la mise au monde de l'enfant ne suffit pas à la reproduction de l'humanité « qui ne saurait se renouveler qu'autant que, jusqu'à ce qu'il puisse se

____

(1) CHARLES BONNIER, *La Question de la Femme.*

(2) Cet *Essai de Catéchisme socialiste* est une des premières brochures de Guesde. Ecrit en 1876, il a été publié en 1878 et réédité en 1912.

conserver et se protéger lui-même, le nouvel être trouvera dans la force et l'activité d'autrui la protection et les moyens de pourvoir à ses besoins qu'il a trouvés neuf mois durant dans la matrice maternelle ». La famille est précisément le milieu nouveau réclamé par l'enfant. Guesde constate ensuite que la famille a été pendant des siècles « le seul agent de transmission aux générations nouvelles des progrès réalisés par les générations précédentes. C'est grâce à elle, grâce à la communion qu'elle a maintenue entre l'humanité morte et l'humanité vivante, que chacun des individus successifs qui composent notre espèce a pu, au lieu de recommencer l'œuvre de ses prédécesseurs, la continuer, et, au lieu de marcher dans leurs pas, prendre pour point de départ de ses efforts le résultat des efforts déjà faits. C'est par elle, en un mot, que l'homme a pu accomplir sa loi et devenir de plus en plus homme ».

Ce rôle, il faut en convenir, est aujourd'hui considérablement réduit. Les fonctions de la famille sont de plus en plus remplies par la société. Une vie nouvelle, conséquence des modifications apportées dans les conditions économiques, se prépare pour les hommes. Les parents travaillent ou vivent de plus en plus en dehors de chez eux ; les enfants sont éduqués, instruits, entretenus de plus en plus par la société. C'est socialement que des soins et des connaissances sont donnés à l'enfant. Les individus qui composent la famille ne sont plus étroitement réunis autour du foyer comme autrefois.

D'autre part, la famille se présente pour la femme

sous une autre face. La famille était une prison, mais
la femme qui y était enfermée, y trouvait une protection contre un milieu ennemi. Mise par l'évolution
de la société dans l'obligation de travailler, la femme
trouve hors de chez elle des moyens d'existence qui
vont en se développant. Le rôle protecteur de la famille est disparu pour la femme ; seul est demeuré
le rôle oppressif que les socialistes espèrent bien voir
disparaître avec l'ordre ou le désordre capitaliste.

Il n'est donc pas téméraire de dire que la famille,
qui a subi, au cours des siècles, tant de modifications,
en subira encore de nouvelles. « Si terrible, écrit
Marx, et si dégoûtante que paraisse dans le milieu
actuel la dissolution des anciens liens de famille, la
grande industrie, grâce au rôle décisif qu'elle
assigne aux femmes et aux enfants, en dehors du
cercle domestique, dans des procès de production
socialement organisés, n'en crée pas moins la nouvelle base économique sur laquelle s'élèvera une
forme supérieure de la famille et des relations entre
les sexes » (1).

Que seront les modifications que nous réserve demain ? Nul ne le sait. « Il est impossible de prévoir
les rapports sexuels de femmes et d'hommes, libres
et égaux, qui ne seront pas réunis ou séparés par de
sordides intérêts matériels et par la grossière morale
qu'ils ont engendrée » (2).

Ce qu'on peut affirmer pour l'instant, c'est qu'as-
saillie de toutes parts, dans sa constitution, dans

(1) MARX, *Le Capital*, 1er vol.
(2) PAUL LAFARGUE, *La Question de la Femme*.

ses fonctions et dans son foyer, la famille monogamique n'aura bientôt plus, d'une manière générale,
qu'une seule caractéristique : la réunion d'un homme
et d'une femme, que rendra plus libre et plus sincère la société transformée par le socialisme.

La manière de vivre des temps présents suscite,
d'autre part, des idées et des situations qui ne s'accordent plus avec le mariage tel que nous le connais-
sons. Des jeunes gens et des jeunes filles peuvent
encore désirer le mariage afin de se soustraire à la
tutelle paternelle, il n'est pas moins vrai que, par ses
obligations et ses servitudes, le mariage apparaît de
plus en plus comme un fardeau désagréable et insup-
portable (1). Et l'union libre, c'est-à-dire le mariage
sans maire et sans prêtre, le mariage par amour et
non par intérêt, le mariage choisi et non commandé,
continue à faire de tels progrès qu'on peut la considérer, lorsqu'elle se contractera dans des conditions
plus saines et moins suspectes, dans un milieu d'égalité et d'indépendance, comme le dernier perfectionnement que nous puissions prévoir de la famille monogamique réduite à deux unités : l'homme et la
femme. En d'autres termes, débarrassé des intérêts et
des préjugés qui l'enchaînent et le paralysent, le mariage se transforme en union libre — qui ne veut pas

(1) Le Manifeste Saint-Simonien de 1830 annonçait que la religion de Saint-Simon venait « mettre fin à ce trafic honteux, à
cette prostitution légale, qui, sous le nom de mariage, consacre
fréquemment l'union monstrueuse du dévouement et de l'égoïsme,
de la lumière et de l'ignorance, de la jeunesse et de la décré-
pitude. »

dire, comme le croient d'insipides critiques, union sans règle et sans réserve. La franchise de l'union libre succéde à l'hypocrisie du mariage.

En tenant ce langage, nous heurtons certains préjugés, mais nous nous inclinons devant un fait qui va se généralisant et que l'opinion publique admettra, avant longtemps, comme une pratique normale et morale, la seule pratique normale et morale. Les écrivains sérieux et impartiaux se prononcen ouvertement pour un changement, dans le sens indiqué par nous, des unions sexuelles. Georges Renard, qui est un écrivain qu'on ne peut accuser ni de légèreté ni de violence, demande très nettement que l'union de l'homme et de la femme soit soustraite à l'empire de la loi, et il ne croit pas que la liberté introduite dans les relations entre homme et femme aboutisse à de fâcheux résultats. « Cette liberté, affirme-t-il, est au contraire de nature à y apporter plus de dignité et plus de franchise... L'affection étant la base unique des unions librement contractées, on prendra de part et d'autre plus de peine pour l'entretenir. Il est même permis de soutenir que la liberté donnera plus de constance aux sentiments » (1).

Le mariage légal, que Bebel appelle le mariage forcé, est encore pour la société, à laquelle la bourgeoisie a imposé ses idées, la seule union morale des sexes et toute autre union sexuelle lui apparaît comme fausse et condamnable. Le mariage, le mariage bourgeois, est lié à la propriété individuelle. Il n'est con-

---

(1) Georges Renard, *Le Régime socialiste*, Paris, Alcan, 1898.

clu que parce qu'il faut des enfants légitimes pour héritiers. Mais quand il n'y aura plus rien à léguer, quand les moyens de production ne seront plus des objets d'héritage, le mariage légal deviendra inutile et vexatoire.

Les idées sont la résultante du milieu, la transformation du milieu modifiera donc l'opinion à l'égard de l'union libre que la société nouvelle adoptera naturellement.

Morgan a vu dans le perfectionnement de la famille monogamique un rapprochement toujours plus étroit vers la pleine égalité des sexes ; il ne tient cependant pas ce but atteint et il n'hésite pas à écrire : « La famille monogamique s'étant améliorée depuis les débuts de la civilisation, et d'une façon très remarquable dans les temps modernes, il est permis pour le moins de croire qu'elle est capable de perfectionnement ultérieur jusqu'à ce que l'égalité des sexes soit atteinte. Si, dans un avenir éloigné, la famille monogamique devait ne pas remplir les exigences de la société, il est impossible de prédire de quelle nature sera celle qui lui succédera. »

Guesde, jetant un même regard sur l'avenir, a reconnu que la question de la disparition de la famille ne pouvait encore être tranchée définitivement. Il affirme que si la famille survit à la disparition de l'ancienne société, ce sera dans des conditions d'égalité pour la femme et de garantie pour l'enfant. « Mais il se peut, ajoute-t-il, que, même ainsi réformée, elle ne soit nécessaire que pour un temps, et qu'un jour vienne où elle n'aura plus aucune raison d'être. Il se peut que — en outre des moyens de conservation et de développement assurés directement par la société à l'enfant, — la chaude atmosphère de bienveillance et d'affection développée dans le sein de la collectivité par l'égalité de bien-être de chacun de ses membres, rende inutile cette seconde matrice particulière, que représente l'action familiale, et permette de réduire la famille dans l'espace à la mère et à l'enfant et dans le temps à la période de l'allaitement, et que, d'autre part, les rapports sexuels entre l'homme et la femme, fondés sur l'amour ou la sympathie mutuelle puissent devenir aussi libres, aussi variables et aussi multiples que les rapports intellectuels ou moraux entre individus du même sexe ou de sexe différent » (1).

Mais ce sont là des éventualités qui peuvent se produire et que nous ne pouvons prévoir puisque les conditions économiques de l'avenir détermineront seules les rapports sexuels entre l'homme et la femme, et Guesde se refuse à des affirmations inutiles et imprudentes. Sans crainte d'être démenti par les événements, l'on peut dire que, dans la société de demain, la femme et l'homme disposeront des mêmes moyens d'action et de développement. Leur indépendance et leur existence seront assurées par le travail que les progrès de la technique rendront sans cesse plus léger et plus court. Il n'y aura plus place alors pour la domination masculine ou pour la servitude féminine. Les rapports sexuels de l'homme et de la

(1) Jules Guesde, *Essai de Catéchisme socialiste*, Bruxelles, 1878.

femme seront ce qu'ils voudront qu'ils soient et, pour les exercer, ils n'écouteront que les paroles de leur cœur. Leur union, pour laquelle aucune autorisation ne sera demandée, aura la durée et le caractère qui leur conviendront le mieux.

Quant aux enfants qui résulteront de ces amours et de ces ménages, librement recherchés et consentis, ils échapperont à l'odieuse distinction de la société capitaliste qui les classe en légitimes et illégitimes (1) La société socialiste accordera à toutes les mères la même attention et la même considération, et procurera à tous les enfants, d'où qu'ils viennent, les mêmes soins, la même éducation et la même instruction. Des soucis d'héritage ne pourront intervenir dans la condition des uns à l'exclusion des autres, puisque les moyens de production seront possédés par la société et soustraits, de la sorte, à l'appropriation individuelle.

Pour la première fois, depuis que l'Humanité est sortie de la période du matriarcat, la femme s'appartiendra ; elle fera de son corps et de son cerveau ce que sa conscience et son intérêt lui commanderont ; comme ses moyens d'existence seront assurés par le nouvel ordre social, et que les sentiments humains seront devenus meilleurs et plus purs, elle n'aura plus à craindre les suites de ces abandons abominables qui de nos jours, conduisent au ruisseau tant de malheu-

---

(1) La société capitaliste a poussé si loin l'absurdité qu'elle qualifie d'enfants *naturels* les enfants nés hors du mariage, comme si tous les enfants n'étaient pas naturels !

reuses, filles-mères ou femmes sans ressources (1).

Ses facultés physiques et intellectuelles que l'homme n'a su qu'entraver et paralyser pourront s'accroître et librement se développer. L'amour et la maternité lui permettront de reconquérir la position supérieure qu'elle a occupée aux temps primitifs.

Cet avenir, entièrement fait de bien-être, de liberté et d'égalité, la femme a le devoir de le rapprocher et de le conquérir. Elle participe, chaque jour, dans des proportions toujours plus conséquentes, à la production sociale ; elle doit donc, de plus en plus, participer à la lutte pour son affranchissement que, pour elle, au même titre que pour l'homme, poursuit le socialisme. Si le socialisme a le devoir d'employer tous ses efforts pour arracher la femme à l'ignorance et à l'indifférence ; s'il doit lui apprendre à conquérir — au besoin contre l'homme, — toutes les améliorations

(1) Edouard Drumont, dans la *Fin d'un monde*, établit comme suit la responsabilité de la bourgeoisie dans ces sortes d'abandons:

« Le jeune bourgeois trouvait une fillette qui ne lui coûtait rien, qui lui donnait les plus belles années de sa vie, et qui raccommodait ses chaussettes, puis il lui disait adieu et allait s'établir avoué, notaire, magistrat L'homme prenait des attitudes solennelles au prétoire de sa ville natale, respirait le frais, les soirs d'été, sur la terrasse, près de la petite rivière, ou, l'hiver, se chauffait les tibias à de bons feux d'arbres jouant le whist de famille. La fille descendait, roulait dans la boue, et, pour manger, sous la pluie, sous la neige, dans l'horreur des rues de Paris en décembre, venait murmurer de vagues appels au passant, qui, la voyant laide et vieille, à la lueur d'un bec de gaz, se sauvait avec une injure. Quelle mère bourgeoise s'avisa jamais de juger mauvaise cette façon d'agir, de penser que cette malheureuse abandonnée par son fils était une femme comme elle ? »

susceptibles d'apporter à son sort toujours plus de liberté et de bien-être ; s'il doit l'entraîner dans ses rangs pour combattre la société capitaliste et abolir, avec elle, la domination de l'homme, la femme, par contre, doit donner au socialisme tout son concours, parce que le socialisme seul prépare, veut et peut préparer une société dans laquelle la femme ne sera ni la servante, ni la victime, ni l'entretenue de l'homme — mais son égale (1).

Sans doute, il semble difficile d'éveiller la femme à la conscience de ses droits et de la décider à la bataille pour les obtenir. La persistance de la soumission à laquelle elle est habituée depuis tant de siècles lui a fait croire que cette soumission était naturelle, et elle n'entrevoit pas que la situation qui lui est créée dans la famille et dans la société est indigne d'elle et qu'elle doit avoir les mêmes droits que l'homme sous tous les rapports.

Il n'est cependant pas d'être humain qui soit plus que la femme intéressé à la transformation sociale, à la réalisation du socialisme. Dans la société capitaliste, l'exploitation de l'homme par l'homme se double de l'exploitation de la femme par l'homme. Le capitaliste exploite l'ouvrier mais l'homme exploite la femme. L'exploitation de la femme est double. Elle est exploitée comme productrice, comme ouvrière — plus exploitée même que l'homme à qui elle fait concurrence ; elle est exploitée comme reproductrice d'humanité, comme femme.

(1) « Aujourd'hui, la femme n'est l'égale de l'homme que devan la concurrence qui abaisse le salaire : partout elle lui est inférieure. » CHARLES BONNIER.

Yérecque.15

Et de même que le produit de l'ouvrier appartient au capitaliste, de même le produit de la femme appartient à l'homme. Il y a même quelque chose de plus ou d'aussi extraordinaire : le produit de la femme, l'enfant, ne lui appartient pas et il n'est légitime qu'à la condition qu'il porte le nom de l'homme et que la femme ait perdu le sien. C'était le contraire dans la famille matriarcale : la femme disposait de son enfant et conservait son nom.

La femme est deux fois prolétaire : elle est dépossédée du produit de son travail et comme ouvrière et comme reproductrice de l'espèce. Une double lutte s'impose donc à la femme : lutte pour l'affranchissement du travail, c'est-à dire lutte pour soustraire la classe ouvrière à la tutelle capitaliste et à la servitude économique et la faire rentrer en possession des richesses créées par elle ; et lutte pour l'affranchissement de son sexe, c'est-à-dire lutte pour la soustraire à la domination de l'homme, à la servitude domestique et la mettre dans la possession entière d'elle-même.

Le socialisme accordera à la femme, pour la satisfaction de tous ses besoins, les mêmes garanties d'indépendance et d'existence qu'à l'homme, et par cela même, elle pourra revendiquer et acquérir pour son sexe les droits qui lui appartiennent et doivent lui revenir. C'est pourquoi l'affranchissement de la femme est dans le travail affranchi.

Hors du socialisme, il n'y a pas de salut pour la femme, parce que dans le socialisme se trouvent les conditions de son affranchissement intégral.

XXIII

ANNEXES

QUELQUES ARTICLES

A TOUTES LES FEMMES (1)

Mères, épouses, amantes, dans deux semaines vos fils, vos époux, vos amants, vont avoir à se prononcer sur le maintien ou sur le changement de l'esclavage en tous genres que nous subissons depuis tant d'années, sans l'ombre d'aucune amélioration ; ils vont dire s'ils veulent on non conserver un régime dont la conséquence fatale est, malgré la multiplication et l'encombrement des produits de toutes sortes, l'agrandissement de la misère sociale et la démoralisation des êtres humains.

Dans cette manifestation électorale, dans cette vo-

(1) Article publié par l'auteur dans le *Travailleur Picard*, d'Amiens, à la date du 5 au 9 août 1893. Ecrit en prévision des élections législatives du 20 août.

lonté des hommes de vouloir être libres ou de demeurer esclaves, vous avez, femmes, plus que nous autres peut-être, le droit de parler.

La civilisation masculine qui, jusqu'à ce jour, a présidé à la société, vous a toujours placées dans une infériorité physique et intellectuelle, et, de nos jours, grâce au régime capitaliste, vous êtes plongées, par votre situation sociale, dans l'esclavage économique, et, par votre sexe, dans l'esclavage familial, toujours sous la dépendance de l'autre sexe.

Vous n'avez pas de droits, mais vous avez des devoirs. L'ordre social qui nous régit veut cela. A son profit, la famille est détruite. Il fut un temps où la femme était l'ornement de la maison, où l'homme seul était hors de la maison, où les enfants étaient près de leur mère.

La civilisation capitaliste a fait la femme ouvrière ; l'a jetée dans ses usines, faisant ainsi concurrence aux travailleurs. Le salaire du père servait alors à nourrir toute la maisonnée. Aujourd'hui, le salaire du père doublé de celui de sa femme, et quelquefois de celui de son enfant, est insuffisant.

L'atelier industriel a détruit toutes les qualités physiques et intellectuelles de la femme. Combien encore sont charmantes et gentilles à croquer ! Combien, toujours au travail, ne savent même plus coudre ou tourner la queue de la poêle !

Où la famille est détruite, le pays est désert, les enfants courent les rues, et nous sommes près de croire, mères, que bientôt le seul refuge de vos fils sera la prison, comme pour vos filles ce sera la prostitution.

La civilisation capitaliste vous ayant jetées dans les usines, dans les fabriques, a surpris vos cerveaux et les a atrophiés au contact des travaux trop forts et malsains pour votre sexe ; vos traits se sont déformés, vos fronts sont devenus pâles, vos figures sont devenues hâves, vos regards sont devenus creux, votre santé s'est détruite, et vous, les créatrices de l'humanité, vous avez aidé à la dégénérescence de la race humaine !

Il faut que cela cesse, femmes. Il faut que vous repreniez le beau rôle auquel vous destine votre sexe. Il faut que vous soyez affranchies de toutes les tutelles et que vous ayez toutes les libertés. Il faut que, comme l'homme, vous ayez des droits civils et politiques et puissiez vous en servir. Il faut que vous soyez les égales de l'homme.

Vous n'êtes rien, soyez ce que sont les hommes, quelque chose. La question féminine est liée à la question sociale. Le parti ouvrier, le socialisme peut seul, en arrivant au pouvoir, résoudre la question sociale, qui, elle-même, aura pour conséquence de résoudre la question féminine.

Femmes, il est l'heure que, désertant le camp bourgeois qui causera la destruction de votre sexe, vous entriez dans le camp socialiste qui seul vous émancipera. Déjà, vous avez fait preuve de votre énergie, et de votre désir d'obtenir un mieux-être en obligeant à Carmaux vos hommes à faire capituler la compagnie des mines.

En ce temps d'agitation, à l'approche des élections, vous avez, femmes, sous peine de reproche, un devoir à accomplir.

Mère, à ton fils qui te dira : je t'aime, tu répondras : es-tu socialiste ? Epouse, à ton mari, qui te dira : je t'aime, tu répondras : es-tu socialiste ? Jeune fille, à ton amant qui te dira : je t'aime, tu répondras : es-tu socialiste !

Et alors, mères, épouses, amantes, sous peine de les maudire à jamais, vous les obligerez à voter pour le renversement d'un régime qui a essayé sur vos poitrines les balles du fusil Lebel, et qui, aboutissant à la banqueroute, se noie dans le sang et la pourriture.

A vos amants, à vos époux, à vos fils, possédant seuls le bulletin de vote, vous servirez de phares et vous leur montrerez le chemin de la transformation sociale.

Que chacune fasse son devoir, et qu'il ne soit pas dit, le lendemain du vote, que vous avez eu peur de changer votre situation insoutenable.

Vivent les Femmes !

Vive le socialisme !

LA FEMME ET LE SOCIALISME (1)

Les premières conséquences du régime capitaliste ont été l'arrachement de leurs petits instruments de travail aux producteurs, et ce qu'on a appelé l'industrialisation de la femme. Les capitalistes ont courbé sous leurs puissantes mains les travailleurs qui, autrefois, avant la grande révolution bourgeoise, en pé-

(1) Article publié par l'auteur dans le *Réveil du Nord*, de Lille, le 12 juillet 1897.

riode de petite industrie, possédaient les moyens de travailler et de vivre. Se pliant aussi aux exigences du milieu économique, ils ont vidé le foyer familial au profit de l'atelier.

Du travail des femmes ! du travail des femmes ! ont clamé les capitalistes il y a plus de 60 ans. Et la femme est entrée à l'atelier, faisant concurrence à l'homme, devenant, comme lui et après lui, la servante du capital.

Sous l'ancien régime, au Moyen-Age, après avoir, au cours de l'année, donné pendant plusieurs jours de corvée, ses fatigues, ses travaux dans les ateliers féminins du seigneur, la femme revenait chez elle, près de son mari, au milieu de ses enfants. Dans sa maison, elle s'adonnait aux travaux du ménage ; elle cousait, elle tissait, elle confectionnait les vêtements de la petite maisonnée. Que les temps sont changés !

Aujourd'hui, l'entrée de la femme dans l'atelier capitaliste où elle se livre presque toujours à des travaux qui excèdent ses forces et détruisent ses dispositions à la maternité, a désorganisé la famille et détruit le foyer. Dès qu'ils la virent changer de maître, quitter son mari pour se placer sous l'œil du patron, les souteneurs de la bourgeoisie, politiciens, philosophes et moralistes, s'écrièrent que le bien-être allait désormais régner au sein de la famille. C'est le contraire qui s'est produit. *L'Ouvrière* n'a été inventée que pour multiplier les profits patronaux.

Partout où cela a été possible, la femme a remplacé l'homme. On cite même des villes aux Etats-Unis où les hommes ne trouvant plus à s'occuper, sont obligés de rester à la maison pour faire le pot au feu. Et ce qui a suivi, ça été l'abaissement des salaires, la venue de la gêne. Les ennuis, les misères ont jeté leurs notes discordantes dans les ménages ouvriers. L'anarchie règne non seulement dans la maison, mais aussi dehors : de nos jours, la femme, l'homme et l'enfant se battent pour savoir lequel des trois vendra son travail meilleur marché. On peut dire que jamais situation plus misérable n'a présidé aux destinées de la famille ouvrière.

L'industrialisation de la femme a .eu, cependant, une heureuse conséquence. En entrant dans l'atelier capitaliste, la femme est devenue un être indépendant. Pour vivre, elle n'est plus obligée de compter sur un homme. Les nécessités de la production l'apprennent à compter sur elle-même, sur elle seule. Elle marche vers un autre avenir ; elle se débarrasse de la tutelle masculine, ce qui est important. Son industrialisation, qui est un mal aujourd'hui, deviendra demain un bien pour la femme. Trouvant elle-même, en dehors de· l'homme, des moyens de vivre, la femme pourra alors s'appartenir.

Cette entrée de la femme dans l'atelier n'a pas été du goût de beaucoup d'esprits étroits. Un homme que les socialistes considèrent comme un des premiers penseurs anarchistes, en même temps qu'un petit bourgeois prétentieux, Proudhon, constatant l'infériorité présente de la femme vis-à-vis de l'homme et de la société, a voulu que la place de la femme fut auprès du poêle ou dans un boudoir. Ménagère ou courtisane, tel est le rôle que Proudhon assigna à la femme. Le malheureux ! Il oubliait que sa mère pouvait occuper l'une ou l'autre de ces deux situations ¡

On ne peut être plus injuste à l'égard de la femme. De quel droit, au nom de quoi, condamner un sexe à faire quotidiennement le pot au feu, le cirage des parquets ou la servante des amoureux ? Dans quel but refusez-vous à la femme le droit de disposer d'elle-même, de son corps, de vivre de son travail, de compter sur son travail, sur son intelligence ?

Mais ce que ne veulent pas les hommes, les phénomènes de la production l'ont imposé. Devant la machine qui égalise et simplifie la besogne, devant le travail à effectuer, la femme est l'égale de l'homme. Pour le même capital, même tâche pour l'un et pour l'autre. Tous deux chair à travail, tous deux chair à profit. Dans l'atelier capitaliste une différence sépare pourtant la femme de l'homme : la femme n'a pas le même salaire que l'homme ; le capitaliste spécule sur sa faiblesse et sur son sexe pour la voler davantage que l'homme.

Exploitée comme l'homme, participant comme l'homme au travail social, la femme a le droit et le devoir de s'organiser, de faire de la politique, de se joindre au mouvement socialiste. Déjà le Parti socialiste lui ouvre ses rangs ; elle y occupe la place à laquelle ses capacités lui donnent droit.

Affranchie du joug marital, de la tutelle masculine, grâce au travail social, la femme pourra, dans la société de demain, alors que le travail pour tous se réduira à quelques heures par jour, développer librement ses facultés physiques et intellectuelles.

Elle reprendra le rôle qu'elle a rempli aux premières heures de la civilisation, à l'époque du matriarcat, et dont les religions primitives nous ont conservé le souvenir. Ce ne sont pas des dieux, ce sont des déesses, ce sont des femmes qui, dans les légendes, les mythes de l'Asie Mineure, de l'Egypte, de la Grèce, apparaissent comme ayant créé les arts et les pratiques de l'industrie.

Cette première place que les circonstances, que les phénomènes du milieu économique surtout lui ont fait perdre, la femme est appelée à la reprendre grâce au communisme vers lequel est en marche l'humanité.

LE TRAVAIL DES FEMMES (1)

Une très intéressante statistique vient d'être publiée : c'est celle qui est relative au travail des femmes en France. D'après le recensement de 1906, il y a 7.693.412 femmes occupées à un travail quelconque et recevant un salaire. Les hommes salariés sont au nombre de 13.027.468. Voici le tableau comparatif du travail masculin et du travail féminin pour 1906 :

	Masculin	Féminin
Agriculture.	5.525.042	3.330.011
Industrie.	4.706.472	2.518.402
Commerce	1.289.456	779.154
Professions libérales et emplois publics.	1.332.940	293.100
Domestiques	173.558	772.735

(1) Article publié par l'auteur dans le *Travailleur*, de Lille, le 22 juillet 1911.

Le tableau suivant nous montre, dans le cours de ces 40 dernières années, l'augmentation du nombre des femmes salariées :

	1866	1906
Agriculture	1.874.915	3.330.011
Industrie	1.304.254	2.518.402
Commerce	241.680	779.164
Professions libérales et emplois publics	164.572	293.100
Domestiques	1.047.176	772.735
Total	4 632.597	7.693.412

C'est le capitalisme qui a poussé les femmes au travail ; c'est lui qui est responsable de la désorganisation et de la misère qui se sont introduites au sein de la famille. Quelles que soient présentement les conséquences douloureuses du travail des femmes, loin de le repousser, nous l'appelons de tous nos vœux. S'il est un mal aujourd'hui, il sera un bien demain. Il est nécessaire que la femme travaille, participe à la création de toutes les richesses sociales, pour qu'il lui soit possible de devenir, en même temps que l'égale de l'homme, un être indépendant, libre de disposer d'elle à son gré.

Des esprits étroits et arriérés peuvent voir d'un très mauvais œil le travail des femmes et réclamer, sinon sa suppression, du moins sa limitation. C'est peine inutile ! Il est impossible de retourner en arrière, d'interdire le travail aux 7.693.412 femmes comptées par la statistique officielle. Et nous ajoutons que s'opposer au travail des femmes, c'est s'opposer à leur affranchissement, c'est les placer encore et toujours sous la domination de l'homme. La femme ne doit pas être inférieure à l'homme et elle doit posséder les mêmes droits que lui. Sa place est partout où ses forces et ses aptitudes lui permettent d'être.

Dans la société socialiste, quand les moyens de production et d'échange appartiendront à la collectivité, grâce au travail social auquel elle participera, la femme sera traitée sur le même pied d'égalité que l'homme — et, comme lui, pourra librement développer toutes ses qualités.

LE SUFFRAGE DES FEMMES (1)

Sous les auspices de la très radicale Université Populaire, Mme Nelly Roussel a fait une conférence sur le suffrage des femmes, au Kursaal de Lille.

Mme Nelly Roussel a éloquemment réclamé pour les femmes les mêmes droits que pour les hommes ; elle a réclamé surtout le suffrage pour les femmes. Sur ce terrain, la conférencière est d'accord avec les socialistes que nous sommes. Nous poursuivons le même affranchissement pour la femme et pour l'homme : c'est dire que nous voulons pour la femme les mêmes droits que pour l'homme.

Mme Nelly Roussel se scandalise — et elle a raison — parce qu'un homme stupide ou ivrogne dispose du droit de vote alors que la femme intelligente, institutrice ou savante, ne dispose pas du même droit. Cette inégalité est la conséquence de la

(1) Article publié par l'auteur dans le *Travailleur*, de Lille, le 18 novembre 19..

civilisation masculine qui domine depuis tant de siècles et qu'une société à base socialiste fera disparaître.

Il est un point sur lequel notre jugement sera quelque peu différent. Mme Nelly Roussel attache une grande valeur au suffrage des femmes ; elle croit que ses compagnes entreront au Paradis quand elles auront le droit de voter et de pénétrer dans les Assemblées électives. Les hommes de France, qui peuvent voter depuis 1848, sont toujours sous la domination du capital parce qu'ils n'ont pas su encore mettre en pratique la théorie socialiste. Que les femmes de France jouissent du suffrage, et elles demeureront sous la domination du capital si elles n'acclament pas le socialisme.

N'exagérons pas : accordons à la femme le droit de voter ; accordons-lui également le droit d'être élue, mais constatons que la liberté qu'elle aura acquise lui permettra seulement et simplement de mieux défendre ses intérêts et d'être l'égale de l'homme.

Dans sa conférence, Mme Nelly Roussel a opposé les femmes aux hommes. C'est une attitude dangereuse et inacceptable. Nous ne sommes pas pour la lutte entre sexes, et si nous voulons accorder aux femmes les droits qu'elles revendiquent, ce n'est point parce qu'elles sont femmes, mais parce qu'elles font partie de l'humanité au même titre que les hommes et doivent être traitées comme eux. En vue du scrutin, distribuons un morceau de papier aux hommes et aux femmes, mais, faisant abstraction du sexe, ne choisissons comme représentants que ceux

ou celles qui possèdent les qualités reconnues nécessaires.

En terminant, Mme Nelly Roussel a fait appel aux républicains pour l'émancipation de la femme. Nous lui ferons remarquer que le Parti socialiste seul est capable de réaliser l'émancipation de la femme. Si cette dernière **sait comprendre son devoir et son intérêt, c'est** dans les rangs du Parti socialiste qu'elle devra s'abriter et combattre.

LE CONCOURS DES FEMMES (1)

Un appel est adressé à toutes les femmes de Lille pour les inviter à prendre part à l'action socialiste. Cet appel, nous le reprenons et nous l'adressons à toutes les femmes des autres communes. Au cours de la période électorale présente, les femmes peuvent avoir, si elles le décident, une influence considérable sur les résultats du scrutin. Il est vrai qu'elles ne votent pas, qu'elles ne jouissent pas du droit de vote que les hommes, depuis 1848, n'ont pas su pratiquer. Mais elles ne sont pas assez simplistes pour s'arrêter à cette considération-là et elles ne peuvent oublier que, si les hommes ont acquis le bonheur de voter, ils ont conservé le malheur d'être courbés sous la domination du capital. Quoique sans droits politiques, le devoir des femmes est d'intervenir dans les luttes électorales et de se mettre résolument du côté du

(1) Article publié par l'auteur dans le *Travailleur* de Lille le 20 avril 1912. Écrit en vue des élections municipales du 5 mai.

Parti socialiste qui, depuis toujours, réclame pour elles des droits semblables à ceux des hommes.

C'est surtout aux femmes ouvrières, à celles qui remplissent, pour vivre, une besogne quotidienne, que nous nous adressons. Le régime capitaliste les a poussées au travail ; il les a fait déserter la maison pour entrer à l'usine, au bureau, ou à la fabrique. Elles ont appris à connaître l'esclavage du capital et les difficultés de l'existence. Mieux placées que les hommes pour sentir les intolérables conséquences du salariat, elles doivent, plus que les hommes, désirer un chanment complet de leurs destinées.

Nous n'avons pas besoin de leur rappeler que c'est vers le Parti socialiste qu'elles ont à diriger leurs regards. De tous les partis politiques en présence, il n'en est qu'un seul qui se soit penché sérieusement sur leurs revendications, toutes leurs revendications, et s'emploie à les faire aboutir : c'est le Parti socialiste. Nous n'avons pas besoin de leur rappeler non plus que, sur le terrain municipal, les élus socialistes ont développé les œuvres en faveur de la maternité et donné à l'enfance ouvrière la nourriture, les vêtements et les soins qui lui sont nécessaires.

Les femmes savent toutes ces choses et, si elles ne votent pas, elles ont la possibilité de faire voter les hommes pour les candidats socialistes. Il y a quelques semaines, le socialisme en Allemagne a remporté de magnifiques succès, déterminés surtout par le concours que les femmes ont apporté aux candidats du Parti. Le même exemple peut être suivi par les femmes de France et nous pouvons compter sur des victoires décisives si, comme nous l'espérons, elles déposent elles-mêmes dans les mains des hommes un bulletin de vote au nom des candidats socialistes. En faisant voter pour les candidats socialistes, les femmes serviront leurs propres intérêts et combattront pour leurs propres espérances.

Ce premier devoir accompli, elles viendront se mettre à l'abri du drapeau rouge. Elles entreront dans les rangs du Parti socialiste où, à côté et avec les hommes, elles travailleront pour l'affranchissement du travail et de l'humanité. Seul, le Parti socialiste veut et peut aller jusqu'au bout des réalisations qui délivreront l'ouvrière de la servitude capitaliste et la femme de la servitude masculine.

Femmes, Ouvrières, faites voter pour les candidats socialistes le 5 mai prochain.

LE VOTE DES FEMMES EN BELGIQUE (1)

Le bruit a couru, il y a quelques jours, que le gouvernement catholique belge allait accorder le droit de vote aux femmes pour lui permettre de consolider sa situation et de diriger les destinées du pays pendant longtemps encore. Ce bruit a pu être répandu aussi bien par le gouvernement que par ses adversaires, et, sans savoir s'il est sérieux ou fantaisiste, nous croyons devoir nous y arrêter — puisque des radicaux ont insinué que le devoir du Parti socialiste belge était de repousser le droit de vote pour les femmes.

(1) Article publié par l'auteur dans le *Travailleur*, de Lille, le 28 septembre 1912.

Selon les radicaux, les femmes sont en majorité catholiques et si elles votaient ce serait en faveur du gouvernement catholique belge. C'est une perspective qui ne leur convient pas et ils veulent l'éviter en n'accordant pas aux femmes le droit de vote ; mais ils ne s'aperçoivent pas que leur raisonnement aboutit à la création d'un délit d'opinion.

Que diraient les radicaux si le gouvernement catholique belge modifiait la loi électorale de façon à ne donner le droit de vote qu'à ses seuls partisans ? Ils protesteraient contre cette iniquité et ils auraient raison. Le suffrage n'est pas le privilège d'une opinion, mais le droit de toutes les opinions — si diverses et si contradictoires qu'elles soient. En tous cas, repousser le droit de vote pour les femmes, parce qu'elles sont en majorité catholiques, est une monstruosité à laquelle ne s'associeront pas les socialistes belges.

Les radicaux qui, à chaque heure de la journée, croient accomplir des merveilles en se mettant un curé sous la dent, devraient réclamer davantage s'ils possédaient quelque logique : ils devraient interdire le droit de vote aux hommes qui sont catholiques. Car, il ne faut pas s'y tromper, les hommes catholiques, comme les femmes catholiques, défendent le gouvernement actuel de la Belgique. Nous ne nous expliquons pas pourquoi l'on maintiendrait le droit de vote aux hommes, même catholiques, alors qu'on le refuserait aux femmes, parce que catholiques.

Les femmes ne pourront voter, affirment les radicaux, que lorsqu'elles seront plus conscientes — lisez moins catholiques ou plus anticléricales. C'est à mourir de rire. A-t-on attendu, en Belgique, que les hommes soient plus conscients, débarrassés des croyances religieuses, avant de leur accorder le droit de vote ? Nullement. Pourquoi donc agirait-on différemment avec les femmes ?

Pour les socialistes, les femmes doivent voter au même titre que les hommes et ils assurent que, comme ces derniers, elles apprendront à se servir de leur droit de vote. Certes, nous voulons bien admettre que si les femmes votent, elles consolideront le gouvernement catholique belge. Et après ? Le soleil cessera-t-il de luire, l'exploitation capitaliste disparaîtra-t-elle parce que les catholiques demeureront à la tête du gouvernement ?

Si l'on y tient, nous allons dire toute notre pensée. Même si tous les socialistes devaient ne plus être réélus, le droit de vote devrait être permis aux femmes.

Voilà une déclaration qui fera bondir de colère les radicaux qui entourent les socialistes pour les obliger à se prononcer en faveur du seul droit de vote pour les hommes. Mais les socialistes ne prêteront pas l'oreille à leurs fantaisies ; ils savent que leurs défaites, si défaites il devait y avoir, ne seraient que momentanées et que leur propagande aura prise sur les femmes comme sur les hommes. Ils savent aussi qu'il ne faut pas se laisser paralyser par le suffrage universel — la révolution sociale devant venir par un autre chemin.

Non, non, les socialistes belges n'abandonneront pas le droit de vote pour les femmes : ils veulent rester des socialistes et non devenir de vulgaires politiciens.

RÉSOLUTIONS DU PARTI SOCIALISTE (1)

PARTI OUVRIER FRANÇAIS

Le Congrès, considérant que l'homme et la femme sont équivalents devant la nature, considérant qu'ils sont aussi indispensables l'un que l'autre à la perpétuation de la société ; déclare qu'ils doivent régir ensemble cette société et partager l'exercice des mêmes droits tant dans la vie publique que dans la vie privée.

(Congrès de Marseille, 1879).

Considérant que l'émancipation de la classe productrice est celle de tous les êtres humains sans distinction de sexe ni de race...

Suppression... de tous les articles du code établissant l'infériorité de l'ouvrier vis-à-vis du patron et l'infériorité de la femme vis-à-vis de l'homme.

Egalité de salaires, à travail égal, pour les travailleurs des deux sexes.

(Considérant et Articles du programme du Parti ouvrier français, congrès du Havre, 1880, et de Roanne, 1882.)

Considérant la nécessité et le droit absolu pour tout

(1) Nous croyons devoir reproduire les principales résolutions adoptées par les socialistes dans leurs congrès nationaux et internationaux.

être humain d'avoir le plus entier développement de toutes ses facultés.

Le congrès réclame l'instruction civile, intégrale et identique pour tous et pour toutes.

(Congrès du Havre, 1880.)

Considérant qu'il appartient au congrès de proclamer que la femme doit être l'égale de l'homme et posséder comme lui tous les droits civils, politiques et économiques, mais qu'il est impossible d'espérer que les détenteurs injustes de la richesse sociale consentent jamais à les accorder, les membres du congrès ouvrier déclarent qu'ils n'attendent que de la révolution sociale la consécration de l'égalité des deux sexes.

(Congrès du Havre, 1880.)

Conformément au programme général du Parti, le Congrès affirme à nouveau l'égalité complète des deux sexes et invite tous les travailleurs à réclamer pour la femme :

Les mêmes droits civils et politiques que l'homme ;

L'abrogation de toutes les lois qui la mettent en dehors du droit commun et public ;

A travail égal, salaire égal.

(Congrès de Lyon, 1891.)

Considérant que la femme est aujourd'hui industrialisée au même titre que l'homme ; que cette industrialisation a donné naissance à un prolétariat qui, dès cette heure, constitue une force toujours croissante, puisque, de plus en plus, elle devient le nombre ;

qu'il importe, dans l'intérêt de la femme et du socialisme, d'organiser cette force.

Le Congrès invite tous les délégués présents à aider de tous leurs efforts à l'organisation syndicale et fédérative des travailleuses.

(Congrès de Romilly, 1895.)

Les aptitudes et les charges sexuelles de la femme et les intérêts supérieurs de l'espèce et de la société attachés à sa sauvegarde, lui créant, vis-à-vis des conditions actuelles de la production et de la reproduction, une situation distincte de celle de l'homme, le Parti met à l'ordre du jour de son prochain congrès et de sa propagande écrite ou parlée la question de savoir s'il y a lieu d'élaborer un *programme féminin*, purement protecteur de la femme exploitée comme salariée et comme femme; dépossédée comme salariée du fruit de son travail et dans son sexe, dépossédée comme mère du produit de sa chair si elle est mariée, écrasée sous toutes les charges de la maternité en dehors du mariage, doublement serve comme productrice et comme reproductrice.

(Congrès de Paris, 1897).

PARTI SOCIALISTE DE FRANCE

Art. 2. — Égalité civile et politique de tous les membres du corps social.

Art. 21. — A travail égal, égalité de salaire pour les travailleurs des deux sexes.

(Articles du programme du Parti socialiste de France, congrès de Reims, 1903.)

PARTI SOCIALISTE FRANÇAIS

Suffrage universel direct, sans distinction de sexes, et dans toutes les élections.

Admission des femmes à toutes les fonctions publiques.

Abrogation de toutes les lois qui établissent l'infériorité civile des femmes et des enfants naturels ou adultérins.

Législation plus libérale du divorce.

Loi sur la recherche de la paternité.

Interdiction du travail de nuit pour les femmes et les adolescents.

Repos légal des femmes, six semaines avant et six semaines après l'accouchement.

> (*Articles du programme du Parti socialiste français, congrès de Tours, 1902.*)

PARTI SOCIALISTE (S. F. DE L'I. O.)

Considérant que, déjà, en 1891, le Congrès international de Bruxelles invitait les socialistes de tous pays à affirmer énergiquement, dans leur programme, l'égalité complète des deux sexes et à abroger les lois qui mettent la femme en dehors du droit commun et public ;

Considérant que, depuis, le Parti socialiste s'est toujours, dans la question des sexes, prononcé dans ce sens ;

Le Congrès national déclare légitime et urgente l'extension du suffrage universel aux femmes, et charge les élus du Parti de présenter dans ce sens, autant que possible cette année, un projet de loi à la Chambre (1).

(Congrès de Limoges, 1906, et de Nancy, 1907.)

(1) La résolution suivante avait été déposée, mais elle a été retirée le temps manquant pour sa discussion :

Considérant que l'émancipation de la femme dans l'atelier est subordonnée à l'émancipation du travail, c'est-à-dire à la substitution au travail salarié du travail libre qui assurera au producteur l'intégralité de son produit ;

Considérant, d'autre part, que l'émancipation de la femme dans la famille est également subordonnée à la transformation de la famille individuelle d'aujourd'hui, c'est-à-dire au remplacement des garanties familiales, qui n'existent actuellement que pour le plus petit nombre des enfants, par des garanties sociales embrassant tous les enfants sans distinction ;

Considérant enfin que les droits civils et politiques réclamés aujourd'hui par la femme sont possédés depuis nombre d'années par les prolétaires, sans que leur émancipation en ait résulté ou puisse en résulter ;

Le Congrès :

Tout en proclamant l'égalité des sexes, et en s'engageant à faire une active campagne pour l'obtention du droit de vote pour les femmes ;

Déclare :

Que la question du droit des femmes sera résolue et ne pourra être résolue qu'avec la question du travail, par l'appropriation collective de tous les instruments de production ;

Et invite toutes les femmes, conscientes de la double exploitation qu'elles subissent, à se joindre au Parti Socialiste pour précipiter la Révolution Sociale.

CONGRÈS SOCIALISTES INTERNATIONAUX

Le Congrès réclame... l'interdiction du travail des femmes dans toutes les branches d'industrie qui affectent plus particulièrement l'organisme féminin, la suppression du travail de nuit pour les femmes et les ouvriers de moins de 18 ans.

Le Congrès déclare en outre qu'il est du devoir des ouvriers d'admettre les ouvrières dans leurs rangs, sur le pied d'égalité, et de faire prévaloir le principe à travail égal, salaire égal pour les travailleurs des deux sexes et sans distinction de nationalité.

(*Congrès de Paris, 1889.*)

Le Congrès invite les Partis socialistes et ouvriers de tous les pays à affirmer énergiquement, dans leurs programmes, *l'égalité complète* des deux sexes et à demander d'abord ce qui suit :

Abrogation de toutes les lois qui mettent la femme en dehors du droit commun et public.

(*Congrès de Bruxelles, 1891.*)

Considérant que certain mouvement féministe bourgeois repousse toute législation protectrice en faveur des ouvrières, comme portant atteinte à la liberté de la femme et à l'égalité de ses droits vis-à-vis de l'homme.

Qu'il laisse ainsi, hors de compte, d'une part, le caractère de notre société actuelle, qui est basée sur l'exploitation de la classe ouvrière, de la femme aussi bien que l'homme, par la classe capitaliste ; que, d'autre part, il méconnaît le rôle assigné à la femme par la différenciation même des sexes, et son rôle de mère, si important pour l'avenir de la société.

Le Congrès international de Zurich déclare qu'il est du devoir des représentants des travailleurs de tous les pays d'insister sur la protection législative des ouvrières en revendiquant l'application des mesures suivantes :

1. Une journée maximum de 8 heures pour les femmes et celle de 6 heures pour les filles au-dessous de 18 ans.

2. Cessation de travail ininterrompu de 36 heures par semaine.

3. Interdiction du travail de nuit.

4. Interdiction du travail des femmes dans toutes les industries nuisibles à la santé.

5. Interdiction du travail des femmes enceintes 2 semaines au moins avant et 4 semaines au moins après l'accouchement.

6. Nomination d'inspectrices du travail en nombre suffisant dans toutes les branches d'industrie où les femmes sont occupées.

7. Application des mesures ci-dessus à toutes les femmes occupées dans des usines, des ateliers, des magasins, dans l'industrie domestique et dans l'agriculture.

(Congrès de Zurich, 1893.)

Le Congrès déclare que l'émancipation de la femme est inséparable de celle du travailleur, et il fait appel

Vérecque.   16

aux femmes de tous les pays à l'effet de s'organiser politiquement avec les travailleurs.

(Congrès de Londres, 1896.)

... C'est un devoir des syndicats d'accepter comme membres les femmes travaillant dans leur industrie respective, et d'aspirer à réaliser le principe du salaire égal à travail égal pour les deux sexes.

(Congrès de Londres, 1896.)

Considérant que sur le terrain de la politique socialiste, la femme et l'homme ont des droits égaux, le congrès proclame la nécessité du suffrage universel pour les deux sexes.

(Congrès de Paris, 1900.)

Dans les luttes que le prolétariat mène pour la conquête du suffrage universel, égal, direct et secret aux parlements et aux conseils communaux, les Partis socialistes doivent revendiquer, par des propositions, le suffrage des femmes ; cette revendication doit-être maintenue comme principe dans la propagande et défendue avec toute énergie.

(Congrès d'Amsterdam, 1904.)

Le Congrès salue avec la plus grande joie la Conférence internationale des femmes socialistes, et se déclare solidaire des résolutions votées par celles-ci et relatives au vote des femmes.

Le Congrès repousse le droit de vote limité, qui fausse le principe de l'égalité politique de la femme et lui porte atteinte. Les partis socialistes luttent pour l'unique expression concrète et vivante de ce principe : le suffrage universel général, accordé à toutes les femmes majeures et non limité par des conditions de propriété, de cens, de capacité et d'autres conditions qui pourraient priver de ce droit des membres du peuple travailleur. Dans cette lutte pour l'égalité complète en matière de droit électoral, les femmes socialistes ne doivent pas s'allier aux féministes de la bourgeoisie, qui réclament e droit de suffrage ; mais, elles mènent la bataille côte à côte, avec les partis socialistes qui luttent pour le suffrage des femmes, et considèrent celui-ci comme une des réformes fondamentales et pratiques des plus importantes pour obtenir la démocratisation complète du suffrage.

Les partis socialistes de tous les pays ont le devoir de lutter énergiquement pour l'introduction du suffrage universel des femmes. C'est pourquoi leurs luttes pour la démocratisation du suffrage dans les organismes législatifs et administratifs de l'Etat et des communes en faveur du prolétariat, doivent englober tout particulièrement la lutte pour le vote des femmes qu'ils réclament et doivent défendre avec force, dans la propagande et au sein du Parlement. Dans les pays où la démocratisation du suffrage des hommes a déjà fait des progrès considérables ou est réalisé complètement, les partis socialistes ont à entreprendre la lutte pour l'introduction du suffrage universel des femmes, et défendre évidemment, en même temps toutes les réformes que nous avons encore à réaliser, pour le prolétariat masculin, dans l'intérêt de l'oc-

troi des droits complets inhérents à la qualité de citoyen.

Le Congrès socialiste international ne peut pres-
crire de date déterminée à laquelle un mouvement
pour la conquête du droit de suffrage doit commencer.
Il déclare néanmoins que lorsque dans un pays déterminé, pareil mouvement est entamé, celui-ci doit
viser la conquête du suffrage universel pour tous les
adultes, sans distinction de sexe et sans conditions.

(Congrès de Stuttgart, 1907.)

CONFÉRENCE INTERNATIONALE DES FEMMES SOCIALISTES

La deuxième Conférence internationale des femmes
socialistes confirme la résolution que la première
Conférence de Stuttgart de 1907 a votée en matière de
droit de suffrage des femmes.

Vu les tentatives incessantes, tendant à berner la
grande majorité du sexe féminin par l'introduction
d'un suffrage limité, et en même temps d'entraver
ainsi le prolétariat tout entier en marche sur la route
conduisant à la puissance politique, la Conférence
insiste encore une fois et tout particulièrement sur
les principes suivants :

Le mouvement des femmes socialistes de tous les
pays repousse le suffrage limité des femmes comme
une falsification et une dérision de principe du droit
à l'égalité politique du sexe féminin. Il lutte pour
l'unique expression vivante et concrète de ce principe : le suffrage général des femmes, attribué à toutes
les majeures et qui n'est dépendant ni de la propriété,

ni de l'impôt, ni du degré de culture, ni d'autres conditions excluant des membres de la classe ouvrière de la jouissance de ce droit. Il ne mène pas sa lutte en alliance avec les suffragettes bourgeoises, mais en communauté avec les partis socialistes qui, en général, luttent pour le droit de suffrage comme pour une des réformes les plus importantes au point de vue principiel et pratique pour la démocratisation complète du droit de suffrage.

Vu l'importance croissante que l'émancipation politique du sexe féminin a pour la lutte de classe du prolétariat, la Conférence rappelle ensuite les lignes directrices suivantes :

Les partis socialistes de tous les pays ont pour obligation de lutter énergiquement pour l'introduction du suffrage général des femmes. C'est pour ce motif que, particulièrement aussi, leurs luttes pour la démocratisation du droit de suffrage dans les organismes législatifs et administratifs de l'Etat et de la commune, doivent être conduites comme des luttes pour le droit de suffrage des femmes qu'ils doivent réclamer et présenter avec insistance dans la propagande comme au Parlement. Dans les pays où la démocratisation du droit de suffrage des hommes est déjà fort avancée ou accomplie, les partis socialistes ont à entreprendre la lutte pour le suffrage général des femmes et, en relation avec celles-ci, ils doivent naturellement lutter pour toutes les réformes que nous avons encore éventuellement à réclamer en faveur du prolétariat masculin pour obtenir un droit électoral égalitaire.

Il est du devoir des femmes socialistes de tous les pays de participer, dans la plus grande mesure possible aux luttes que les partis socialistes ont entreprises pour la démocratisation du droit de suffrage, mais elles doivent également utiliser la même énergie pour que, dans ces luttes, la demande du droit de suffrage général soit poursuivie sérieusement, conformément à l'importance principielle et aux conséquences pratiques de cette réforme.

(Conférence de Copenhague, 1910.)

TABLE DES MATIÈRES

Imprimerie BUSSIÉRE. — Saint-Amand (Cher).

EXTRAIT
DU CATALOGUE GÉNÉRAL DES OUVRAGES DU FONDS

BIBLIOTHÈQUES
COLLECTIONS ET REVUES

ÉDITÉES PAR
M. GIARD & É. BRIÈRE
LIBRAIRES-ÉDITEURS
16, RUE SOUFFLOT ET 12, RUE TOULLIER
PARIS (V')
1913-1914

Envoi franco aux prix marqués sur ce Catalogue

BIBLIOTHÈQUE INTERNATIONALE DE DROIT PUBLIC

PUBLIÉE SOUS LA DIRECTION DE Gaston Jèze

Honorée de souscriptions du Ministère de l'Instruction publique

☞ Les volumes de cette Bibliothèque se vendent aussi reliés avec une augmentation de 1 fr. pour la série in-8 et 0 fr. 50 pour la série in-18

BRYCE (J.). — La république américaine. Préface de E. Chavegrin. *2ᵉ édition revue et augmentée*, 5 vol. in-8 : Tome I : Le Gouvernement national; Tome II : Le Gouvernement des Etats; Tome III . Le système des partis : l'Opinion publique; Tome IV et V : Les institutions sociales. 1912-1913. 5 vol. in-8. brochés .. 60 fr. »

LABAND (P.). — Le droit public de l'empire allemand. Edition française. Préface de F. Larnaude. Trad. de Gandilhon, Lacuire, Vulliod, Jadot et Bouyssy. 1900-1904. 6 vol. in-8. br. 60 fr. »

DICEY (A.-V.). — Introduction à l'étude du droit constitionnel. Préface de A. Ribot. Trad. A. Batut et G. Jèze. 1902. 1 vol: in-8. broché. .... 10 fr. »

WILSON (W.). — L'Etat, avec une préface de L. Duguit. Trad. de J. Wilhelm. 1902. 2 vol. in-8. brochés................. 20 fr. »

HAMILTON (A.), J. JAY, et J. MADISON. — **Le fédéraliste,** nouvelle
édition française, par G. Jèze, avec une préface de A. Esmein. 1902.
1 vol. in-8, broché .... 14 fr.   »

KORKOUNOV (N.-M.). — **Cours de théorie générale du droit.** Préface
de F. Larnaude. Trad. française de J. Tchernoff. 1903. 1 vol. in-8
broché .... 10 fr.   »

KOVALEWSKY (M.). — **Les institutions politiques de la Russie.** Trad.
française, par M. Derocquigny. 1903. 1 vol. in-8. broché.   7 fr. 50

ANSON (Sir R.). — **Loi et pratique constitutionnelle de l'Angleterre,**
Trad. Gandilhon. 1903-1095. 2 vol. in-8 :
Tome I : *Le Parlement.* 1903. 1 vol. in-8. broché.....   10 fr.   »
Tome II : *La Couronne.* 1905. 1 vol. in-8. broché.....   10 fr.   »

MAYER (Otto). — **Le droit administratif allemand,** édition française
par l'auteur. 1903-1906. 4 vol. in-8..................   32 fr.   »

NITTI (F.-S.). — **Principes de science des finances,** avec une préface de
A. Wahl. Trad. de J. Chamard. 1904. 1 vol. in-8, broché.   12 fr.   »

CURTI (Th.). — **Le referendum,** histoire de la législation populaire en
Suisse. Trad. J. Ronjat, 1905, 1 vol. in-8, broché.......   10 fr.   »

DICEY (A.-V.). — **Leçons sur les rapports entre le droit et l'opinion publique en Angleterre au cours du XIXe siècle.** Préface de A. Ribot.
Trad. de A. Batut et G. Jèze. 1906. 1 vol. in-8, broché..   12 fr.   »

MOREAU (F.) et DELPECH (J.). — **Les règlements des Assemblées
législatives.** Préface de Ch. Benoist. 1906-1907. 2 vol. in-8, brochés .... 30 fr.   »

GOODNOW (F.-G.). — **Les principes du droit administratif des Etats-
Unis.** Trad. A. et G. Jèze. 1907. 1 vol. in-8, broché ....   12 fr.   »

STUBBS (W.). — **Histoire constitutionnelle de l'Angleterre,** avec introduction, notes et études de Ch. Petit-Dutaillis. 2 vol. in-8. Trad.
par G. Lefebvre.
Tome I. 1907. 1 vol. in-8 broché.....................   16 fr.   »
Tome II. 1913. 1 vol. in-8, broché...................   16 fr.   »

ERRERA (P.). — **Traité de droit public belge.** 1909. 1 fort volume in-8,
broché .... 12 fr. 50

NERINCX (Alf.). — **L'organisation judiciaire aux Etats-Unis.** 1909.
1 vol. in-8, broché....................................   10 fr.   »

MAY (Erskine). — **Traité des lois, privilèges, procédures, et usages
du Parlement.** 2 vol. in-8, brochés ....   25 fr.   »

LOWELL (A.-L.). — Le gouvernement de l'Angleterre. Trad. de
A. Nerincx, 2 vol. in-8 :
Tome I. 1910. 1 vol. in-8, broché........................ 15 fr.   »
Tome II. 1910. 1 vol. in-8, broché........................ 15 fr.   »

REDLICH (J.). — Le gouvernement local en Angleterre. Trad. Oualid,
1911. 2 vol in-8 :
Tome I : 1911. 1 vol. in-8, broché........................ 12 fr.   »
Tome II : 1911. 1 vol. in-8, broché........................ 12 fr.   »

JELLINEK (G.). — L'Etat moderne et son droit. Trad. Fardis, 1911-
1913. 2 vol. in-8 :
Tome I : Doctrine générale. 1911. 1 vol. in-8, broché.   12 fr.   »
Tome II : Théorie juridique. 1913. 1 vol. in-8, broché.   12 fr.   »

SÉRIE IN-18 :

TODD (A.). — Le gouvernement parlementaire en Angleterre. Traduit
sur l'édition anglaise de Spencer Walpole, avec une préface de Casi-
mir-Périer. 1900. 2 vol. in-18, brochés............... 12 fr.   »

WILSON (W.). — Le gouvernement congressionnel, avec une préface
de Henri Wallon. 1900. 1 vol. in-18, broché ....   5 fr.   »

JENKS (Edward). — Esquisse du gouvernement local en Angleterre.
Trad. J. Wilhelm. Préface de H. Berthélemy. 1902. 1 vol. in-18,
broché. ....   5 fr.   »

DICKINSON (G.-L.). — Le développement du Parlement pendant le
XIXᵉ siècle. Trad. et préface de M. Deslandres. 1906. 1 vol. in-18
broché ....   5 fr.   »

SOUS PRESSE

OPPENHEIMER. — L'Etat, ses origines, 1 vol. in-18.

BIBLIOTHÈQUE INTERNATIONALE D'ÉCONOMIE POLITIQUE
PUBLIÉE SOUS LA DIRECTION DE Alfred Bonnet

Honorée de souscriptions du Ministère de l'Instruction publique

☛ Les volumes de cette Bibliothèque se vendent aussi reliés avec une augmentation de 1 fr. pour la série in-8 et o fr. 5o pour la série in-18

SÉRIE IN-8° :

COSSA (Luigi). — **Histoire des doctrines économiques.** Trad. Alfred Bonnet. Préface de A. Deschamps. 1899. 1 vol. broch. (i)   (*Epuisé*)

ASHLEY (W.-J.). — **Histoire et doctrines économiques de l'Angleterre.** Trad. Bondois et Bouyssy. 1900. 2. vol. brochés (ii-iii).   15 fr. ▸

SÉE (H.). — **Les classes rurales et le régime domanial au moyen-âge en France.** 1901. 1 vol. broché (iv)................ 12 fr. ▸

WRIGHT (C.-D.). — **L'évolution industrielle des Etats-Unis.** Trad. F. Lepelletier. Préf. de E. Levasseur. 1901. 1 vol. br. (v)   7 fr. ▸

CAIRNES (J.-E.). — **Le caractère et la méthode logique de l'économie politique.** Trad. G. Valran. 1902. 1 vol. broché (vi) ...   5 fr. ▸

SMART (W.). — **La répartition du revenu national.** Trad. G. Guéroult. Préface de P. Leroy-Beaulieu. 1902. 1 vol. broché (vii).   7 fr. ▸

SCHLOSS (David). — **Les modes de rémunération du travail.** Trad. Charles Rist. 1902. 1 vol. broché (viii).............. 7 fr. 50

SCHMOLLER (G.). — **Questions fondamentales d'économie politique et de politique sociale.** 1902. 1 vol. broché (ix)...... 7 fr. 50

BOHM-BAWERK (E.). — **Histoire critique des théories de l'intérêt du capital.** Trad. Bernard. 1902. 2. vol. brochés (x-xi) ..   14 fr. ▸

PARETO (Vilfredo). — **Les systèmes socialistes.** 1902. 2 volumes brochés (xii-xiii).................................   *Epuisé*

LASSALLE (F.). — **Théorie systématique des droits acquis.** Avec préface de Ch. Andler. 1904. 2 vol. brochés (xiv-xv).......   20 fr. ▸

RODBERTUS-JAGETZOW (C.). — **Le capital.** Trad. Chatelain. 1904. 1 vol. broché (xvi). ....   6 fr. ▸

LANDRY (A.). — **L'intérêt du capital.** 1904. 1. vol. br. (xvii)   7 fr.

PHILIPPOVICH (E.). — **La politique agraire.** Traduit par S. Bouyssy, avec préface de A. Souchon, 1904. 1 vol. broché (xviii) .... 6 fr. »

DENIS (Hector). — **Histoire des systèmes économiques et socialistes**
Tome I : *Les Fondateurs.* 1904. 1 vol. broché (xix).... 7 fr. »
Tome II : *Les Fondateurs (fin).* 1907. 1 vol. broché (xx) 10 fr. »

WAGNER (Ad.). — **Les fondements de l'économie politique :**

Tome I. Trad. Polack, 1904. 1 vol. broché (xxii).... 10 fr. »
Tome II. Trad. K. L. 1909. 1 vol. broché (xxiii)..... 12 fr. »
Tome III. Trad. K. L. 1913. 1 vol. broché (xxiv)...... 10 fr. »
Tome IV. Trad. K. L. 1913. 1 vol. broché (xxv). .. 10 fr. »

SCHMOLLER (G.). — **Principes d'économie politique.** Traduit par G. Platon et L. Polack. 5 vol. 1905-08 (xxvi à xxx).... 50 fr. »

PETTY (Sir W.). — **Œuvres économiques.** Trad. Dussauze et Pasquier. 1905. 2 vol. brochés (xxxi-ii)........... 15 fr. »

SALVIOLI. — **Le capitalisme dans le monde antique.** Trad. A. Bonnet. 1906. 1 vol. br. (xxxiii)........................ 7 fr. »

EFFERTZ (O.). — **Les antagonismes économiques.** Introduction de Ch. Andler. 1906. 1 vol. broché (xxxiv)............. 12 fr. »

MARSHALL (A.). — **Principes d'économie politique.** 2 vol. in-8 :

Tome I. Trad. par Sauvaire-Jourdan. 1907. 1 vol. broché (xxxv).. 10 fr. »
Tome II. Trad. par Sauvaire-Jourdan et Bouyssy. 1909. 1 vol. broché (xxxvi)...................................... 12 fr. »

FONTANA-RUSSO (L.). — **Traité de politique commerciale.** Trad. F. Poli. 1908. 1 vol. in-8 broché (xxxvii) .... 14 fr. »

CORNELISSEN (C.). — **Théorie du salaire et du travail salarié.** 1909. 1 fort vol. in-8, broché (xxxviii)..................... 14 fr. »

JEVONS (W. Stanley). — **La théorie de l'économie politique.** Trad. H.-E. Barrault et M. Alfassa. 1909. 1 vol. in-8 br. (xxxix), 8 fr. »

PARETO (Vilfredo). [— Manuel |d'économie politique. Trad. de A. Bonnet. 1909. 1 vol. broché (xl).................... 12 fr. 50

CANNAN (Edwin). — **Histoire des théories de la production et de la distribution dans l'économie politique anglaise de 1776 à 1848.** Trad. par E. Barrault et M. Alfassa. 1910. 1 vol. in-8 broché (lxi).. 12 fr. »

CLARCK (J.-B.). — Principes d'économique dans leur application aux problèmes modernes de l'industrie et de la politique économique. Traduction. W. Oualid et O. Leroy. 1911. 1 vol. in-8 broché (LXII) .... 10 fr. »

FISHER (I.). — De la nature du capital et du revenu. Trad. S. Bouyssy, 1911. 1 vol. in-8 broché (XLII)........................ 12 fr. »

LORIA (A.). — La synthèse économique. Etude sur les lois du revenu. Trad. C. Monnet. 1911. 1 vol. in-8 broché (XLIII) ...... 12 fr. »

CARVER (Th. N.). — La répartition des richesses. Trad. R. Picard. 1913. 1 vol. in-8 broché (XLIV) .... 5 fr. »

WEBB (S. et B.). — La lutte préventive contre la misère. Trad. H. La Coudraie. 1913. 1 vol. in-8 (XLV), broché.............. 8 fr. »

HERSCH (L.). — Le Juif errant d'aujourd'hui. (40 tableaux statistiques et 9 diagrammes). 1913. 1 vol. broché (XLVI).... 6 fr. »

CORNELISSEN (Ch.). — Théorie de la valeur. 2e édition entièrement refondue. 1913. 1 vol. broché (XLVII) .... 10 fr. »

LEROY (M.). — La coutume ouvrière. Doctrines et institutions. 1913. 2 vol. brochés (XLVIII-IXL) .... 18 fr. »

KOBATSCH (R.). — La politique économique internationale. Trad. G. Pilati et A. Bellaco. 1913. 1 vol. in-8. broché (L) .. 12 fr. »

TOUGAN-BARANOWSKY (M.). — Les crises industrielles en Angleterre. Trad. par Schapiro. 1913. 1 vol. broché (LI)..... 12 fr. »

SÉRIE IN-18 :

MENGER (Anton). — Le droit au produit intégral du travail. Trad. A. Bonnet. Préface de Ch. Andler. 1900. 1 vol. broché (I)   3 fr. 50

PATTEN (S.-N). — Les fondements économiques de la protection. Trad. F. Lepelletier. Préface de P. Cauwès. 1889. 1 vol. broché (II)... 2 fr. 50

BASTABLE (C.-F.). — La théorie du commerce international. Trad. avec introd. par Sauvaire-Jourdan. 1900. 1 vol. br. (III)   3 fr. »

WILLOUGHBY (W.-F.). — Essais sur la législation ouvrière aux Etats-Unis. Trad. Chaboseau. 1903. 1 vol. broché (IV).. 3 fr. 50

DUFOURMANTELLE (M.). — Les prêts sur l'honneur. 1913. 1 vol. broché (V) .... 4 fr. »

SOUS PRESSE :

WAGNER. — Fondements de l'économie politique. Tome V.

AUSPITZ et LIEBEN. — La théorie des prix........

BOHM-BAWERK. — **La théorie positive du capital**.....

FISHER. — **Le pouvoir d'achat de la monnaie**..........

WALSH. — **Le problème fondamental de la monnaie.**

KAUFMANN. — **La Banque en France.**

ROSCHER (W.). — **Politique industrielle.** Mise à jour par Stieda, 2 vol. in-8.

ROSCHER (W.) — **Politique commerciale.** Mise à jour par Stieda, 2 vol. in-8.

BIBLIOTHÈQUE INTERNATIONALE DE DROIT PRIVÉ ET DE DROIT CRIMINEL

PUBLIÉE SOUS LA DIRECTION DE P. Lerebours-Pigeonnière

Honorée de souscriptions du Ministère de l'Instruction publique

Les volumes de cette Bibliothèque se vendent aussi reliés avec un augmentation de 1 franc

COSACK (O.), *professeur à l'université de Bonn.* — **Traité de droit commercial.** Avec préface de Ed. Thaller, traduction de Léon Mis. 1905-7. 3 vol. in-8 :

    Tome   I : **Théorie générale.** 1905. 1 vol. in-8, broché.   8 fr. »

    Tome II : **Opérations.** 1905. 1 vol. in-8, broché ....   8 fr. »

    Tome III : **Sociétés, assurances terrestres et maritimes.** 1907. 1 vol. in-8, broché...........................   10 fr. »

    L'ouvrage complet : 3 vol. in-8.............   26 fr. »

STEVENS (E.-M.) D. C. L. de Christ Church (Oxford). — **Eléments de droit commercial anglais,** revus et corrigés par Herbert Jacobs, traduit par L. Escarti, avec introduction, par P. Lerebours-Pigeonnière. 1909. 1 vol. in-8, broché......................   10 fr. »

LISTZ (Dr F. von), *professeur ordinaire de droit à Berlin.* — **Traité de droit pénal allemand.** Traduit sur la 17e édition allemande (1908) par R. Lobstein. 1910-1913. 2 vol. in-8 :

    Tome I : **Partie générale.** 1910. 1 vol. in-8   ......   10 fr. »

    Tome II : **Partie spéciale.** 1913. 1 vol. in-8   ....   12 fr. »

    L'ouvrage complet : 2 vol. in-8 ....   22 fr. »

VIVANTE (O.), *professeur ordinaire de droit commercial à l'université*

de Rome. — Traité de droit commercial, avec préface de M. Albert Wahl. 1910-1912. Traduction par Jean Escarra. 4 vol. in-8° :
    Tome   I : Les commerçants ;
    Tome II : Les sociétés commerciales ;
    Tome III : Les Titres de crédit.
    Tome IV : Les obligations.
    L'ouvrage complet : 4 vol. in-8°................ 112 fr. •

WIELAND (D. O.). — **Les droits réels dans le Code civil suisse.** Trad. et mis au courant par H. Bovay. 1913-1914. 2 vol. in-8. brochés .... 25 fr. •
    Tome I : 1913. 1 vol. in-8.................... *(Déjà paru).*

WIELAND (D. O.). — **Les droits réels dans le Code civil suisse**
    Tome II : 1 vol. in-8........................ *(Sous presse).*

BIBLIOTHÈQUE SOCIOLOGIQUE INTERNATIONALE

PUBLIÉE SOUS LA DIRECTION DE René Worms

Honorée de souscriptions du Ministère de l'Instruction publique

☞ Les volumes I à XXX de la Collection peuvent aussi être achetés reliés avec une augmentation de 2 fr. et XXXI et suite avec une augmentation de 1 fr. seulement.

SÉRIE IN-8

WORMS (René). — Organisme et société. 1896. 1 vol. in-8 (I)   6 fr. •

LILIENFELD (Paul de). — La pathologie sociale. 1896. 1 vol. in-8 (II)... 6 fr. •

NITTI (Francesco S.). — La population et le système social. 1897. 1 vol. in-8 (III) .... 5 fr. •

POSADA (A.). — Théories modernes sur les origines de la famille, de la société et de l'état. 1896. 1 vol. in-8 (IV).............. 4 fr. •

BALICKI (S.). — L'Etat comme organisation coercitive de la société politique. 1896. 1 vol. in-8 (V) .... *(Epuisé).*

NOVICOW (J.). — Conscience et volonté sociales. 1897. 1 vol. in-8 (VI) .... 6 fr. •

GIDDINGS (Franklin H.). — Principes de sociologie. 1897. 1 vol. in-8 (VII).. 6 fr. •

LORIA (A.). — Problèmes sociaux contemporains. 1897. 1 vol. in-8 (VIII) .... 4 fr. •

VIGNES (M.). — La science sociale d'après les principes de Le Play et de ses continuateurs. 1897. 2 vol. in-8 (ix-x)..........   16 fr. »

VACCARO (M.-A.). — Les bases sociologiques du droit et de l'Etat. 1898. 1 vol. in-8 (xi).............................   8 fr. »

GUMPLOWICZ (L.). — Sociologie et politique. 1898. 1 volume in-8 (xii)...   6 fr. »

SIGHELE (Scipio). — Psychologie des sectes. 1898. 1 volume in-8 (xiii)...   5 fr. »

TARDE (G.). — Etudes de psychologie sociale. 1898. Un volume in-8 (xiv)..   7 fr. »

KOVALEWSKY (M.). — Le régime économique de la Russie. 1898. 1 vol. in-8 (xv)......................................   7 fr. »

STARCKE (C.). — La famille dans les diverses sociétés. 1899. 1 vol. in-8 (xvi)..   5 fr. »

LA GRASSERIE (Raoul de). — Des religions comparées au point de sociologique. 1899. 1 vol. in-8 (xvii)...............   7 fr. »

BALDWIN (J.-M.). — Interprétation sociale et morale des principes du développement mental. 1899. 1 vol. in-8 (xviii) ....   10 fr. »

DUPRAT (G.-L.). — Science sociale et démocratie. 1900. 1 vol. in-8 (xix) ....   6 fr. »

LAPLAIGNE (H.). — La morale d'un égoïste ; essai de morale sociale. 1 vol. in-8 (xx) ....   5 fr. »

LOURBET (Jacques). — Le problème des sexes. 1900. 1 volume in-8 (xxi) ....   5 fr. »

BOMBARD (E.). — La marche de l'humanité et les grands hommes d'après la doctrine positive. 1900. 1 vol. in-8 (xxii) ....   6 fr. »

LA GRASSERIE (Raoul de). — Les principes sociologiques de la criminologie. 1901. 1 vol. in-8 (xxiii) ....   8 fr. »

POUZOL (Abel). — La recherche de la paternité. 1902. 1 volume in-8 (xxiv) ....   10 fr. »

BAUER (A.). — Les classes sociales. 1902. 1 vol. in-8 (xxv)   7 fr. »

LETOURNEAU (Ch.). — La condition de la femme dans les diverses races et civilisations. 1903. 1 vol. in-8 (xxvi)..........   9 fr. »

WORMS (René). — Philosophie des sciences sociales. 3 vol. in-8 :

Tome I. *Objet des sciences sociales.* 2ᵉ *édition.* 1913. 1 vol. (xxvii)..   4 fr. »

Tome II. *Méthode des sciences sociales* 1903. 1 volume (xxviii)..   4 fr. »

Tome III. *Conclusion des sciences sociales* 1907. 1 volume (xxix)...   4 fr. »

RIGNANO (E.). — Un socialisme en harmonie avec la doctrine économique libérale. 1904. 1 vol. in-8 (xxx)................ 7 fr. »

NICEFORO (A.). — Les classes pauvres. Recherches anthropologiques et sociales. 1905. 1 vol. in-8 (xxxi) .... 8 fr. »

LESTERWARD (F.). — Sociologie pure. 1906. 2 volumes in-8 (xxxii-iii).. 16 fr. »

LA GRASSERIE (R. de). — Les principes sociologiques du droit civil. 1906. 1 vol. in-8 (xxxiv) .... 10 fr. »

CAIRD (Edw.). — Philosophie sociale et religion d'Auguste Comte. 1907. 1 vol. in-8 (xxxv)............................ 4 fr. »

BAUER (A.). — Essai sur les révolutions. 1908. 1 volume in-8 (xxxvi) .... 6 fr. »

SIGHELE (S.). — Littérature et criminalité. 1908. 1 volume in-8 (xxxvii) .... 4 fr. »

LACOMBE (P.). — Taine historien et sociologue. 1909. 1 volume in-8 (xxxviii).. 5 fr. »

KOVALEWSKY (M.). — La France économique et sociale à la veille de la Révolution. 1909-1911. 2 vol. :
    Tome I : *Les Campagnes*. 1909. 1 vol. in-8 (xxxix).. 8 fr. »
    Tome II : *Les Villes*. 1911. 1 vol. in-8 (xl).......... 7 fr. »

STEIN. — Le sens de l'existence. 1909. 1 vol. in-8 (xli)... 12 fr. »

MAUNIER (R.). — L'origine et la fonction économique des villes. 1910. 1 vol. in-8 (xlii)............................. 6 fr. »

BOCHARD (A.). — L'évolution de la fortune de l'Etat. 1910. 1 vol. in-8 (xliii)... 6 fr. »

SIGHELE (S.). — Le crime à deux. 1909. 1 vol. in-8 (xliv) 4 fr. »

CORNEJO. — Sociologie générale. 1911. 2 volumes in-8 (xlv-xlvi). .... 20 fr. »

LA GRASSERIE (R. de). — Les principes sociologiques du droit public. 1911. 1 vol. in-8 (xlvii) .... 10 fr. »

COMTE (Aug.). — Système de politique positive condensé, par Cherfils. 1912. 1 vol. in-8 (xlviii)..................... 12 fr. »

WORMS (René). — La sexualité dans les naissances françaises. 1912. 1 vol. in-8 (xlix) .... 5 fr. »

SÉRIE IN-18 (*volumes brochés*) :

WORMS (René). — Principes biologiques de l'évolution sociale. 1910. 1 vol. in-18 (a) .... 2 fr. »

BALDWIN (J.-Mark). — Psychologie et Sociologie. 1 volume in-18 (b).. 2 fr. »

OSTWALD (W.). — Les fondements énergétiques de la science et de la civilisation. 1910. 1 vol. in-8 (c) .... 2 fr. »

MAUNIER (R.). — L'économie politique et la sociologie. 1910. 1 vol. in-8 (D) .... 2 fr. 50

NOVICOW (J.). — Mécanisme et limites de l'association humaine. 1912. 1 vol. in-18 (E).......................... 2 fr. »

ARREAT (L.). — Génie individuel et contrainte sociale. 1912. 1 vol. in-18 (F) .... 2 fr. »

SOUS PRESSE :

MICHELS (Robert). — Amour et Chasteté.

SZERER. — Origine sociologique de la peine.

BIBLIOTHÈQUE INTERNATIONALE
DE SCIENCE ET DE LÉGISLATION FINANCIÈRES

PUBLIÉE SOUS LA DIRECTION DE **Gaston Jèze**

Honorée de souscriptions du Ministère de l'Instruction publique

☞ Les volumes de cette Bibliothèque se vendent aussi reliés avec une augmentation de 1 franc

---

SELIGMAN (Edw. R.-A.). — L'impôt progressif en théorie et en pratique. Edition française revue et augmentée par l'auteur. Traduction de A. Marcaggi. 1909. 1 vol. in-8 : broché .... 10 fr. »

WAGNER (Ad.), *professeur à l'université de Berlin.* — Traité de la science des finances. Traduction de M. Vouters. 3 vol. :

    Tome I : Théories générales : Le budget. Les besoins financiers. Les recettes d'économie privée. 1909. 1 volume in-8 : broché..................................... 15 fr. »

    Tome II : Théorie de l'imposition. Théorie des taxes et Théorie générale des impôts. Traduction de Jules Ronjat. 1909. 1 vol. in-8 : broché.......................... 15 fr. »

    Tome III : Le Crédit public. 1912. 1 vol. in-8 broché   8 fr. »

    Tomes IV et V : Histoire de l'impôt depuis l'antiquité jusqu'à nos jours, par Wagner et Deite. Traduction Bouché-Leclercq et Couzinet. 1913. 2 vol. in-8, brochés .... 24 fr. »

    L'ouvrage complet : 5 vol. in-8, brochés .... 60 fr. »

MYRBACH-RHEINFELD (Baron Fr. Von), *professeur à l'université d'Innsbruck.* — Précis de droit financier. Traduction française de Bouché-Leclercq. 1910. 1 fort vol. in-8 : broché........ 15 fr. »

SELIGMAN (Edw. R.-A.). — **Théorie de la répercussion et de l'incidence de l'impôt.** Edition française d'après la 3ᵉ édition américaine, Traduction par Louis Suret. 1910. 1 vol. in-8 : br.   15 fr.   ♦

SOUS PRESSE :

SELIGMAN. — **Essai sur l'impôt,** 1 vol.

ÉTUDES ÉCONOMIQUES ET SOCIALES

PUBLIÉES AVEC LE CONCOURS DU COLLÈGE LIBRE DES SCIENCES SOCIALES

Honorées de souscriptions du Ministère de l'Instruction publique

☛ Les volumes de cette Collection se vendent aussi reliés avec une augmentation de 1 fr. pour la série in-8 et o fr. 5o pour la série in-18

FARJENEL (F.). — **La morale chinoise.** Fondement des sociétés d'Extrême-Orien... 1906. 1 vol. in-8 (i), broché...   5 fr.   ♦

MARIE (Dᵣ A.). — **Mysticisme et folie.** (Etude de psychologie normale et de pathologie comparées. 1907. 1 vol. in-8 (ii), broché   6 fr.   ♦

LEROY (M.). — **La transformation de la puissance publique.** Les syndicats de fonctionnaires. 1907. 1 vol. in-8 (iii), broché.   5 fr.   ♦

BONNET (H.). — **Paris qui souffre. La misère à Paris. Les agents de l'assistance à domicile.** Avec une préface de M. Ch. Benoist. 1908. 1 vol. in-8 (iv), broché.....................   5 fr.   ♦

SICARD DE PLAUZOLLES (Dᵣ). — **La fonction sexuelle.** 1908. 1 vol. in-8(v) , broché ....   6 fr.   ♦

LEROY (M.). — **La Loi.** Essai sur la théorie de l'autorité dans la démocratie. 1908. 1 volume in-8 (vi), broché.....   6 fr.   ♦

RECLUS (Elie). — **Les croyances populaires.** La Survie des Ombres. Avec avant-propos, par Maurice Vernes. 1908. 1 volume in-8º (vii), broché..................................   5 fr.   ♦

RYAN (G.-A.). — **Salaire et droit à l'existence,** traduction de L. Collin. 1909. 1 vol. in-8 (viii), broché............   8 fr.   ♦

SERRIGNY. — **Conséquences économiques et sociales de la prochaine guerre,** avec préface de Frédéric Passy. 1909. 1 vol. in-8 (ix), broché ....   10 fr.   ♦

BRUN (Ch.). — **Le Roman social en France au XIXᵉ siècle.** 1910. 1 vol. in-8 (x), broché ....   6 fr.   ♦

REGNAULT (Dᵣ F.). — **La genèse des miracles.** 1910. 1 vol. in-8, (xi), broché ....   6 fr.   ♦

VERNES (M.). — **Histoire sociale des religions.** I. Les religions occidentales. 1911. 1 volume in-8, (XI *bis*,) broché ...   10 fr.   ▸

MÉTHODES JURIDIQUES (Les). — Leçons faites par MM. Berthélemy, Garçon, Larnaude, Pillet, Tissier, Thaller, Truchy et Gény. Préface de P. Deschanel. 1911. 1 vol. in-8, (XII), broché   5 fr.   ▸

OLPHE-GALLIARD. — **L'organisation des forces ouvrières.** Avec préface de P. de Rousiers. 1991. 1 vol. in-8, (XIII), broché   8 fr.   ▸

AMBROSIO (M. Andrea d'). — **La passivité économique.** Premiers principes d'une théorie sociologique de la population économiquement passive. 1912. 1 vol. in-8, (XIV) broché ....   8 fr.   ▸

ŒUVRE SOCIALE DE LA TROISIÈME RÉPUBLIQUE (L'). — Leçons professées au Collège libre des Sciences sociales, par MM. Astier, *sénateur.* Godart, Groussier, Breton, F. Buisson, Borrel, Aubriot, Lemire, *députés.* Avec préface de Paul Deschanel. 1912. 1 vol. in-8, (XV), broché ....   5 fr.   ▸

LEFAS (A.). — **L'Etat et les fonctionnaires.** 1913. 1 vol. in-8 (XVII)..   10 fr.   ▸

SÉRIE IN-18 :

ATGER (F.). — **La crise viticole et la viticulture méridionale** (1900-1907). 1907. 1 vol. in-18, broché....................   2 fr.   ▸

BIBLIOTHÈQUE SOCIALISTE INTERNATIONALE

PUBLIÉE SOUS LA DIRECTION DE **Alfred Bonnet**

SÉRIE IN-8 :

WEBB (Béatrix et Sidney). — **Histoire du trade-unionisme.** 1897 Trad. Albert Métin. 1 volume in-8 (I) ....   10 fr.   ▸

KAUTSKY (Karl). — **La question agraire.** Etude sur les tendances de l'agriculture moderne. Trad. Edg. Milhaud et C. Polack. 1 volume in-8 (II) ....   8 fr.   ▸

MARX (Karl). — **Le capital.** Traduit à l'Institut des sciences sociales de Bruxelles par J. Borchardt et H. Vanderrydt :

    Livre II. — **Le procès de circulation du capital.** 1900. 1 vol. in-8 (III)..   10 fr.   ▸

    Livre III. — **Le processus d'ensemble de la production capitaliste.** 1901-1902. 2 vol. in-8 (IV-V)...............   20 fr.   ▸

KAUTSKY (K.) — **La politique agraire du parti socialiste.** Trad. C. Polack. 1903. 1 vol. in-8 (vi) .... 4 fr. ›

AUGÉ-LARIBÉ (M.). — **Le problème agraire du socialisme. La viticulture industrielle du midi de la France.** 1907. 1 volume in-8 (vii)... 6 fr. ›

ENGELS (F.). — **Philosophie. Economie politique. Socialisme** (Contre Eugen Duhring). Trad. E. Laskine. 1911. 1 vol. in-8 (viii) .... 10 fr· ›

SÉRIE IN-18 :

DEVILLE (G.). — **Principes socialistes.** 1898. 2e édition. 1 volume in-18 (i)... 3 fr. 50

MARX (Karl). — **Misère de la philosophie.** Réponse à la philosophie de la misère de M. Proudhon. 1908. Nouvelle édit. 1 vol. in-18 (ii)... 3 fr. 50

LABRIOLA (Antonio). — **Essais sur la conception matérialiste de l'histoire.** Trad. A. Bonnet 2e édit. 1902. 1 volume in-18 (iii)   3 fr. 50

DESTRÉE (J.) et **VANDERVELDE (E.).** — **Le socialisme en Belgique.** 2e édition. 1903. 1 volume in-18 (iv) .... 3 fr. 50

LABRIOLA (Antonio). — **Socialisme et philosophie.** Trad. A. Bonnet. 1899. 1 vol. in-8 (v)............................... 2 fr. 50

MARX (Karl). — **Révolution et contre-révolution en Allemagne.** Trad. Laura Lafargue. 1900. 1 vol. in-18 (vi)........ 2 fr. 50

GATTI (G.). — **Le socialisme et l'agriculture.** Préface de G. Sorel. 1901. 1 vol. in-18 (vii)............................ 3 fr. 50

LASSALLE (F.). — **Discours et pamphlets.** Trad. V. Dave et L. Remy 1903. 1 volume in-18 (viii) .... 3 fr. 50

LASSALLE (F.) — **Capital et travail.** 1904. Trad. V. Dave et L. Remy. 1 vol. in-18 (ix) .... 3 fr. 50

LAFARGUE (P.). — **Le déterminisme économique de Karl Marx.** 1909. 1 vol. in-18 (x) .... 4 fr. ›

MARX (Karl). — **Critique de l'économie politique,** trad. Laura Lafargue. 1909. 1 vol. in-18 (xi).................... 3 fr. 50

TARBOURIECH (E.). — **Essai sur la propriété.** 1905. 1 volume in-18 (xii) .... 3 fr. 50.

BERTHOD (A.). — **P.-J. Proudhon et la propriété.** 1910. 1 vol. in-18 (xiii)..................................... 3 fr. ›

COLLECTION DES DOCTRINES POLITIQUES

PUBLIÉE SOUS LA DIRECTION DE *I*. Mater

☞ Les volumes de cette Collection se vendent aussi reliés avec une augmentation de o fr. 5o

CHEVALIER, LEGENDRE et LABERTHONNIÈRE. — Le catholicisme et la société. 1907. 1 volume in-18 (ii), broché .   3 fr. 50

SABATIER (O.). — Le morcellisme. Avec introduction, par M. Faure. 1907. 1 vol. in-18 (iii), broché ....   2 fr. »

BOUGLÉ (G.). — Le solidarisme. 1907. 1 volume in-18 (iv), broché...   3 fr. 50

BUISSON (F.). — La politique radicale. 1908. 1 vol. in-18 (v), broché...   4 fr. 50

AVRIL DE SAINTE-CROIX (Mme). — Le féminisme. Préface de V. Marguerite. 1907. 1 volume in-18 (vi), broché..   2 fr. 50

GUYOT (Yves). — La démocratie individualiste. 1907. 1 volume in-18 (vii), broché................................   3 fr. »

LAGARDELLE (H.). — Le socialisme ouvrier. 1911. 1 vol. in-18 (ix), broché.....................................   4 fr. 50

VANDERVELDE (E.). — Le socialisme agraire. 1908. 1 vol. in-18 (x), broché......................................   5 fr. »

HERVÉ (G.). — L'internationalisme. 1910. 1 volume in-18 (xi), broché.............   ....   2 fr. 50

MATER (André). — Le socialisme conservateur ou municipal. 1909. 1 vol. in-18 (xiv), broché........................   6 fr. »

FOURNIÈRE (Eug.). — La sociocratie. (Essai de politique positive). 1910. 1 vol. in-18 (xvi), broché.........   ....   2 fr. 50

MAYBON (A.). — La politique chinoise. Étude sur les doctrines des partis en Chine. 1907. 1 vol. in-18 (xvii), broché..   4 fr. »

LORULOT (A.). — Les théories anarchistes. 1913. 1 vol. in-18. broché (viii) .   ...   3 fr. 50

SOUS PRESSE

A. LEBEY. — Le Maçonnisme. 1 vol. in-18.

ENCYCLOPÉDIE INTERNATIONALE D'ASSISTANCE,
DE PRÉVOYANCE, D'HYGIÈNE SOCIALE ET DE DÉMOGRAPHIE

PUBLIÉE SOUS LA DIRECTION DU Dr A. Marie

Honorée de souscriptions du Ministère de l'Instruction publique

ASSISTANCE

MARIE (D^r) et (R.) MEUNIER. — **Les Vagabonds**, avec un avant-propos, par Henry Maret. 1908, 1 vol. in-18 relié toile (i).   4 fr. ▸

MARIE (D^r) et DECANTE (R.). — **Les accidents du travail.** Etude critique des améliorations à apporter au régime du risque professionnel en France. 1 vol. in-18 relié toile. (ii) ....   4 fr. ▸

BEAUFRETON (M.). — **Assistance publique et Bienfaisance privée.** 1911. 1 vol. in-18 relié toile. (iii).....................   4 fr. ▸

RODIET (Dr A.). — **Les auxiliaires des médecins d'asile** (ouvrage couronné par l'Académie de médecine). 1910. 1 vol. in-18 relié toile. (iv) ....   3 fr. 50

LASVIGNES. — **Essai d'assistance comparée.** 1911. 1 vol. in-18 relié toile. (v),................................   4 fr. ▸

PRÉVOYANCE :

S̄ARD DE PLAUZOLES (D^r). — **La maternité et la défense nationale contre la dépopulation.** 1909. 1 vol. in-18 relié toile. (i). ....   4 fr. ▸

DECANTE (R.). — **La lutte contre la prostitution.** Avec préface par Henri Turot. 1909. 1 vol. in-18 relié toile (ii) ....   4 fr. ▸

DUBIEF (D^r). — **L'apprentissage et l'enseignement technique,** 1 vol. relié toile (iii) ....   6 fr. ▸

VIVIANI (R.), *ministre du Travail.* — **Les retraites ouvrières et paysannes,** avec préface. 1910. 1 vol. in-18 relié toile. (iv).   6 fr. ▸

OLPHE-GALLIARD (G). — **Les caisses de prêts sur l'honneur.** 1913. 1. vol. in-18, relié toile (v)..................   4 fr ▸

HYGIÈNE :

MARTIAL (Dr R.). — **Hygiène individuelle du travailleur.** Avec préface de M. le sénateur Strauss. 1907. 1 volume in-18 relié toile (i)................................   4 fr. ▸

MARIE (Dr A.). — **La pellagre.** Avec une préface de M. le professeur Lombroso. 1908. 1 vol. in-18 relié toile. (ii) ....   4 fr. ▸

BERNARD (M.). — Pour protéger la santé publique. Avec une préface du Dr Fernand Dubief, *ancien ministre de l'Intérieur.* 1909. 1 volume in-18 relié toile. (III).......................   4 fr. »

BERNARD (M.). — L'hygiène publique obligatoire en France. La lutte administrative contre le choléra et les autres maladies transmissibles, avec préface du |Dr A. Marie. 1910. 1 vol. in-18 relié toile. (IV).......................   4 fr. »

BRETON (J.-L.). — Le plomb. 1910. 1 vol. in-18 relitoile. (V)   4 fr. »

MIRABEN (G.). — La fumée divine (opium), la lutte antitoxique. 1912. 1 vol. in-18 relié toile. (VI)...................   4 fr, »

HUBAULT (P.). — Les Coulisses de la fraude. 1913. 1 vol. in-18. rel. toile (VII).......................   (*Sous presse*).

DÉMOGRAPHIE :

BRON (Dr G.). — Les origines sociales de la maladie. Avec préface du Dr A. Marie. 1908. 1 vol. in-18 relié toile. (I).....   3 fr. 50

WAHL (D^r). — Le crime devant la science. 1910. 1 volume in-18 relié toile. (II).......................   4 fr. »

ROECKEL (P.). — L'éducation sociale des races noires. 1911. 1 vol. in-18 relié toile. (III).......................   3 fr. 50

BIBLIOTHÈQUE PACIFISTE INTERNATIONALE

PUBLIÉE SOUS LA DIRECTION DE **Stéfane-Pol**

Honorée de la souscription des Ministères de l'Instruction publique et du Commerce

Ont paru :

BEAUQUIER (Ch.). Ed. GIRETTI et STEFANE-POL. — France et Italie, avec préface de M. Berthelot de l'*Institut.* 1904. 1 volume in-18 ....   1 fr. »

DUMAS (J.). — La colonisation (Essai de doctrine pacifiste), avec préface de Ch. Gide. 1904. 1 vol. in-18 ....   1 fr. 25

ESTOURNELLES DE CONSTANT (D'). — France et Angleterre. 1904. 1 vol. in-18 ....   1 fr. »

FINOT (J.). — Français et Anglais devant l'anarchie européenne. 1904. 1 vol. in-18 ....   1 fr. »

FOLLIN (H.). — La marche vers la paix. 1903. 1 vol. in-18.   0 fr. 75

FONTANES (E.). — La guerre, avec préface de F. Passy. 1904. 1 vol. in-18 ....   0 fr. 50

JACOBSON (J.-A.). — Le premier grand procès international de la Haye (notes d'un témoin). 1904. 1 vol. in-18 .... 0 fr. 50

LAFARGUE (A.). — L'orientation humaine. 1904. 1 volume in-18 .... 1 fr. »

LA GRASSERIE (R. de). — De l'ensemble des moyens de la solution pacifiste. 1905. 1 vol. in-18 .... 1 fr. »

MESSIMY. — La paix armée. (La France peut en alléger le po-ds). 1903. 1 vol. in-18 .... 0 fr. 75

MOCH (G.). — Vers la fédération d'Occident. Désarmons les Alpes. 1905. 1 vol. in-18, avec 6 graphiques................ 0 fr. 50

NATTAN-LARRIER. — Les menaces des guerres futures. 1904. 1 vol. in-18 .... 1 fr. »

NOVICOW (J.). — La possibilité du bonheur. 1904. 1 volume in-18 .... 2 fr. »

PASSY (Fr.). — Historique du mouvement de la paix. 1904. 1 volume in-18 .... 0 fr. 75

PRUDHOMMEAUX (J.). — Coopération et pacification. 1904. 1 vol. in-18 .... 1 fr. »

RICHET (Ch.). — Fables et récits pacifiques, avec une préface de Sully-Prudhomme. 1904. 1 vol. in-18................ 1 fr. »

RUYSSEN (Th.). — La philosophie de la paix. 1904. 1 volume in-18 .... 0 fr. 75

SEVERINE. — A Sainte-Hélène, pièce en 2 actes. 1904.. 1 volume in-18 .... 1 fr. »

SPALIKOWSKI (Ed.). — Mortalité et paix armée, avec une préface de C. Flammarion. 1904. 1 vol. in-18 .... 0 fr. 50

STÉFANE-POL. — L'esprit militaire. (Histoire sentimentale). 1904. 1 vol. in-18.................................... 2 fr. »

STÉFANE-POL. — Les deux évangiles. Considérations sur la peine de mort, le duel, la guerre, etc. 1903. 1 vol. in-18........ 0 fr. 50

SUTTNER (B⁸ de). — Souvenirs de guerre. 1904. 1 volume in-18 .... 0 fr. 50

PETITE ENCYCLOPÉDIE
SOCIALE ÉCONOMIQUE ET FINANCIÈRE

Leçons d'économie politique, par André Liesse, avec une préface de Courcelle-Seneuil, de l'Institut. 1 vol. in-18 (I), 1892   3 fr. »

La réforme des frais de justice, par E. Manuel et R. Louis, docteurs en droit, 2ᵉ édition, 1 vol. in-18 (II), 1892..   3 fr. »

Code manuel de droit industriel, par M. Dufourmantelle. 3 vol. in-18 (III-V) :

— **Législation ouvrière en France et à l'Etranger.** 2ᵉ édition. 1 vol. in-18 (III). 1893.........................   3 fr. »

— **Brevets d'invention.** Contrefaçon, etc. 1 vol. in-18 (IV) 1893 ....   3 fr. »

— **Dessins et marques de fabrique,** nom commercial, concurrence déloyale, etc. 1 volume in-18 (V). 1894........   3 fr. »

Code manuel des électeurs et des éligibles avec formules, par A. Maugras, avocat-publiciste, 2ᵉ édition. 1 vol. in-18 (VI). 1898   3 fr. »

Législation générale des cultes protestants en France, en Algérie et dans les colonies, par Penel-Beaufin. 1 vol. in-18 (VII). 1894..   3 fr. »

Commentaire de la loi du 27 décembre 1892 sur la conciliation et l'arbitrage facultatifs, par A. Lelong. 1 volume in-12 (VIII). 1894..   1 fr. 50

Législation générale du culte israélite en France, en Algérie et dans les colonies, par Penel-Beaufin. 1 volume in-18 (IX). 1894..   3 fr. »

Code manuel du propriétaire-agriculteur, par Daniel Zolla, prof. à l'Ecole nationale d'agriculture de Grignon, 2ᵉ édition. 1 vol. in-18. (X) 1902.................. ....   3 fr. 50

Les questions ouvrières, par Léon Milhaud. 1 vol. in-18 (XI). 1894..   2 fr. 50

Cours de droit professé dans les lycées de jeunes filles de Paris, par Jeanne Chauvin, 2ᵉ édition. 1 volume in-18 (XII), relié toile. 1908..   3 fr. 50

Guide théorique et pratique, général et complet des clercs de notaire et des aspirants au notariat, par Jean Martin, notaire. 1 vol. in-18 (XIII). 1895.................................   3 fr. »

La question monétaire considérée dans ses rapports avec la condition sociale des divers pays et avec les crises économiques, par Léon Poinsard. 1 volume in-18 (XIV). 1895.......   3 fr. »

Les budgets français. Etude analytique et pratique de législation financière, par MM. P. BIDOIRE et A. SIMONIN. 3 volumes :
  — **Projet de budget 1895.** 1 vol. in-18 (xv). 1895..   3 fr. »
  — **Budget de 1895 et projet de budget de 1896.** 1 volume in-18 (xvi). 1896.............................   3 fr. »
  — **Budget de 1896 et projet de budget de 1897.** 1 volume in-18 (xxii). 1897.............................   3 fr. »

La saisie-arrêt sur les salaires et petits traitements. 2ᵉ édition revue et augmentée par V. EMION. 1 vol. in-18 (xvii). 1896   3 fr. »

La question sanitaire, dans ses rapports avec les intérêts et les droits de l'individu et de la société, par le Dʳ J. PIOGER. 1 vol. in-18 (xviii). 1895.............................   3 fr. »

Les banques d'émission, par G. FRANÇOIS. 1 volume in-18 (xix).............................   3 fr. »

La Science et l'art en économie politique, par René WORMS. 1 vol. in-18 (xx. 1896.............................   2 fr. »

Code de l'abordage, par Robert FRÉMONT. 1 vol. in-18 (xxi). 1897. ....   3 fr. »

L'éducation nationale, par Maurice WOLF. 1 vol. in-18 (xxiii). 1897.............................   3 fr. »

Mélanges féministes, par L. BRIDEL. 1 volume in-18 (xxiv). 1897.............................   3 fr. »

La justice gratuite et rapide par l'arbitrage amiable, par A. CHARMOLU, 2ᵉ édit. 1 vol. in-18 (xxv). 1902.............   1 fr. »

Petit manuel pratique du juré d'assises, par J. PONCET. 1 vol. in-18 (xxvi). 1898.............................   2 fr. »

Finances communales, par R. ACOLLAS. 1 volume in-18 (xxvii). 1898.............................   3 fr. »

Esquisse d'un tableau raisonné des causes de [la production, de la circulation de la distribution et de la consommation de la richesse, par M. TESSONNEAU. 1 vol. in-18 (xxviii). 1898 ......   2 fr. »

Code manuel du chasseur, par G. LECOUFFE, 3ᵉ édition. 1 vol. in-18 (xxix). 1909 ....   2 fr. »

Code manuel du pêcheur, par G. LECOUFFE. 2ᵉ édition. 1 vol. in-18 (xxx). 1900.............................   1 fr. »

Manuel pratique des sociétés de commerce et par actions. Participations coopératives. Syndicats professionnels. Sociétés de Secours mutuels. Associations et Congrégations, par A. LAMBERT. 1 volume in-18 (xxxi). 1902 ....   1 fr. 50

Manuel de la propriété industrielle et commerciale, par A. LAMBERT. 1 vol. in-18 (xxxii). 1903.............................   3 fr. »

Etudes d'économie et de législation rurales, par R. Worms. 1 vol. in-18 (xxxiii). 1906......................... 4 fr. »

Code manuel du cycliste, par G. Lecouffe. 1 vol. in-18 (xxxiv). 1909... 2 fr. »

BIBLIOTHÈQUE DES DOCUMENTS DU PROGRÈS

PUBLIÉE SOUS LA DIRECTION DE R. Broda

BRODA (R.) et J. DEUTSCH. — Le prolétariat international. Etude de psychologie sociale. 1912. 1 vol. in-18 (i)........ 3 fr. »

BRODA (R.). — La fixation légale des salaires. Expériences de l'Angleterre, de l'Australie et du Canada. 1912. 1. vol. in-8 (ii)... 2 fr. 50

BRODA (R.). — Le rôle de la violence dans les conflits de la vie moderne (enquête). 1913 1 vol. in-8 (iii)............. 1 fr. 50

ANNALES DE L'INSTITUT INTERNATIONAL DE SOCIOLOGIE

PUBLIÉES SOUS LA DIRECTION DE René Vorms

— Premier congrès tenu en 1894, 1 vol. in-8 (i)....... 7 fr. »
— Deuxième congrès tenu en 1895. 1 vol, in-8° (ii) .. 7 fr. »
— Travaux de l'année 1896. 1 vol. in-8° (iii) .... 7 fr. »
— Troisième congrès tenu en 1897. 1 vol. in-8° (iv).... 10 fr. »
— Travaux de l'année 1898. 1 vol. in-8° (v) .... 10 fr. »
— Travaux de l'année 1899. 1 vol. in-8° (vi)......... 7 fr. »
— Quatrième congrès tenu en 1900. 1 vol. in-8° (vii).. 7 fr. »
— Travaux des années 1900 et 1901. 1 vol. in-8° (viii) 7 fr. »
— Travaux de l'année 1902. 1 vol. in-8° (ix)......... 7 fr. »
— Cinquième congrès tenu en 1903 : Rapports de la sociologie et de la psychologie. 1 vol. in-8° (x).................... 8 fr. »
— Sixième congrès tenu en 1906 : Les luttes sociales. 1 vol. in-8° (xi). .... 10 fr. »
— Septième congrès tenu en 1909 : (xii-xiii). La solidarité sociale dans le temps et dans l'espace, 1 vol. in-8° (xii).... 7 fr. »

— La solidarité sociale, ses formes, son principe, ses limites, 1 vol.
in-8° (XIII)..   7 fr. »
— Huitième Congrès tenu en 1913. Le Progrès..... 1 vol. in-8
(XIV). ....   10 fr. »

TABLE GÉNÉRALE
DES
RÉFÉRENCES DE JURISPRUDENCE

aux recueils, Sirey, Dalloz, Gazette du Palais, Gazette des tribunaux, et des Pandectes françaises, classée par ordre chronolo-
gique depuis 1845 jusqu'à 1910 inclus, par Joseph JOUGLAR.
Licencié en droit, avoué à Briançon.

Deux forts volumes in-4° carré ....   75 fr. »

En Distribution :

Catalogue des ouvrages du fonds (envoi sur 'demande)   gratis

Catalogue des thèses de doctorat en droit (à 1913 inclus)..   2 fr.

Catalogue des ouvrages de droit (occasion). Envoi sur de-
ma de .... gratis

Catalogue des ouvrages classiques à l'usage des étudiants en droit.
(Envoi sur demande) .... gratis

Bibliographie générale et complète des ouvrages de droit et de juris-
prudence classée dans l'ordre des Codes avec table alphabétique des
matières et des noms des auteurs, 1 vol. in-8° ....   1 fr. 50

PÉRIODIQUES

REVUE DU DROIT PUBLIC ET DE LA SCIENCE POLITIQUE EN FRANCE ET A L'ÉTRANGER

FONDÉE PAR **F. Larnaude**

PUBLIÉE SOUS LA DIRECTION DE **M. Gaston Jèze**

Avec la collaboration des plus éminents professeurs des Universités de France, Allemagne, Angleterre, Autriche-Hongrie, Australie, Belgique, Canada, Chili, Danemark, Espagne, Etats-Unis, Grèce, Hollande, Italie, Japon, Norvège, Portugal, Roumanie, Russie, Suède, Suisse, Turquie.

Paraît tous les trois mois depuis 1894, par fascicule de plus de 200 p. gr. in-8. Chaque année forme un très fort volume. Prix.   20 fr. »

Abonnement annuel : France : 20 fr. Etranger : ....   22 fr. 50.

Le numéro ....   5 fr. »

La collection complète comprenant : 1re série (direction Larnaude, 1894-1903) et, 2e série (direction Jèze 1904-1913) avec abonnement à l'année 1914. Prix réduit.................... 340 fr. »

La deuxième série seule, années 1904 à 1913 avec abonnement à l'année 1914 .... 175 fr. »

REVUE DE SCIENCE ET DE LÉGISLATION FINANCIÈRES

PUBLIÉE SOUS LE PATRONAGE DE

MM. Casimir Périer, Ribot, Stourm, Berthélemy,

Chavegrin, Esmein et Hauriou

ET SOUS LA DIRECTION DE **M. Gaston Jèze**

Avec la collaboration des membres les plus éminents du Conseil d'Etat, de la Cour des comptes, de l'Inspection des finances, des professeurs des universités de France, Allemagne, Australie, Belgique, Etats-Unis, Grèce, Italie, Roumanie, Suisse.

Paraît tous les trois mois depuis 1903, par fascicule de près de 200 pages gr. in-8. Chaque année forme un très fort volume. Prix.   18 fr. »

Abonnement annuel : France : 18 fr. Etranger :   20 fr. »

Le numéro ....   5 fr. »

La collection complète (années 1903 à 1913) avec abonnement à l'année 1914. Prix réduit .... 175 fr. »